Bill McKibben
DAS ENDE DER NATUR

BILL McKIBBEN
DAS ENDE DER
NATUR

Aus dem Amerikanischen
von Udo Rennert

List Verlag

Die Originalausgabe erschien unter dem Titel »The End of Nature« 1989
im Verlag Random House, Inc., in New York und Random House of
Canada Ltd. in Toronto.

ISBN 3-471-78182-X

Inhalt

Für Kathryn Jeanne Ostrow (1962–1977)
und für Sue

Danksagung

Ich persönlich und letztlich wir alle stehen in tiefer Schuld bei den Wissenschaftlern, die den Treibhauseffekt und die anderen Umweltkatastrophen, die in dem vorliegenden Buch beschrieben werden, ins Bewußtsein der Weltöffentlichkeit gerufen haben. Die Wissenschaft von der globalen Klimaveränderung ist noch jung und in der Entwicklung begriffen, so daß es bisher kaum Lehrbücher oder Nachschlagewerke gibt, die man heranziehen könnte. Die Forscher auf diesem Gebiet haben jedoch große Bemühungen unternommen, um ihre Ergebnisse der Öffentlichkeit zu vermitteln, und ein Gutteil ihrer wichtigsten Daten wurde in etlichen regierungsamtlichen Berichten zusammengefaßt – zuletzt in dem zweibändigen Bericht der US-Umweltschutzbehörde für den amerikanischen Kongreß unter dem Titel *Policy Options for Stabilizing Global Climate* (Alternativen zur Stabilisierung des Weltklimas). Weitere wichtige Gesamtdarstellungen wurden herausgegeben vom National Research Council und von der National Academy of Sciences der USA und von den Vereinten Nationen.

Dank schulde ich einer ganzen Reihe von Wissenschaftlern und Forschern, die mir dabei behilflich waren, die Aussagen ihrer Arbeit zu verstehen. Genannt seien hier unter vielen anderen James Hansen, Roger Revelle, Stephen Schneider, George Woodwell, Pat Zimmerman, Michael McElroy, Irving Mintzer und James Titus. Viele dieser Forscher arbeiten für Regierungsbehörden und an Universitäten, während andere für die unterschiedlichsten gemeinnützigen Umweltorganisationen tätig sind, deren Berichte mir eine wertvolle Hilfe waren. Zu diesen zählen das Worldwatch Institute (das jährlich eine wichtige weltweite »Bestandsaufnahme« veröffentlicht), das World

Resources Institute (das umfassende unabhängige politische Analysen erstellt), das Environmental Policy Institute (das sich besondere Verdienste erworben hat, indem es sich mit dem Problem des Ozonlochs befaßte), der Natural Resources Defense Council, der Environmental Defense Fund und weitere ähnliche Initiativen. Selbstverständlich ist keine dieser Organisationen für meine Darstellung ihrer Tätigkeit verantwortlich.

Da ein beträchtlicher Teil dieses Buches die Reaktion unserer heutigen Gesellschaft auf globale Veränderungen behandelt, habe ich mich ausgiebig mit den Presseorganen beschäftigt – insbesondere die *New York Times* hielt mich auf dem neuesten Stand der Entwicklung –, aber auch so fachspezifische Zeitschriften wie *The New Statesman* und *International Wildlife* konsultiert. Das Southern Adirondack Library System hat einige der schwer zugänglichen naturkundlichen Veröffentlichungen besorgt, die ich zitiert habe, während andere seit kurzem in einer Reihe der »Penguin Nature Library« (herausgegeben von Edward Hoagland) als Reprints wieder lieferbar sind. Paul Brooks' hervorragende Übersicht über die US-amerikanische naturkundliche Literatur half mir beim Ordnen meiner Gedanken.

Weitere Unterstützung bei der Materialbeschaffung fand ich bei Robert Silvers, Redakteur der *New York Review of Books*, der mir außerdem die Möglichkeit bot, einen Teil der Ergebnisse des ersten Kapitels vorzuveröffentlichen. Auch seinen Assistenten Henning Gutmann, Neil Gordon und Ann Kjellberg schulde ich großen Dank.

Die Lyndhurst Foundation trug ebenfalls zum Gelingen dieser Arbeit bei, und ich danke ihr an dieser Stelle für ihre finanzielle und moralische Unterstützung.

Meine Agentin Gloria Loomis suchte erfolgreich nach einem geeigneten Verlag für dieses Buch; ihr und ihrer Assistentin Kendra Taylor sei herzlich Dank gesagt.

Wertvolle Dienste leisteten mir auch David Edelstein, Scott Rosenberg, Sam und Lisa Verhovek, David Goldfarb, Shawn Leary und Bill Finnegan, die die ersten Fassungen des Manuskripts lasen. David Rosenthal, mein Lektor bei Random House, trug wesentlich zur jetzigen Gestalt dieses Buches bei, indem er die Ecken und Kanten des Textes so lange abhobelte und glattfeilte, bis die Argumentationsführung deutlich zutage trat. Auch seine Verlagskollegen – Joni Evans, Annik LaFarge, Sono Rosenberg, Mitchell Ivers, Mary Peters, Jennifer Ash und viele andere – standen mir hilfreich zur Seite und ebenso Tim Guzley, der die Daten und Fakten überprüfte.

Etliche Mitarbeiter der Zeitschrift *The New Yorker* haben meine Arbeit unterstützt, insbesondere Sara Lippincott und die unvergleichliche Eleanor Gould Packard sowie die Kontrollabteilung unter der Leitung von Martin Baron.

Meine nächsten Mitmenschen, vor allem die Frauen und Männer der Johnsburg United Methodist Church und unsere Pastorin, Rev. Lucy B. Hathaway, haben mich immer wieder unterstützt und ermutigt. Meine Eltern, Peggy und Gordon McKibben, haben bei meinem Vorhaben eine wichtige Rolle gespielt und mich von ihrem Londoner Wohnsitz aus immer wieder mit neuen Informationen versorgt. Mein Bruder Tom hat mich durch seine fundierten kritischen Einwände dazu bewogen, manches Argument sorgfältiger zu durchdenken.

Schließlich und ganz besonders danke ich meiner Frau Sue für ihre unschätzbare Unterstützung. Sie war mir eine überaus kompetente Kritikerin, aber mehr als alles andere war und ist sie meine unerschütterliche Freundin und Gefährtin.

TEIL I :
DIE GEGENWART

Eine neue Atmosphäre

Die Natur, so hat es für uns den Anschein, währt ewig, sie bewegt sich mit unendlicher Langsamkeit durch die vielen Perioden ihrer Geschichte, Zeiträume, deren Bezeichnungen wir nur undeutlich erinnern, wenn wir an den Biologieunterricht zurückdenken: Devon, Trias, Kreidezeit oder Diluvium. Seit Darwin werden es die Naturgeschichtler nicht müde, die unbegreiflich lange Dauer dieser Entwicklung hervorzuheben. »So langsam, ach, so langsam sind die gewaltigen Veränderungen vor sich gegangen«, schrieb John Burroughs um die Jahrhundertwende. »Die Asiaten versuchen, sich eine Vorstellung von der Ewigkeit zu machen, indem sie sagen, wenn das Himalajagebirge eines Tages durch einen Gazeschleier zu Staub zermahlen würde, von dem es einmal in tausend Jahren gestreift wird, dann habe die Ewigkeit gerade erst begonnen. Unsere Berge sind in einem Prozeß, der sich fast ebenso langsam vollzog, zu Sand zerrieben worden.« Man hat uns erklärt, die Menschheitsgeschichte sei wie eine Minute, wenn man die Geschichte der Erde als einen Tag messe, doch es ist dieser langwährende Tag, der uns im Gedächtnis haftengeblieben ist. Das Zeitalter der Trilobiten setzte vor rund 600 Millionen Jahren ein, Dinosaurier gab es fast 140 Millionen Jahre lang. Da selbst eine Zeitspanne von einer Million Jahren schier unermeßlich ist, schließen wir daraus: Nichts verändert sich innerhalb kurzer Zeit. Veränderungen brauchen eine unvorstellbar lange – eine »geologische« – Zeitspanne.

Dieser Vorstellung von der Zeit liegt ein großes Mißverständnis zugrunde. Die Anhänger der Schöpfungslehre, nach deren Überzeugung die Erde vor wenigen tausend Jahren plötzlich aus dem Nichts entstanden ist, verstehen vielleicht intuitiv mehr vom Verlauf der Zeit als wir andere – mögen sie in wissenschaftlicher Hinsicht auch rechte Wirrköpfe sein. Denn die Welt, wie wir sie kennen – die Welt mit menschlichen Wesen, die es zu einer gewissen Zivilisation gebracht haben, die Welt, in der große Teile der Kontinente warm genug sind, daß dort große menschliche Bevölkerungsgruppen überleben können –, weist eine durchaus erfaßbare Lebensdauer auf. Vor 10 000 bis 12 000 Jahren begannen sich im Norden Mesopotamiens Menschen zu einer rudimentären Gesellschaft zusammenzuschließen. Wenn man für eine Generation 30 Jahre annimmt, dann ist das 330 bis 400 Generationen her. Hier an meinem Schreibtisch kann ich fünf Generationen unseres Familienstammbaums zurückverfolgen – vier Generationen kenne ich von Fotos. Mit anderen Worten: Ich kann beinahe ein Sechzigstel des Weges bis zum Beginn unserer Zivilisation zurückblicken. Ein guter Genealoge könnte mich mühelos in die Lage versetzen, sogar ein Dreißigstel dieser Strecke zu überblicken. Und ich kann mir vorstellen, wie die meisten meiner Vorfahren gelebt haben. Dank der Archäologie und Zeugnissen wie der Bibel habe ich einen gewissen Begriff vom Alltagsleben mindestens bis zur Zeit der Pharaonen, und das ist mehr als ein Drittel des Weges. Vor 260 Generationen war Jericho eine ummauerte Stadt mit 3000 Einwohnern. 260 ist eine große Zahl, aber in nichts mit einer Zahl wie etwa 600 Millionen vergleichbar – sie ist nicht unvorstellbar groß.

Oder betrachten wir es von einer anderen Seite. Es gibt Pflanzen auf unserer Erde, die so alt sind wie unsere Zivilisation. Ich meine nicht Arten, sondern einzelne Pflanzen. Der »General-Sherman-Baum« im kalifornischen Sequoia National Park ist fast halb so alt, etwa 4000 Jahre. Das Alter bestimmter antarktischer Flechten läßt sich auf rund 10 000 Jahre datieren. Das Alter eines bestimmten Kreosotbuschs in der Südwestlichen Wüste wurde unlängst auf 11 700 Jahre geschätzt.

Und innerhalb dieser 10 000 bis 12 000 Jahre alten Zivilisation verlief die Zeit keineswegs gleichförmig. Die Welt, wie wir sie wirklich kennen, geht vielleicht bis zur Renaissance zurück. Die Welt, wie wir sie wirklich, *wirklich* kennen, ist nicht älter als die Industrielle Revolution. Die Welt, in der wir uns zu Hause fühlen, reicht wahrscheinlich bis 1945 zurück. So kamen beispielsweise Kunststoffartikel erst nach dem Zweiten Weltkrieg allgemein in Gebrauch.

Mit anderen Worten: Die beruhigende Vorstellung von einer ewigwährenden Zukunft, die wir aus dem scheinbar bodenlosen Brunnen der Vergangenheit schöpfen, ist eine Täuschung. Die Evolution, die seit jeher so langsam und allmählich gewirkt hat, benötigte zwar Milliarden Jahre, um uns aus dem Urschleim zu schaffen, aber das heißt noch nicht, daß die Zeit immer so schwerfällig voranschreitet. Manche Ereignisse – gewaltige Ereignisse – können sehr schnell eintreten. Das wissen wir natürlich seit Hiroshima, aber diese Schnelligkeit meine ich nicht. Ich will sagen, daß im Lauf eines Jahres, eines Jahrzehnts oder eines Menschenlebens große, unpersönliche und dramatische Veränderungen geschehen können. Wir haben uns inzwischen an den bizarren Widerspruch gewöhnt, daß Kontinente über eine Ewigkeit von Jahren hinweg auseinanderdriften und durch einen Atomblitz in Sekunden untergehen können; trotzdem scheint uns die gewöhnliche Zeit gegenüber derartigen Veränderungen immun, obwohl sie es nicht ist. In den vergangenen drei Jahrzehnten ist beispielsweise der Anteil von Kohlendioxid in der Atmosphäre um mehr als zehn Prozent gestiegen, von etwa 315 ppm auf etwa 350 ppm. Während der letzten zehn Jahre hat sich in der Ozonhülle der Erde über dem Südpol ein riesiges »Loch« gebildet. In den letzten fünf Jahren ist in der Bundesrepublik der Anteil der Waldflächen, die durch sauren Regen geschädigt wurden, von unter zehn auf über fünfzig Prozent gestiegen. Nach Angaben des Worldwatch Institute hat die US-amerikanische Bevölkerung 1988 – möglicherweise zum erstenmal seit dem verheerenden ersten Winter der Pilgerväter – mehr Lebensmittel verzehrt, als in den USA erzeugt wurden. Und noch einmal Burroughs: »Eines Sommertags, als ich die Landstraße neben der Farm entlangging, auf der ich geboren bin, stürzte plötzlich in einer Entfernung von höchstens drei bis vier Metern ein Teil der Steinmauer zusammen. In der Stille und Bewegungslosigkeit, die mich umgab, hatte dies eine ungeheure Wirkung... Es war das plötzliche Zusammenwirken von mikroskopisch kleinen Veränderungen im Material der Mauer, die sich seit einem halben Jahrhundert und noch länger vollzogen hatten. Ein oder zwei Sandkörner gaben dem Druck langer Jahre nach, und die Schwerkraft besorgte den Rest.«

In fast derselben tröstlichen Weise, in der wir uns die Zeit als unermeßlich vorstellen, halten wir die Erde für unvorstellbar groß. Obwohl es mit dem Eintritt in das Raumfahrtzeitalter in Mode gekommen ist, unseren Planeten als kleine Kugel aus

Leben und Licht inmitten einer schwarzen, kalten Unendlichkeit darzustellen, ist dieses Bild nie wirklich in unser Bewußtsein eingedrungen. Für jeden von uns *ist* die Erde riesig, »für unsere Sinne unendlich«. Oder zumindest ist sie dies, wenn wir sie uns in den üblichen horizontalen Dimensionen vorstellen: Auch der unentwegteste Flugpassagier hat immer nur einen winzigen Teil der Erdoberfläche vor Augen, und selbst der kühnste Seefahrer pflügt nur eine einzige Furche in das weite Meer mit dem endlosen Horizont ringsum. Weite Zwischenräume liegen zwischen meinem Haus in den Adirondacks im Norden des Bundesstaates New York und Manhattan – man braucht fünf Stunden mit dem Auto, um einen einzigen Staat in einem Land auf einem Kontinent zu durchqueren. Aber von meinem Haus bis zum Postamt am Ende der Straße sind es nur zehn Kilometer. Mit dem Fahrrad braucht man dafür fünfundzwanzig Minuten, mit dem Auto acht bis neun. Zu Fuß schaffe ich es in anderthalb Stunden. Wenn ich diese Strecke in vertikaler Richtung zurücklegte, dann würde mich die knapp halbstündige Fahrt auf dem Fahrrad, die an Batemans Sandkasten, dem Friedhof, dem Wasserfall und Allen Hill vorbeiführt, 1600 Meter höher als den Mount Everest führen, über die Grenze hinaus, wo die Luft so dünn wird, daß man zum Atmen Sauerstoffgeräte benötigt. In diesem engen Raum und in der darüber lagernden dünnen Ozonschicht ist alles untergebracht, was Leben ist und Leben erhält.

Ich weiß, daß dies keine neue Erkenntnis ist. Ich wiederhole sie lediglich, um dasselbe klarzumachen, was ich über die Zeit sagte. Die Welt ist nicht so groß, wie wir gern glauben – der Raum kann ebenso knapp sein wie die Zeit. So gibt etwa das US-amerikanische Durchschnittsauto mit einer durchschnittlichen Fahrleistung von jährlich 16000 Kilometern während dieser Zeit sein eigenes Gewicht in Form von Kohlenstoff an die Atmosphäre ab. Wenn wir uns vorstellen, daß jeder Wagen auf einer belebten Schnellstraße eine Tonne Kohlenstoff in die Atmosphäre pumpt, dann sieht der Himmel schon nicht mehr endlos blau aus.

Neben unseren optimistischen Wahrnehmungen von Zeit und Raum verzerren auch noch einige vergleichsweise geringfügige Mißverständnisse unsere Sicht der Welt. Nehmen wir etwa die Unlust der Engländer und US-Amerikaner, ihre Maße und Gewichte auf das metrische System umzustellen. Wenn ich irgendwo lese, bis zum Jahr 2000 werde die Temperatur auf der Erde im Durchschnitt um 0,8 Grad Celsius ansteigen, dann klingt das weniger bedrohlich als anderthalb Grad Fahrenheit. Ebenso klingt ein Anstieg des Meeresspiegels um neunzig Zentimeter harmloser, als wenn von einem Yard die Rede wäre, und beides nimmt erst dann einen bedrohlichen Charakter an, wenn man bedenkt, daß ein solcher Anstieg des Meeresspiegels die Gezeitenlinie eines Strandes mit normalem Gefälle um neunzig Meter zurückverlegen würde. In ähnlicher Weise verzeichnet der logarithmische Maßstab, den wir bei der Bestimmung der Beschaffenheit des Bodens oder des Wassers verwenden – der pH-Wert –, die Wirklichkeit wie ein Zerrspiegel für jeden, der nicht tagtäglich damit arbeitet. So liegt der pH-Wert von normalem Regenwasser bei 5,6, aber der saure Regen, der hinter meinem Haus auf den Buck Hill niedergeht, weist einen pH-Wert von 4,6 bis 4,2 auf – das heißt, er ist zehn- bis vierzigmal saurer als normal.

Unter all diesen Kuriositäten ist die vergänglichste möglicherweise die bedeutsamste. Sie ist eine Tücke des Kalenders: Wir leben zu nahe am Jahr 2000. Ständig lesen und hören wir vom Jahr 2000. Es ist zu einem Symbol der strahlenden und fernen Zukunft geworden, in der wir in Luftkissenautos fahren und beim Telefonieren unseren Gesprächspartner auf dem Fernsehschirm sehen. Das Jahr 2010 scheint noch weit, in fast unerreichbarer Ferne zu liegen, als befände es sich auf der anderen Seite eines riesigen Gewässers. Wenn mir jemand sagte, im Jahr 2010 werde sich etwas Schreckliches ereignen, würde ich einen besorgten Gesichtsausdruck annehmen, unbewußt jedoch die Mitteilung zu den Akten legen. Es ist immer wieder ein Schock für mich, wenn ich mir klarmache, daß das Jahr 2010 uns genauso nahe ist wie das Jahr 1970 – näher als die Trennung der Beatles – und daß die Jahrhundertwende nicht weiter in der Zukunft liegt als Ronald Reagans erste Wahl zum Präsidenten in der Vergangenheit. Wir leben im Schatten einer Zahl, und das erschwert uns, die Zukunft zu erkennen.

Unsere beruhigende Vorstellung von der Dauerhaftigkeit unserer natürlichen Umgebung, unser Vertrauen darauf, daß sie sich allenfalls äußerst langsam und kaum wahrnehmbar verändert, ist also das Ergebnis einer unbewußt verzerrten Wahrnehmung. Es ist durchaus möglich, daß noch zu unseren Lebzeiten in unserer Welt Veränderungen eintreten, die sich auf uns auswirken – ich meine nicht Kriege, sondern gewaltigere und folgenreichere Ereignisse. Ich bin überzeugt, daß wir – ohne es zu merken – die Schwelle zu einer solchen Veränderung bereits überschritten haben: daß wir vor dem Ende der Natur stehen, daß dieses Ende nicht länger ein mögliches, sondern ein tatsächlich eingetretenes Ereignis darstellt.

Unter dem Ende der Natur verstehe ich nicht das Ende der Welt. Der Regen wird weiterhin fallen, und die Sonne wird weiterhin scheinen, wenn auch anders als bisher. Wenn ich »Natur« sage, meine ich damit bestimmte menschliche Vorstellungen von der Welt und von unserem Platz in ihr. Die Auflösung dieser Vorstellungen beginnt jedoch mit konkreten Veränderungen der Wirklichkeit, die uns umgibt – Veränderungen, die von Wissenschaftlern gemessen und beziffert werden können. Immer häufiger werden diese Veränderungen unserer Wahrnehmung widersprechen, bis schließlich unsere Vorstellung von der Natur als etwas Ewigem und von uns Unabhängigem zerstört ist und wir nur zu deutlich sehen, was wir angerichtet haben.

Svante Arrhenius erwarb 1884 seinen Doktortitel als Physiker an der Universität von Uppsala in Schweden. Seine Doktorarbeit erhielt die denkbar schlechteste Note und wäre beinahe abgelehnt worden. Neunzehn Jahre später trug ihm dieselbe Dissertationsschrift, in der er die spezifische elektrische Leitfähigkeit von Lösungen untersucht hatte, den Nobelpreis für Chemie ein. Im nachhinein erklärte er das damalige Desinteresse an seiner Arbeit folgendermaßen: »Ich kam zu meinem Doktorvater Cleve, den ich sehr bewunderte, und sagte zu ihm: ›Ich habe eine neue Theorie über die elektrische Leitfähigkeit als Ursache für chemische Reaktionen.‹ Er erwiderte: ›Sehr interessant‹, und dann sagte er: ›Auf Wiedersehen.‹ Später erklärte er mir, da ständig die unterschiedlichsten Theorien aufgestellt wurden, die sich schnell als unhaltbar erwiesen und von der Bildfläche verschwanden, sei er aufgrund einer rein statistischen Überlegung zu dem Schluß gelangt, daß auch meine Theorie sich nicht lange behaupten würde.«

Die Theorie Arrhenius' über die Leitfähigkeit von Elektrolyten blieb nicht die einzige Idee des Wissenschaftlers, die mit einem Achselzucken quittiert wurde. Bei seiner Beschäftigung mit den ersten Jahrzehnten der Industriellen Revolution stellte er fest, daß die Menschheit in einem bislang ungekannten Ausmaß Kohle verbrannte und »ganze Kohlenbergwerke in die Luft blies«. Wissenschaftler wußten bereits, daß Kohlendioxid, ein Abfallprodukt bei der Verbrennung fossiler Brennstoffe, die erdnahe Infrarotstrahlung absorbiert – daß im Unterschied zum einfachen und symmetrischen Aufbau eines Stickstoff- oder Sauerstoffmoleküls ein Kohlendioxidmolekül ein komplexes Dickicht, ein Fangnetz für Infrarotstrahlung ist. Jean-Baptiste Joseph Fourier, auf den die Theorie der Wärmeausbreitung zurückgeht (und der außerdem als einer der ersten archäologische Studien in Ägypten betrieb), hatte über diese Auswirkung bereits ein Jahrhundert früher Betrachtungen angestellt und sogar die Metapher des Treibhauses gebraucht. Es war jedoch Arrhenius, der anhand der bei Vollmond gemessenen Infrarotstrahlung die ersten Berechnungen der möglichen Auswirkungen anstellte, die sich aus der erhöhten Produktion von Kohlendioxid durch den Menschen ergaben. Die durchschnittliche Temperatur auf der Erde, so folgerte er, mußte um bis zu fünf Grad Celsius zunehmen, falls sich die Menge des in der Luft enthaltenen Kohlendioxids gegenüber der aus vorindustrieller Zeit verdoppelte. Mit anderen Worten: In gemäßigten Klimazonen würden Spitzentemperaturen von 40 bis 55 Grad Celsius erreicht werden; der Meeresspiegel würde um einen halben Meter und mehr steigen und das Getreide auf den Feldern verdorren.

Diese Überlegungen gerieten lange Zeit in Vergessenheit. Gelegentlich wurden sie von vereinzelten Wissenschaftlern wieder aufgegriffen – so vermutete der britische Physiker G. S. Callendar in den dreißiger Jahren, daß die Erwärmung Nordamerikas und Nordeuropas, die von Meteorologen seit den achtziger Jahren des 19. Jahrhunderts beobachtet worden war, auf einen erhöhten Kohlendioxidgehalt der Luft zurückzuführen sei. Ab 1940 schien der Erwärmung jedoch eine Periode der Abkühlung zu folgen, und die meisten Wissenschaftler waren ohnehin zu sehr damit beschäftigt, durch die Verarbeitung von Erdöl den Lebensstandard zu erhöhen, um sich ob solcher Zukunftsprognosen zu sorgen. Und die wenigen, die sich die Problematik vergegenwärtigten, kamen zu dem Schluß, daß die Meere, die weitaus mehr Kohlendioxid enthalten als die Atmosphäre, den gesamten vom Menschen produzierten Überschuß an dieser Substanz absorbieren würden – wie ein riesengroßes Abflußbecken, in das man das Problem einfach hineinschütten konnte.

Aber im Jahr 1957 veröffentlichten zwei Wissenschaftler der kalifornischen Scripps Institution of Oceanography, Roger

Revelle und Hans Suess, in der Zeitschrift *Tellus* einen Aufsatz über diese Funktion der Ozeane. Ihre Erkenntnisse waren erschreckend. Mehr noch: Was die beiden Forscher herausgefunden hatten, war möglicherweise die entscheidende Grenze in einem Zeitalter der Grenzen, die zentrale unangenehme Wahrheit unseres warmen und beschränkten Planeten.

Sie mußten feststellen, daß die bisherige Annahme irrig gewesen war: Die oberste Schicht der Ozeane, in der Luft und Meereswasser sich begegnen und austauschen, nimmt nur wenig von dem überschüssigen vom Menschen produzierten Kohlendioxid auf.

Genau gesagt: sie konnten nachweisen, daß »eine geringfügige Veränderung der Menge des im Meerwasser gelösten Kohlendioxids sich herleitet aus einer relativ starken Veränderung des Drucks des Kohlendioxids, bei dem sich Meere und Atmosphäre im Gleichgewicht befinden«. Drastisch ausgedrückt: sie legten dar, daß der größte Teil des aus Millionen von Schornsteinen, Hochöfen und Auspuffanlagen von Kraftfahrzeugen in die Luft geblasenen Kohlendioxids in der Luft verbleibt, wo es vermutlich eine allmähliche Erwärmung des Planeten bewirken wird. »Die Menschen führen gegenwärtig ein physikalisches Experiment großen Maßstabs durch, wie es in der Vergangenheit nicht möglich gewesen wäre und in Zukunft kein zweites Mal angestellt werden kann«, schrieben sie. »Sofern dieses Experiment«, fügten sie mit der sarkastischen Gelassenheit wahrer Wissenschaftler hinzu, »sorgfältig dokumentiert wird, kann es zu weitreichenden Erkenntnissen über die Prozesse führen, welche unser Wetter und Klima bestimmen.«

Obgleich unser Thema noch andere Aspekte hat – den Abbau der Ozonschicht, den sauren Regen und die Gentechnologie –, beginnt die Geschichte vom Ende der Natur mit diesem Treibhausexperiment, mit den Auswirkungen, die sich für unser Wetter ergeben.

Erdölvorkommen sind riesige Reservoire organischer Materie, die seit Jahrtausenden im Erdinneren lagert. Wenn wir dieses Öl (oder Kohle oder Erdgas) verbrennen, dann lassen wir den darin gebundenen Kohlenstoff in Form von Kohlendioxid in die Erdatmosphäre entweichen. Das ist keine Umweltverschmutzung im üblichen Sinn des Wortes. Kohlen*monoxid* ist eine »Verschmutzung«, ein unnötiges Abfallprodukt. Ein rückstandsfrei arbeitender Motor setzt geringere Mengen Kohlenmonoxid frei, aber im Hinblick auf Kohlendioxid ist ein solcher Motor nicht besser als der des Modells T von Ford. Bei jedem Liter Benzin, den er verbrennt, bläst er 670 Gramm Kohlenstoff in Form von Kohlendioxid in die Luft. Im Verlauf von rund hundert Jahren haben unsere Motoren und Heizanlagen einen beträchtlichen Teil des Kohlenstoffs freigesetzt, der sich im Lauf der Zeit abgelagert hatte. Es ist, als hätte jemand sein ganzes Leben lang geknausert und gespart, um während einer einzigen Woche alles in einer grandiosen Orgie auf den Kopf zu hauen. In dieser wie in manch anderer Hinsicht, schrieb der große Biologe A. J. Lotka in den sechziger Jahren, »ist die Gegenwart eine extrem untypische Epoche«. Wir haben unser Kapital angegriffen, was uns erstmals während der Ölkrise Anfang der siebziger Jahre zum Bewußtsein kam. Aber es ist mehr als eine Verschwendung, mehr als ein leichtsinniges Verschleudern. Wir geben das Kapital in einer Weise aus, die unsere Atmosphäre verändert. Es ist so, als ob wir diese eine Woche lang die Puppen tanzen ließen und uns dabei eine schreckliche Krankheit zuzögen.

Schon immer – zumindest seit das Leben auf der Erde begonnen hat – gab es eine bestimmte Menge Kohlendioxid in der Erdatmosphäre, und schon immer wurde eine bestimmte Menge Sonnenstrahlung absorbiert und die Erdoberfläche erwärmt. Gäbe es kein Kohlendioxid, wäre unsere Erde wie der Mars – wahrscheinlich wäre es so kalt auf ihr, daß kein Leben entstehen könnte. Bis zu einem gewissen Grade ist das Treibhaus eine gute Sache – Leben gedeiht in seiner Wärme. Die Frage ist nur: Wieviel ist gut? Auf der Venus besteht die Atmosphäre zu siebenundneunzig Prozent aus Kohlendioxid. Deshalb absorbiert sie die Infrarotstrahlung hundertmal effizienter als die Erdatmosphäre und hält den Planeten um knusprige 370 Grad wärmer als die Erde. Die Erdatmosphäre besteht größtenteils aus Stickstoff und Sauerstoff; sie enthält gegenwärtig höchstens 0,035 Prozent Kohlendioxid, kaum mehr als eine Spur. Die Besorgnisse ob des Treibhauseffekts sind Befürchtungen, daß dieser Wert auf 0,055 oder 0,06 Prozent ansteigen könnte, was nicht sehr viel ist. Aber wie wir sehen werden, ist es mehr als genug, um alles zu verändern.

1957, als Revelle und Suess ihren Artikel veröffentlichten, wußte noch niemand mit Bestimmtheit, daß sich der Kohlendioxidgehalt der Luft erhöhte. Die Scripps Institution beauftragte einen jungen Naturwissenschaftler, Charles Keeling, mit dem Errichten von Beobachtungsstationen in der Antarktis und in 3350 Meter Höhe über dem Meeresspiegel am Hang des Maunaloa auf Hawaii. Seine Meßdaten bestätigten schon bald die Hypothese von Revelle und Suess: Die Erdatmosphäre reicherte sich mit Kohlendioxid an. Als Keeling 1958 seine Messungen aufnahm, enthielt die Atmosphäre beim Maunaloa etwa 315 ppm Kohlendioxid. Spätere Messungen ergaben, daß diese Zahl Jahr für Jahr anstieg, und das mit zunehmendem Tempo. Anfangs lag der jährliche Zuwachs bei etwa 0,7 ppm, heute beträgt er gut das Doppelte oder 1,5 ppm. Gewiß – 1,5 ppm klingt extrem harmlos. Aber durch Bohrungen in Eisbergen und Untersuchungen der in sehr altem Eis enthaltenen Luft wie auch durch Untersuchungen der Luft, die in alten Teleskopen verschlossen war, haben Wissenschaftler berechnet, daß die Erdatmosphäre vor der Industriellen Revolution etwa 280 ppm Kohlendioxid enthielt und daß dieser Wert genau dem Wert entsprach, den man für die letzten 160000 Jahre der Erdgeschichte errechnet hatte. Gegenwärtig liegt der Wert bei rund 360 ppm. Bei einem jährlichen Zuwachs um 1,5 ppm würde sich die Konzentration von Kohlendioxid in der Erdatmosphäre, die vor der Industriellen Revolution bestand, in den kommenden 140 Jahren verdoppeln. Und da das Kohlendioxid, wie wir gesehen haben, schon in geringer Konzentration in der Atmosphäre unser Klima stark beeinflußt, muß eine Verdoppelung dieser Konzentration – sei sie, in Zahlen ausgedrückt, noch so gering – unwägbare Auswirkungen haben. Es ist, als würde man ein Rezept falsch auffassen und einen Kuchen zwei Stunden statt einer im Ofen lassen: Es macht viel aus.

Doch der jährliche Zuwachs um 1,5 ppm ist keine Konstante; es scheint fast sicher zu sein, daß er noch größer wird. Die wesentlichen Faktoren, die hier mitspielen, sind demographischer und wirtschaftlicher, nicht chemischer Natur. Die Weltbevölkerung hat sich in unserem Jahrhundert mehr als verdreifacht, und die im Mai 1989 von den Vereinten Nationen veröffentlichten Zahlen lassen darauf schließen, daß sie sich im kommenden Jahrhundert nochmals verdoppeln oder gar verdreifachen wird, bevor sie eine Zeitlang konstant bleibt. (Nach ein, zwei Jahrzehnten der Verlangsamung scheint sich gegenwärtig eine Beschleunigung des Wachstums der Weltbevölkerung abzuzeichnen – in China stieg 1986 die durchschnittliche

Geburtenrate von 2,1 auf 2,4 Kinder pro Frau und ging seither nicht zurück.) Und die verdreifachte Weltbevölkerung hat sich nicht damit begnügt, das Dreifache der Ressourcen zu verbrauchen. Während der letzten hundert Jahre hat sich die industrielle Produktion weltweit verfünfzigfacht. Vier Fünftel dieses Wachstums entfallen allein auf die Zeit nach 1950, und fast das gesamte Wachstum beruht auf dem Verbrauch fossiler Brennstoffe. Und für die zweite Jahrhunderthälfte prognostizieren die Vereinten Nationen ein weiteres Wachstum dieser 13-Billionen-Wirtschaft um das Fünf- bis Zehnfache.

Um diese Tatsachen kommen wir ebensowenig herum wie um die Chemie der Absorption von Infrarotstrahlung. Sie bedeuten, daß die Welt immer mehr Energie verbraucht – nach den meisten Schätzungen mit einem jährlichen Zuwachs von zwei bis drei Prozent. Und die größte Steigerung wird sich voraussichtlich im Verbrauch von Kohle ergeben. Das sind schlechte Nachrichten, denn bei der Verbrennung von Kohle wird mehr Kohlendioxid in die Erdatmosphäre abgegeben als bei jedem anderen fossilen Brennstoff (doppelt soviel wie beispielsweise bei Erdgas). China, das über die größten Kohlevorkommen der Welt verfügt und vor kurzem die Sowjetunion in der Kohleförderung vom ersten Platz verdrängt hat, rechnet bis zum Jahr 2000 mit einer Verdoppelung seines Kohleverbrauchs.

Mit anderen Worten: Diese Entwicklung ist kein langfristiges Phänomen. Sie ist kein Marathonrennen, nichts wie die Vierundzwanzig Stunden von Le Mans. Sie ist ein Hundert-Meter-Sprint, ein Rennen aus dem Stand, das immer schneller wird. Wenn der Verbrauch fossiler Brennstoffe und die Gesamtemission an Kohlendioxid weiterhin exponentiell zunehmen, dann wird nach einer Modellrechnung des World Resources Institute die Kohlendioxidkonzentration in der Atmosphäre um das Jahr 2040 das Doppelte des Wertes vor der Industriellen Revolution erreicht haben; bei etwas langsamerem Wachstum, wie es die meisten Schätzungen annehmen, wird diese Verdoppelung etwa im Jahr 2070 erreicht sein.

Die Staatschefs der sieben führenden Industrienationen einigten sich auf ihrem Weltwirtschaftsgipfeltreffen im Sommer 1989 darauf, »sich verstärkt für gemeinsame Anstrengungen einzusetzen«, um den Ausstoß an Kohlendioxid zu reduzieren, aber auf nichts Konkretes, denn Abhilfen liegen weder auf der Hand, noch sind sie leicht zu bewerkstelligen. So

25

scheint es zum Beispiel naheliegend, auf den Schornsteinen von Kraftwerken ein Filtersystem zu installieren, das das Kohlendioxid zurückhält. Aber eine Filteranlage, die neunzig Prozent des Kohlendioxids auffangen würde, hätte eine Verminderung der Kraftwerksleistung um achtzig Prozent zur Folge. Immer wieder wird verlangt, mehr Atomstrom zu verwenden. Da jedoch der Löwenanteil unseres Energiebedarfs auf Automobile und Ähnliches entfällt, würde unser Gesamtausstoß an Kohlendioxid auch dann nur um etwa ein Viertel sinken – vorausgesetzt, wir wären politisch dazu bereit und wirtschaftlich überhaupt in der Lage, jedes Elektrizitätswerk von heute auf morgen auf Nuklearstrom umzustellen. Dasselbe gilt – zumindest für die erste Zeit – für jede andere Form einer »sauberen« Stromerzeugung. Die von uns geforderten Opfer bewegen sich folglich in einer Größenordnung, die wir uns nicht wirklich vorstellen können und die uns nicht zusagen wird.

Die Verbrennung fossiler Brennstoffe ist nicht die einzige von Menschen erdachte Methode zur Erhöhung des Kohlendioxidgehalts der Atmosphäre. Auch bei der Verbrennung von Wäldern gelangen Schwaden von Kohlendioxid in die Luft. Bäume und Buschwälder bedecken noch immer vierzig Prozent der Landfläche der Erde, aber diese bewaldete Fläche wurde seit der Einführung der Landwirtschaft durch den Menschen um rund ein Drittel verringert, und der Schrumpfungsprozeß hat sich – wie man sich denken kann – in letzter Zeit beschleunigt. Im brasilianischen Staat Pará beispielsweise wurden zwischen 1975 und 1986 180000 Quadratkilometer Wald abgeholzt; in den hundert Jahren davor hatten Siedler eine Waldfläche von lediglich einem Zehntel dessen brandgerodet. »Nachts wirkt der Wald mit den roten, prasselnden Flammen, als herrsche Krieg«, schrieb ein Berichterstatter. Die brasilianische Regierung hat versucht, das Tempo der Brandrodungen zu drosseln, aber für ein Gebiet von der Größe Europas hat sie lediglich neunhundert Waldhüter eingestellt.

Das ist nichts Neues – es ist bekannt, daß die Regenwälder verschwinden und mit ihnen die meisten der Pflanzen- und Tierarten auf der Erde. Vergessen wir ruhig für einen Augenblick, daß wir eine unersetzliche Ressource verlieren, eine Wiege des Lebens, eine unwiederbringliche Pracht und so weiter. Der dichte, artenreiche Regenwald enthält drei- bis fünfmal mehr Kohlenstoff pro Flächeneinheit als ein offener Wald.

Ein brennender Hektar Wald in Brasilien entspricht drei bis fünf Hektar Wald im Yellowstone-Naturpark. Die gegenwärtig weltweit betriebenen Brandrodungen führen jährlich zu einer Kohlenstoffemission, die sich zwischen 1 und 2,5 Milliarden Tonnen bewegt (das sind etwa zwanzig Prozent der Menge, die durch die Verbrennung fossiler Brennstoffe freigesetzt wird). Und jeder Hektar dieses gerodeten Regenwaldes, dessen nährstoffarmer Boden nur wenige Jahre landwirtschaftlich genutzt werden kann, wird innerhalb kurzer Zeit zu Wüsten- oder bestenfalls Weideland.

Wo Weideland ist, da sind auch Kühe, und Kühe beherbergen in ihren Eingeweiden anaerobe Bakterien in großer Zahl, welche die von den Kühen als Nahrung aufgenommene Zellulose aufspalten. Sie ermöglichen es, daß Kühe im Unterschied zu Menschen Gras fressen können. Warum ist das wichtig? Weil diese Bakterien Methan ausscheiden. Methan oder Biogas gibt bei der Verbrennung Kohlendioxid ab, wenngleich nur halb soviel wie Erdöl. Gelangt es jedoch *unverbrannt* in die Atmosphäre, dann ist es im Hinblick auf die Absorption von Infrarotstrahlung und das Aufheizen des Erdklimas zwanzigmal wirksamer als Kohlendioxid. Obwohl sein Anteil in der Atmosphäre weniger als 2 ppm ausmacht, kann Methan spürbare Auswirkungen haben. Ein Großteil des in der Erdatmosphäre enthaltenen Methans stammt zwar aus »natürlichen« Quellen – den methanproduzierenden Bakterien –, doch der gegenwärtige hohe Anteil ist zweifellos durch menschliches Tun bewirkt. Auf der Erde gibt es weltweit 1,2 Milliarden Stück Rinder, nicht gerechnet die enorme Zahl an Kamelen, Pferden, Schweinen, Schafen und Ziegen, und sie alle geben Jahr für Jahr insgesamt rund 73 Millionen Tonnen Methan an die Luft ab, was einem Anstieg um 435 Prozent während der letzten hundert Jahre entspricht. Büffel und Weißschwanzgnu, die vom Rind verdrängt wurden, produzierten zwar ebenfalls Methan, aber ihre Zahl war weit geringer.

Auch für den Anstieg der Termitenpopulationen, der noch drastischer ausfällt, ist der Mensch verantwortlich. Termiten haben in ihren Eingeweiden die gleichen Bakterien wie Kühe, so daß sie in der Lage sind, Holz zu verdauen. Wir denken bei Termiten nur an das zerstörerische Werk, das sie an Holzhäusern anrichten, doch in den meisten Teilen der Welt sind sie mit dem Bau von Häusern beschäftigt und errichten komplizierte, steinharte Hügel von bis zu zehn Meter Höhe. Im Innern dieser Festungen bewacht eine komplexe Hierarchie von Termiten die Königinnen – einige tragen scharfe Zangen, die länger sind als ihr eigener Körper, bei anderen ist der Kopf wie ein Stöpsel geformt, so daß sie die Innengänge gegen Eindringlinge verstopfen können, und wieder andere explodieren, wenn sie angegriffen werden, oder verspritzen eine giftige Substanz. Wenn ein Bulldozer einen Termitenhügel dem Erdboden gleichmacht, können Arbeitstermiten ihn innerhalb von Stunden neu errichten. Mit fast allen Tieren haben sie gemeinsam, daß ihre Zahl allein durch die verfügbare Nahrung begrenzt ist. Wenn wir nun einen Regenwald abholzen, produzieren wir eine große Menge an totem Holz – Termitennahrung in Hülle und Fülle. Termiten haben eine »hohe Verdauungseffizienz«, weit höher als die von Regenwürmern, wie Patrick Zimmerman vom National Centre for Atmospheric Research erklärt. Sie können fünfundsechzig bis fünfundneunzig Prozent des im Holz gebundenen Kohlenstoffs aufspalten. (Holz besteht zu fünfzig Prozent aus Kohlenstoff.) Und sie können erstaunliche Mengen Methan ausscheiden – ein einziger Termitenbau kann pro Minute bis zu fünf Liter dieses Gases abgeben. Mit zunehmender Abholzung der Regenwälder ist die Zahl der Termitenpopulationen sprunghaft angestiegen. Nach Schätzungen von Wissenschaftlern kommen heute auf jeden Erdbewohner eine halbe Tonne Termiten – das Sechs- bis Siebenfache des Durchschnittsgewichts eines Erwachsenen.

Die Forscher sind sich nicht einig darüber, ob Termiten als Methanproduzenten eine wichtige Rolle spielen, aber über Reisfelder herrscht in diesem Punkt Einigkeit. Der sauerstoffarme Schlamm von Sumpfböden hat schon immer methanbildende Bakterien beherbergt. (Methan wird gelegentlich auch als Sumpfgas bezeichnet.) Doch Reisfelder können noch effektivere Methanproduzenten sein – die Reispflanzen verhalten sich ähnlich wie Strohhalme und geben jedes Jahr gut und gerne 115 Millionen Tonnen Gas an die Erdatmosphäre ab. Die Reisanbauflächen vergrößern sich jährlich, vor allem in China, um die wachsende Weltbevölkerung zu ernähren.

Daneben gibt es noch die Müllhalden: Nach Zimmerman ist eine typische Müllhalde zu dreißig Prozent »fäulnisanfällig« – sie fault vor sich hin und produziert Methan. Auf der Hauptmüllkippe der Stadt New York in Staten Island wird das Gas unter dem Müll abgepumpt und direkt in Tausende von Wohnungen geleitet, aber in den meisten Fällen tritt es einfach an die Luft aus.

Nun sind Wissenschaftler seit kurzem zu der Überzeugung gelangt, daß die Gesamtmenge des in der Erdatmosphäre befindlichen Methans nicht ausschließlich aus diesen Quellen stammen kann. »Wenn man genauer hinsieht«, so der Physiker Michael McElroy von der Harvard University, »ist man sich seiner Sache nicht mehr so sicher.« Zum einen sind die Wissenschaftler inzwischen in der Lage, Isotopenkonzentrationen zu messen: Es gibt »leichtes« Methan, das von Rindern, Termiten und Reisfeldern stammt, und »schweres« Methan aus anderen Quellen. Und hier – vergessen wir für einen Augenblick die giftspritzenden Termiten – wird die Geschichte langsam unheimlich. Gewaltige Methanmengen sind als Hydrate in der Tundra und im Schlamm der Kontinentalschelfe gebunden. Im wesentlichen handelt es sich um Methaneis; allein der Schlamm der Weltmeere enthält zehn Billionen Tonnen Methan. Wenn sich aufgrund des Treibhauseffekts die Weltmeere erwärmen und die permanent gefrorenen Bodenschichten auftauen, dann kann dieses Eis nach Ansicht einiger Wissenschaftler schmelzen. Schätzungen der Größenordnung des auf diese Weise freiwerdenden Methans liegen bei 0,6 Milliarden Tonnen jährlich, einer Menge, die mindestens die Verdoppelung der gegenwärtigen Konzentration bedeuten würde. Das wäre das unschöne Beispiel einer Rückkoppelung, wo die veränderte Erdatmosphäre weitere Änderungen verursacht: Wird die Atmosphäre aufgeheizt, so wird Methan freigesetzt, setzt man Methan frei, so heizt man die Atmosphäre auf, und so weiter.

Wenn alle diese Quellen zusammenwirken, dann haben wir mit der Erhöhung der Methankonzentration Gefährlicheres bewirkt als mit der des Kohlendioxids. Eisproben von Gletschern der Antarktis zeigen, daß die Methankonzentration in der Atmosphäre in den letzten 160 000 Jahren zwischen 0,3 und 0,7 ppm geschwankt hat, wobei die Höchstwerte in der wärmsten Periode der Erde erreicht wurden. 1987 betrug sie 1,7 ppm. Das bedeutet, daß die Erdatmosphäre heute zweieinhalbmal soviel Methan enthält wie zu jedem anderen Zeitpunkt während drei Eiszeiten und Zwischeneiszeiten. Und die Methankonzentration nimmt jährlich konstant um ein Prozent zu.

Der Mensch pumpt jedoch zusätzlich kleinere Mengen anderer Gase in die Atmosphäre, die ebenfalls zum Treibhauseffekt beitragen. Distickstoffoxid, Chlorverbindungen und einige andere Gase speichern Wärme noch viel effizienter als Kohlendioxid. Wissenschaftler sind heute davon überzeugt, daß

Methan und die übrigen Gase trotz ihrer geringen Konzentrationen insgesamt zu mehr als der Hälfte der zu erwartenden Erwärmung der Erdatmosphäre beitragen – das heißt, in ihrer Gesamtheit stellen sie ein ebenso großes Problem dar wie das Kohlendioxid. Und da alle diese Substanzen die Atmosphäre aufheizen, wird diese mehr Wasserdampf binden können, was wiederum den Treibhauseffekt verstärkt. Das British Meteorological Office geht davon aus, daß die Erwärmung der Erde durch diesen zusätzlichen Wasserdampf das Ausmaß von zwei Dritteln der Erwärmung durch das Kohlendioxid haben wird.

Wir haben also den CO_2-Gehalt der Atmosphäre in unserem Jahrhundert um etwa fünfundzwanzig Prozent erhöht und werden ihn im kommenden Jahrhundert voraussichtlich verdoppeln; wir haben die Methankonzentration mehr als verdoppelt, und wir haben eine bunte Mischung weiterer Gase in die Luft befördert. *Wir haben die Erdatmosphäre tiefgreifend verändert.*

Das hat nichts mehr mit lokaler Umweltverschmutzung zu tun, es läßt sich nicht mit dem Großstadtsmog der Industrienationen vergleichen. Es betrifft die gesamte Atmosphäre der Erde. Wer 1960 auf einen abgelegenen Berg geklettert wäre, dort eine Luftprobe entnommen, sie in einer Flasche verschlossen hätte und heute an derselben Stelle eine weitere Probe entnehmen würde, der erhielte zwei völlig verschiedene Proben. Die Zusammensetzung der chemischen Hauptbestandteile der Luft hat sich geändert. Die meisten Erörterungen der Treibhausgase drehen sich um deren zukünftige Konsequenzen – wird der Meeresspiegel steigen? –, ohne uns die Möglichkeit zu geben, uns bewußt zu machen, was bereits passiert ist. Die Luft, die wir atmen, selbst dort, wo sie rein ist, nach Frühling duftet und von Vogelgezwitscher erfüllt ist, hat sich verändert, und das in wesentlicher Hinsicht.

Daraus erhebt sich zwangsläufig die Frage, was diese neue Atmosphäre bedeutet. Wenn sie nichts zu bedeuten hätte, brauchten wir uns nicht länger den Kopf zu zerbrechen, da die Luft so farb- und geruchlos und so leicht zu atmen bleibt wie zuvor. Tatsächlich sind die unmittelbaren Auswirkungen *nicht* wahrnehmbar. Jeder, der sich in geschlossenen Räumen aufhält, atmet Kohlendioxid in einer Konzentration ein, die um ein Mehrfaches über der der Erdatmosphäre liegt, ohne eine nachteilige Wirkung zu spüren; in den USA dürfen Industriearbeiter über längere Zeit einem CO_2-Gehalt von 5000 ppm ausgesetzt sein – das ist knapp fünfzehnmal soviel wie in der Atmosphäre; in hundert Jahren wird ein Kind in den Ferien noch immer weit weniger Kohlendioxid einatmen als im Klassenzimmer.

Das sind leider nur bedingt gute Nachrichten. Die Auswirkungen auf uns werden zwar unmerklich, aber dennoch drastisch sein: Veränderungen der Atmosphäre beeinflussen das Wetter, und *dieses* wird sich auf die Ferien auswirken. Temperaturen, Niederschläge und Windgeschwindigkeit werden sich ändern. Die Chemie der oberen Atmosphäre mag für uns etwas Abstraktes sein, ein Text, der in einer fremden Sprache geschrieben ist. Doch dessen Übersetzung in das Wetter von New York, Paris oder Neapel wird unser aller Leben verändern.

Die Theorien über die Auswirkungen beginnen alle mit einer Abschätzung der voraussichtlichen Erwärmung der Erdoberfläche. Wie wir uns erinnern, behauptete Arrhenius, eine Verdoppelung der CO_2-Konzentration, die vor der Industriellen Revolution bestand, werde zu einer Erhöhung der Temperatur um fünf Grad Celsius führen. Die neue Welle von Befürchtungen, die mit dem Aufsatz von Revelle und Suess und Keelings Beobachtungsdaten vom Maunaloa einsetzte, hat zur Entwicklung höchst komplexer Computermodelle für den gesamten Erdball geführt. In diesen Modellen wird die äußere Schicht unseres Globus in Tausende von Würfeln zerlegt, wobei jeder Würfel aus mehreren – im allgemeinen zehn oder noch mehr – Schichten besteht, welche die unterschiedlichen Schichten der Atmosphäre, des Festlands und der Meere darstellen. Das Computerprogramm wendet zunächst auf jeden Würfel die fundamentalen Energieerhaltungssätze an und berechnet anschließend die Massen-, Energie- und Impulsübertragungen zwischen jeweils zwei Würfeln: Es berechnet die Entwicklung des Wetters weit in die Zukunft. Man kann eine bestimmte Größe – etwa den CO_2-Gehalt der Luft – variieren und sehen, welche Gesamtfolgen entstehen.

Wenn man eine Erhöhung des Gehalts an Kohlendioxid und anderen Spurengasen als gegebene Größen ansetzt, so unterscheiden sich die Folgen nur unwesentlich von dem, was Arrhenius vorausgesagt hat. *Die bisherigen Computermodelle stimmen alle in diesem einen Punkt überein: Wenn der Gehalt an Kohlendioxid oder dessen Äquivalent in anderen Gasen mit*

Treibhauseffekt sich – wie prognostiziert – um den vor der
Industriellen Revolution beobachteten Wert verdoppelt, dann
erhöht sich auch die durchschnittliche Temperatur an der Erd-
oberfläche um eine Wert, der zwischen 1,5 und 4,5 Grad Cel-
sius liegt. Die Resultate aller klimatischen Weltmodelle weichen höchstens um den Faktor zwei voneinander ab.

Das vielleicht bekannteste Computerprogramm stammt von
James Hansen und seinen Kollegen am Goddard Institute for
Space Studies der NASA in Manhattan. Die NASA arbeitete
um 1970 mit einer frühen Version dieses Modells, um die
Genauigkeit von Wettervorhersagen auf der Grundlage von
Satellitenaufnahmen zu prüfen, und als die meteorologische
Arbeitsgruppe ihren Sitz nach Washington verlegte, beschloß
der in New York gebliebene Hansen, mit diesem Modell auch
langfristige Klimabewegungen zu untersuchen. Im Lauf der
Jahre haben er und seine Kollegen das Programm perfektio-
niert, und obwohl es nach wie vor eine grobe Vereinfachung
der extrem komplexen realen Welt darstellt, haben sie es so
weit verbessert, daß sie damit nicht nur die Auswirkungen
eines verdoppelten CO_2-Gehalts der Atmosphäre prognostizieren wollen, sondern auch die Kumulationseffekte während des
gesamten Zeitraums, innerhalb dessen der CO_2-Gehalt allmählich ansteigt. Sie beabsichtigen, nicht erst für das Jahr 2050,
sondern auch schon für das Jahr 2000 eine Prognose zu erstel-
len.

In Dallas beispielsweise würde eine Verdoppelung des Gehalts an Kohlendioxid oder der äquivalenten Kombination aus
Kohlendioxid und anderen Gasen wie Methan nach Hansens
Berechnungen bewirken, daß die Zahl der Tage im Jahr, an
denen Temperaturen von über 38 Grad Celsius gemessen werden, von 19 auf 78 steigt. An 68 Tagen statt wie heute an
4 Tagen würden die nächtlichen Temperaturen nicht unter
27 Grad Celsius fallen. An 162 Tagen im Jahr – fast das halbe
Jahr über – würden die Temperaturen 33 Grad Celsius erreichen. In New York City würde die Zahl der Tage im Jahr mit
Temperaturen von bis zu 33 Grad von gegenwärtig 15 auf
48 ansteigen, und so fort. Derartige Erhöhungen der Temperatur bedeuten zweifellos eine Veränderung der Welt, die wir
kennen. Einer von Hansens Kollegen äußerte gegenüber einem
Reporter: »Heute erreichen die Temperaturen in Phoenix Spit-
zenwerte von 49 Grad Celsius. Werden in dieser Stadt auch
dann noch Menschen wohnen, wenn es 55 oder 60 Grad sein

werden?« (Solche Hitzewellen sind möglich, selbst wenn der weltweite Anstieg im Durchschnitt nur wenige Grad beträgt, denn ein Durchschnittswert besagt nichts über die Größe der Schwankungen.) Aber wir brauchen gar nicht jahrzehntelang darauf zu warten, daß der CO_2-Gehalt sich verdoppelt. In einem im Herbst 1988 im *International Journal of Geophysics* erschienenen Aufsatz schreiben Hansen und seine Mitarbeiter, daß diese Veränderungen sich spätestens in den kommenden zehn Jahren auch für den Mann auf der Straße bemerkbar machen müssen – das heißt, daß von jetzt an die Chancen für einen sehr heißen Sommer größer als fünfzig Prozent sind.

Die möglichen Auswirkungen einer derartigen Temperaturänderung sind unendlich vielfältig. So kann der Spiegel der Weltmeere um zwei Meter oder mehr ansteigen, wenn die Polkappen zu schmelzen beginnen und das erwärmte Meerwasser sich ausdehnt, während das Innere der Kontinente aufgrund der erhöhten Verdunstung austrocknen kann. In den letzten Jahren sind viele Studien dazu angestellt worden, wie das Leben in einer Treibhauswelt wohl aussehen wird, und die von den Forschern vermuteten Änderungen reichen von einer erhöhten Ausbreitung bestimmter Krankheiten, weil sich das Verbreitungsgebiet bestimmter Insekten vergrößert, bis zu einem wärmeren Kanada, das dadurch zu einer neuen Weltmacht aufsteigen könnte. Einige dieser Spekulationen sind ziemlich aberwitzig – so konnte man unlängst in *Fortune* lesen, wenn das Eis an den Polkappen teilweise abschmelzen sollte, wären US-amerikanische und sowjetische Atomunterseeboote ohne Deckung. Außerdem wäre »dieser Effekt für die UdSSR von zusätzlichem Nachteil. Da die amerikanischen U-Boote schneller sind und eine größere Reichweite haben als die des Gegners, sind sie weniger darauf angewiesen, sich unter einer Eisdecke versteckt zu halten«.

Doch eine Erörterung der Auswirkungen des Treibhauseffekts wäre verfrüht. Zuerst müssen wir uns vergewissern, ob die Theorie überhaupt triftig ist. In den letzten Jahren hat es eine Fülle von pessimistischen Prognosen gegeben, die nicht eingetreten sind – während der Niederschrift dieses Buches steht der Ölpreis bei 18 Dollar pro Barrel, der Hälfte des Preises, der vor einigen Jahren erzielt wurde.

Die naheliegendste Überprüfung wäre es, die Temperaturen an der Erdoberfläche zu messen, um festzustellen, ob sie ansteigen. Doch das ist leichter gesagt als getan; eine Erwärmung ist nicht sogleich als solche zu erkennen. Zwar absorbieren die Weltmeere, wie Revelle und Suess herausgefunden haben, nur einen geringen Teil des CO_2-Überschusses, aber sie können große Wärmemengen speichern; es ist durchaus möglich, daß die bisherige zusätzliche Wärmemenge in den Ozeanen gespeichert wurde und von dort nach und nach als Strahlung in die Atmosphäre abgegeben werden wird, so wie ein am Tag von der Sonne erwärmter Stein diese Wärme des Nachts allmählich abgibt. Der Zeitraum einer derartigen »Wärmelücke« kann zwischen zehn und hundert Jahre betragen.

Und beim Ablesen der Thermometer wäre es keineswegs damit getan, an einigen wenigen Stellen im Verlauf einiger weniger Jahre die Temperatur zu ermitteln, da das Klima von zufälligen Schwankungen und Abweichungen durchsetzt ist. Um in diesem Dickicht von atmosphärischem »Rauschen« einer zufälligen Abfolge von kalten und warmen Jahren das von den Klimatologen so bezeichnete »Erwärmungssignal« auszumachen, ist ein enormer Aufwand erforderlich. Bislang sind zwei derartige Untersuchungen durchgeführt worden – an der Universität East Anglia und bei der NASA von Hansen und seinen Mitarbeitern. Beide gehen bei der Datenerhebung bis in die Zeit vor fast einem Jahrhundert zurück, als Naturwissenschaftler mit den ersten systematischen Wetterbeobachtungen begannen, und um global aussagekräftige Durchschnittswerte zu erhalten, nahmen sie Meßdaten von Tausenden von Wetterstationen auf dem Festland und auf dem Meer in ihre Berechnungen auf. Beide Untersuchungen gelangten zu etwa demselben Schluß: daß die Temperatur der Erdoberfläche in den letzten einhundert Jahren um ungefähr 0,55 Grad Celsius gestiegen ist, eine Zahl, die weitgehend den Prognosen des Treibhausmodells entspricht, wenngleich sie etwas kleiner ist als erwartet. Und beide Untersuchungen belegen, daß die vier wärmsten Jahre des Untersuchungszeitraums in die Zeit nach 1980 fallen und daß sich der Temperaturanstieg mit zunehmenden Gasemissionen in die Erdatmosphäre beschleunigt hat – genau, was die Modelle prophezeit hatten. Die britische Aufstellung bezeichnet heute sogar als die sechs wärmsten Jahre dieses Jahrhunderts in absteigender Reihenfolge 1988, 1987, 1983, 1981, 1980 und 1986.

Die Jahre 1981 und 1983 waren sehr warm, und einige Regionen der USA erlebten schwere Dürreperioden. Aber außer den betroffenen Farmern machte sich niemand Sorgen darüber. Es lag am Wetter. Nicht einmal die Wissenschaftler, die besonders nachdrücklich die Theorie des Treibhauseffekts vertraten, waren alarmiert. »Offenbar«, schrieb Revelle 1982, »hat die Aufheizung der Erde bislang noch keinen Wert oberhalb des ›Rauschpegels‹ erreicht... Die CO_2-Hypothese wird sich erst dann erhärten lassen, wenn sich ein anhaltender Trend zeigt, der den Rauschpegel übersteigt.«

1988 erregte die Dürre in den USA allerdings jedermanns Aufmerksamkeit. Sie traf das Zentrum des Weizengürtels, wo der größte Teil der Nahrungsmittel der Vereinigten Staaten und ein Großteil des Getreides für die übrige Welt angebaut wird. Die Dürre folgte auf einen trockenen Herbst und Winter; sie konnte sich folglich schnell bemerkbar machen: Der Mississippi sank auf seinen niedrigsten Stand seit den ersten Messungen von 1872. Und zur selben Zeit, als die ersten Berichte über diese Dürre über die Fernsehschirme der US-Haushalte flimmerten, wurde es in den Städten an der Ostküste, wo das Establishment der Regierung und der Medien wohnt, heißer und heißer. Zufällig veranstaltete der Senatsausschuß für Energie und natürliche Ressourcen Ende Juni eine Anhörung zum Treibhauseffekt – gerade als die Angst sich von Tag zu Tag steigerte, als Nachrichtensprecher erklärten, daß die zwei kommenden Wochen über die Getreideerträge entscheiden würden, als Meteorologen düsterste Wettervorhersagen für die kommenden zwei Monate verkündeten. Genaugenommen war es bereits der zweite Teil der Anhörung. Der erste Teil war im November des Vorjahrs erfolgt, als nach den Worten von Senator J. Bennett Johnston aus Louisiana die Senatoren »mit Besorgnis« die Warnungen der Wissenschaftler zur Kenntnis nahmen, die als eine der zu erwartenden Auswirkungen des Treibhauseffekts die Austrocknung des Mittleren Westens voraussagten. Nun, sagte Senator Johnston, »da wir Temperaturen von 39 Grad Celsius in Washington, D. C., erleben und die [fehlende] Bodenfeuchtigkeit im Mittleren Westen die Sojabohnenernte, die Weizenernte und die Baumwollernte ruiniert«, weiche die »Besorgnis« einer »tiefen Beunruhigung«.

Senator Dale Bumpers aus Arizona, der den Bericht des eingeladenen Hauptsachverständigen James Hansen bereits kannte, erklärte, dieser Bericht werde zwangsläufig »in ganz Amerika in sämtlichen Tageszeitungen für Schlagzeilen sorgen«. Wie sich herausstellte, hatte er nicht übertrieben. Hansen sagte, nach erschöpfender Auswertung aller vorliegenden

Daten sei er sicher, daß das Erwärmungssignal inzwischen oberhalb des Rauschpegels von normalem Wetter liege; die Wahrscheinlichkeit, daß der in den letzten Jahren beobachtete Temperaturanstieg eine Zufallsabweichung darstelle, betrage lediglich ein Prozent, und die bisherigen Theorien und Prognosen hätten sich mittlerweile bewahrheitet – wir lebten bereits in einer Treibhauswelt.

Es war eine Aussage, wie sie bislang noch kein einziger anerkannter Wissenschaftler gemacht hatte – zumindest keiner, der für den Staat tätig war. Und obgleich Hansen seine Ergebnisse in dem sachlichen, trockenen Tonfall eines seriösen Forschers vortrug, entsprach die Reaktion weitgehend den Erwartungen der Senatoren: Am nächsten Tag brachte die New York Times auf der Titelseite einen Bericht unter der Schlagzeile »Aufheizung der Erde hat begonnen. Expertenanhörung im Senat«. Endlich war die Botschaft angekommen, fast ein Jahrhundert nach Arrhenius und drei Jahrzehnte nach Revelle und Suess. Aber vielleicht hatte die damalige Aufregung auch ihre Schattenseite. Sie lenkte die Aufmerksamkeit der ganzen US-Bevölkerung auf das Problem, aber bei vielen entstand der Eindruck, Hansen habe die große Hitze und Trockenheit von 1988 auf den Treibhauseffekt zurückgeführt. Das war jedoch nicht der Fall. Er hatte gesagt: »Es ist nicht möglich, eine bestimmte Trockenperiode auf den Treibhauseffekt zurückzuführen.« (In der Tat sind viele Fachleute der Meinung, die Dürre und Hitze von 1988 seien weitgehend Folge tropischer Meeresströmungen und verwandter Naturerscheinungen.) Es gebe allerdings Anzeichen dafür, sagte Hansen, daß der Treibhauseffekt »die Wahrscheinlichkeit des Eintreffens derartiger Ereignisse erhöht«.

Mit anderen Worten: Wir können dem erhöhten Kohlendioxid- und Methangehalt in der Erdatmosphäre eine langfristige Wirkung unterstellen. Auch wenn der Sommer 1988 kühl und feucht gewesen wäre, auch wenn in den Weizenfeldern von Kansas Pilze gediehen wären, hätte Hansen nichts an seiner Aussage geändert. Was ihn überzeugt hatte, waren nicht die beunruhigten Farmer des Mittleren Westens oder die begeisterten Verkäufer von Klimaanlagen in den Städten an der Ostküste, sondern die Zahlen, die sein Computer fortwährend ausspuckte. Und wenn am kommenden 4. Juli die Plains von Schneestürmen begraben würden oder auch nur ganz normales Sommerwetter herrschte, so könnte dies zwar jene beruhigen, die noch immer der Meinung sind, die Welt sei zu groß oder zu alt, um sich zu ändern, aber es könnte Hansens Schlußfolgerungen nicht erschüttern, die auf seinen bis ins letzte Jahrhundert zurückreichenden Daten beruhen. »Wir müssen zwei Meßreihen berücksichtigen«, erklärte er einige Monate nach seiner Aussage vor dem Ausschuß. »Die eine umfaßt die dreißig Jahre, aus denen Messungen des CO_2 und anderer Gase in der Atmosphäre vorliegen. Die natürlichen durchschnittlichen Temperaturschwankungen in dem Zeitraum zwischen 1950 und 1980 betragen etwa 0,13 Grad Celsius. Und unsere Daten zeigen, daß die Durchschnittstemperatur während dieser Zeit um 0,4 Grad Celsius gestiegen ist. Die Alternative besteht in der Auswertung der längerfristigen Meßdaten, die bis in die achtziger Jahre des letzten Jahrhunderts zurückgehen. Während dieses Zeitraums betrug der durchschnittliche Temperaturanstieg 0,6 Grad Celsius. Die natürlichen Schwankungen über einen längeren Zeitraum hinweg sind verständlicherweise höher – durch den Einfluß von Sonnenflecken, Tiefseeströmungen und so weiter.« Die Standardabweichung, die zufällige Schwankung der Temperatur während dieser längeren Zeitspanne, liegt bei 0,2 Grad Celsius. In beiden Fällen hatte der von Hansen beobachtete Anstieg fast exakt die dreifache Höhe der Standardabweichung. »Es gibt keinen magischen Punkt, an dem man das Signal plötzlich wahrnimmt«, sagte er. »Es gibt keinen Punkt, an dem die Temperatur umschlägt. Aber wenn die Schwankung bei drei Sigma liegt – wenn sie drei Standardabweichungen beträgt –, dann hat man ein Niveau erreicht, wo eine rein zufallsbedingte Erwärmung nur wenig wahrscheinlich ist.«

Als die Anhörung ihrem Ende zuging und weitere Experten Hansens Ergebnisse bestätigt, eine Vielzahl von (unliebsamen) Folgewirkungen prophezeit und wirksame Maßnahmen zur Verringerung der Emissionen durch die Verbrennung fossiler Brennstoffe gefordert hatten, stellten die Reporter ihre Fragen. Auf eine dieser Fragen gab Hansen zur Antwort: »Wir sollten aufhören, um den heißen Brei herumzureden. Wir sollten uns eingestehen, daß die Erde wärmer wird.«

Ob die Erwärmung der Erde bereits offiziell begonnen hat oder nicht, diese Frage beschäftigt die Politiker vermutlich mehr als die Wissenschaftler. Nur wenige Monate vor Hansens Bericht hatte der Kolumnist George Will den damaligen Präsidentschaftskandidaten, Senator Albert Gore aus Tennessee, wegen seines hartnäckigen Interesses am Treibhauseffekt und »an anderen Problemen« angegriffen, »die in den Augen der Wähler weniger als nebensächlich« seien. Will und wahrscheinlich die meisten seiner Leser befanden sich geistig noch im Jahr 1975, in dem ein Bericht der National Academy of Sciences zur Klimaveränderung das CO_2-Problem in zwei knappen Absätzen abhandelte. Zumindest während der letzten acht Jahre ist man sich jedoch in wissenschaftlichen Kreisen über einen Punkt einig: Ein Trend zur Erwärmung der Erde ist unvermeidlich, auch wenn er bislang noch nicht eingetreten sein sollte; ob er bereits eingetreten oder erst in einigen Jahren zu erwarten ist, ändert nichts an den Implikationen. Die Sprache eines 1983 erschienenen Berichts der US-amerikanischen National Academy of Sciences ist bezeichnend für die immer wieder gebrauchten Verklausulierungen: »Die vorliegenden Daten über Entwicklungen der durchschnittlichen globalen oder hemisphärischen Temperatur während der letzten hundert Jahre in Verbindung mit Schätzungen der Veränderungen des CO_2-Gehalts während dieser Zeit schließen die Möglichkeit nicht aus, daß klimatische Veränderungen aufgrund zunehmender atmosphärischer Rückkoppelungen bereits begonnen haben.« Doch »nicht ausschließen« und »Möglichkeit«, das ist das Vokabular von Wissenschaftspublikationen, nicht von Boulevardblättern, und deshalb war der extrem heiße Sommer von 1988 – selbst wenn er nicht durch Veränderungen der Erdatmosphäre verursacht worden ist – vermutlich die notwendige Voraussetzung für eine ernsthafte öffentliche Diskussion. Es ist der Unterschied zwischen dem Wissen, daß die zwanzig, dreißig Zigaretten, die man täglich raucht, das Krebsrisiko beträchtlich erhöhen, und der Sprechstunde beim Arzt, der sich räuspert und sagt: »Ich muß Ihnen etwas Ernstes mitteilen!«

Selbst unter den Wissenschaftlern, die von der Theorie des Treibhauseffekts überzeugt sind, besteht Uneinigkeit, ob die Erwärmung bereits nachweisbar ist. Hansen hatte sich weit vorgewagt, und viele kritisierten, daß er keine Vorbehalte gelten ließ. Stephen Schneider vom National Center for Atmospheric Research in Boulder, Colorado, ein überzeugter Verfechter der Theorie von der Aufheizung unseres Planeten, bietet eine Analogie aus der Welt der Spieler an: Die warmen achtziger Jahre sind ebensowenig ein »Beweis« für eine

Erwärmung der Erde, wie die vier Asse, die sich der Kartengeber gibt, ein »Beweis« dafür sind, daß er falschspielt. »Unterschiedliche Vorlieben führen dazu, daß manche die Existenz einer hypothetischen Klimaänderung bereits bei einem geringen Rauschabstand (zwischen Signal und Störgeräuschen) akzeptieren, während andere erst dann von ihr überzeugt sind, wenn sie über einen sehr langen Zeitraum hinweg konstant beobachtet wurde«, lautete die Aussage Schneiders vor dem Senat sechs Wochen nach Hansens Anhörung. »Die Wertung eines bestimmten Rauschabstandes als »Beweis« für die Erwärmung der Erde spiegelt die persönliche Meinung des Forschers wider.« Auf einer Tagung im Mai 1989 gelangten Wissenschaftler zu der Ansicht, daß die natürlichen Klimaschwankungen eine »zuverlässige« Aussage, ob die Erwärmung bereits stattfinde, nicht zuließen.

Neuere Untersuchungen bestätigen jedoch eher Hansens Schlußfolgerung, daß die Erwärmung der Erde bereits Realität sei. So haben offenbar nördlich des 30. Breitengrades die Niederschläge zugenommen und südlich davon abgenommen, und man hat einen »beachtlichen« Anstieg des in der Luft über dem Indischen Ozean befindlichen Wasserdampfs gemessen – zwei Umstände, die von den Treibhausmodellen prognostiziert worden waren. Und einige Forscher haben eine »unterschiedlich ausgeprägte, aber ausgedehnte« Erwärmung der Dauerfrostzonen Alaskas festgestellt – Gegenden, in denen sich die Temperaturen wesentlich langsamer ändern als in der Luft und die deshalb verläßlichere Daten liefern könnten. Andere Wissenschaftler wiederum haben bislang wenig Anhaltspunkte entdecken können. Kenneth E. F. Watt, Professor für Umweltforschung an der University of California in Davis, steht den meisten Temperaturuntersuchungen Hansens und der Universität von East Anglia ablehnend gegenüber; er wirft ihnen unter anderem vor, sie berücksichtigten nicht ausreichend den »großstädtischen Wärmeeffekt«, ein Phänomen, bei dem hitzespeichernde Betonflächen und Abgase die Messungen verfälschen. (Dieses Phänomen hat auch sein Gegenstück; Forscher in Palm Springs, Kalifornien, haben einen »Kälteeffekt« beobachtet. Dort waren die Temperaturen innerhalb eines bestimmten Areals um 1 bis 1,5 Grad Celsius niedriger als in der umgebenden Wüste, was darauf zurückzugehen scheint, daß man dort mehrere Golfplätze angelegt hat.) Selbst Temperaturdaten, die auf schwimmenden Meßstationen erhoben werden, unterliegen derartigen Verzerrungen; hier müssen die Forscher berücksichtigen, daß die von Motorpumpen dem Meer entnommenen Wasserproben sich während des Durchflusses durch die Pumpenleitung erwärmen.

Es ist keineswegs gesagt, daß nicht noch weit gewichtigere Faktoren als das Wachstum von Städten die Ergebnisse verzerren – man denke an die Sonnenflecken und an die starken Äquatorialströme (»El Niño«) der vergangenen Jahre. Das Wetter ist von erheblichem Einfluß. Die meisten Klimaforscher sind sich darin einig, daß die Dürre von 1988 durch Temperaturschwankungen verursacht wurde, die in den tropischen Meeren regelmäßig auftreten und die nordamerikanischen Strahlströme mit ihrer Regenfracht über die Great Plains hinweg nach Norden gelenkt haben. Im Januar 1989 prognostizierte Tim Barnett, Klimaforscher an der Scripps Institution of Oceanography in La Jolla, Kalifornien, für die erste Jahreshälfte sogar einen Temperaturabfall als Folge einer einjährigen »La Niña«, eines tropischen »Kältestroms« – des Gegenstücks zu dem bekannteren »El Niño«. In einigen Regionen des Ozeans auf der Höhe der Äquatorialküste Südamerikas fielen die Temperaturen im Sommer 1988 um fast vier Grad Celsius; auch Hansen räumt ein, daß dadurch die Temperaturen für 1989 langsamer ansteigen oder sogar zurückgehen können: »Aber das sind nur Ausrutscher.« Nach seiner Meinung werden sie vom Treibhauseffekt in ähnlicher Weise überlagert wie ein Gesicht vom Make-up.

Gegen die Theorie des Treibhauseffekts als solche werden kaum Einwände vorgebracht; jedermann im wissenschaftlichen Bereich bestätigt, daß die CO_2-Konzentration in der Erdatmosphäre ansteigt, und fast alle sind der Meinung, daß sich daraus zwangsläufig bestimmte Folgen ergeben. Wenn manche Kolumnisten behaupten, eine Erwärmung der Erde sei bislang nicht nachweisbar und deshalb sei auch die Theorie zweifelhaft, so ist das dieselbe Logik, als würde man behaupten, die Schwangerschaft einer Frau lasse sich erst durch die Entbindung beweisen.

Ein Jahr nach seiner ersten Anhörung erklärte Hansen im Mai 1989 vor Regierungsvertretern, daß seine Untersuchungen die konkrete Gefahr zukünftiger Dürreperioden belegten. Der Pressesprecher des Präsidenten, Marlin Fitzwater, versuchte ihn zu einer Änderung seiner Darstellung zu bewegen und wandte ein: »Zur Frage der Aufwärmung der Erde gibt es viele

Meinungen.« Nur – er konnte keine Studie anführen, die Hansens Ergebnissen widersprach. Und am nächsten Tag versicherte Stephen Schneider vom National Center for Atmospheric Research den versammelten Kongreßabgeordneten, daß »unter Wissenschaftlern so gut wie kein Dissens darüber bestehe«, daß ein Anstieg der CO_2-Konzentration höhere Temperaturen bedeute, und er betonte: »Das ist keine spekulative Theorie.«

Als wissenschaftlich gesichert gilt also, daß die Erhöhung des Gehalts an CO_2 und anderen Spurengasen in der Atmosphäre in absehbarer Zeit die Erde erwärmen wird, falls dies nicht bereits geschehen ist. Die Meinungen differieren jedoch in der Frage, welches die Folgen sein werden. Eine einschneidende Klimaveränderung muß zwangsläufig eine Reihe weiterer Veränderungen nach sich ziehen, welche verschärfend, aber auch hemmend wirken können. Zweifler an der Treibhaustheorie neigen der letzteren Auffassung zu und unterstellen, daß die Aufheizung der Erde natürliche Reaktionen auslösen wird, die den Prozeß verlangsamen oder zum Stillstand bringen. S. Fred Singer, emeritierter Professor für Umweltwissenschaften an der University of Virginia und heute wissenschaftlicher Hauptberater im US-Transportministerium, hat sich zum Kritiker der Treibhaustheorie aufgeschwungen; er räumt ein, daß »unter der Annahme ansonsten konstanter Faktoren« mit steigendem CO_2-Gehalt auch die Erdtemperatur ansteigen wird, doch – so lautet sein Argument – diese Faktoren werden nicht konstant bleiben. »Wenn sich die Meere erwärmen und mehr Wasserdampf in die Erdatmosphäre gelangt, wird sich zwar der Treibhauseffekt verstärken, aber die Bewölkung wird ebenfalls zunehmen, so daß möglicherweise weniger Sonnenstrahlung auf die Erdoberfläche gelangt und die Erwärmung der Erde reduziert wird.« Auch andere Möglichkeiten sind denkbar. Wenn klimatische Veränderungen die Wasserzirkulation vom Meeresboden zur Oberfläche gegenüber dem gegenwärtigen Fünfhundert-Jahre-Zyklus beschleunigen, wird mehr »altes« Wasser, das größere Mengen Kohlendioxid binden kann, an die Oberfläche gelangen. Ebensogut kann ein erhöhter CO_2-Gehalt das Wachstum der Pflanzen anregen, die dann mehr CO_2 der Luft entziehen.

Bei den Computermodellen wurde versucht, solchen Faktoren Rechnung zu tragen. In manchen Fällen, räumt Hansen ein, verfügen wir einfach nicht über ausreichende Kenntnisse, um mehr anzustellen als begründete Vermutungen – das Verhalten der Weltmeere *ist* relativ unberechenbar, und dasselbe gilt von den Wolken (die Unsicherheit beim Schätzen von Rückkoppelungen der Wolkenbildung ist einer der Hauptgründe dafür, daß die meisten Prognosen über die Erwärmung der Erde lediglich einen bestimmten Temperaturbereich und keine festen Zahlen angeben). Doch fast jeder Zweifel hat ein Janusgesicht: Es stimmt zwar, daß bestimmte typische Wolkenbildungen wie helle, niedrige Stratocumulus einen Großteil der Sonneneinstrahlung reflektieren und zu einer Abkühlung der Erde beitragen können, aber Monsunwolken sind langgestreckt und dünn und lassen die Sonnenwärme durch, während sie deren Rückstrahlung verhindern. Hansens Untersuchungen lassen vermuten, daß Wolken den Treibhauseffekt eher verstärken werden.

Eine Vielzahl weiterer Rückkoppelungseffekte sind identifiziert und berechnet worden. Zum Beispiel hat jede Oberfläche ihren eigenen Reflexionsgrad, der den Anteil der von ihr reflektierten Sonnenstrahlung angibt. Eine Polareiskappe (oder ein weißes Hemd) hat einen hohen Reflexionsgrad – sie strahlt einen Großteil des ankommenden Sonnenlichts unmittelbar in die Atmosphäre zurück. Schmilzt das Eis und wird zu einem dunkelblauen Meer, dann wird mehr Wärme absorbiert. Tropische Regenwälder absorbieren heute noch große Wärmemengen; werden sie abgeholzt und zu Wüsten, so nimmt die von ihnen reflektierte Wärmestrahlung zu. Die Rückkoppelungen sind etwas anderes als jene Phänomene, die schon immer einen Einfluß auf die Temperatur hatten, wie Vulkane, die so viel Staub in die Luft schleudern, daß dieser wie ein Dunstschleier wirkt, Äquatorialströmungen oder Änderungen der Sonnenfleckentätigkeit. Die Rückkoppelungen hingegen sind Folgen des Temperaturanstiegs, und sie können ihn weiter verstärken, aber auch abschwächen.

Es ist wichtig, darauf hinzuweisen, daß die aufgrund des Treibhausmodells erstellten Prognosen *nicht* vom schlimmstmöglichen Fall ausgehen, sondern sich in der Mitte des Denkbaren halten. Wie Schneider vor dem Senatsausschuß sagte, besteht eine »gleich große Wahrscheinlichkeit« dafür, daß diese Prognosen zu niedrig oder zu hoch angesetzt sind.

Manche der möglichen Rückwirkungen sind so weitreichend,

daß sie uns eines Tages vielleicht vergessen lassen, wodurch die Erde ursprünglich zu einem Treibhaus gemacht worden ist. Eine von ihnen haben wir bereits kennengelernt: die drohende Freisetzung von Methan, das in den Tundren und im Schlick der Meeresböden gebunden ist, die fatal zur Erwärmung der Schutzhülle rund um die Erde beitragen würde.

Doch Methan kann man sich nicht besonders gut vorstellen. Für mich ist es leichter – und besorgniserregender –, an den Wald zu denken, der mein Haus in den Adirondacks im Bundesstaat New York umgibt.

Vor 20 000 Jahren war mein Land von Gletschern bedeckt, die sich von Kanada nach Süden ausgebreitet hatten und sich schließlich wieder dorthin zurückzogen. Als das Eis verschwand, so schreibt ein Autor aus meiner Gegend, »wich die grimmige Unbarmherzigkeit der Natur einer wohlwollenden Laune. Regen fiel und milderte die Rauheit der Landschaft. Die klaffenden Risse in der Erde füllten sich mit kristallklarem Wasser, und eine sanfte grüne Pflanzendecke überzog die kahlen, felsigen Hänge«. Das war ein langwieriger (wenngleich poetischer) Prozeß, der bis heute noch nicht abgeschlossen ist – noch immer wandern neue Pflanzen- und Tierarten hierher. Große Wälder entstanden auf dem Moränenschutt und erzeugten Humusboden für noch größere Wälder – ein Prozeß, der erst vor wenigen hundert Jahren unterbrochen wurde, als der Mensch den größten Teil dieser Wälder abzuholzen begann. Doch die Unterbrechung endete um die Jahrhundertwende; damals begann der Staat New York in einer frühen Anwandlung von Umweltbewußtsein, riesige Landflächen aufzukaufen und zur »Wildnis« zu erklären, für Holzfäller wie für Bauunternehmer gleichermaßen tabu. So ist diese Region eine der wenigen erfreulichen Ausnahmen geworden: eine aufgeforstete, in den früheren Zustand zurückversetzte Wildnis, der man eine zweite Chance gegeben hat.

Doch die Bäume wachsen nicht wegen der herrschenden Gesetze, sondern wegen der herrschenden klimatischen Verhältnisse. Sie sind allmählich immer weiter nach Norden gewandert, als seit dem Ende der letzten Eiszeit das Klima immer wärmer wurde; und sollte es weiterhin langsam und stetig wärmer werden, so würden sie weiter nach Norden vorrücken; die Kolonnen von Kiefern würden vielleicht gänzlich verschwinden, und statt ihrer würden die ausgedehnten Laubwälder kommen, wie man sie gegenwärtig in den Appalachen findet. Doch bevor wir uns zu sehr an dieses Bild marschierender Kolonnen gewöhnen, sollten wir uns daran erinnern, daß Bäume im Boden wurzeln – sie sterben dort, wo sie geboren wurden. Und da Wälder aus Bäumen bestehen, können sie sich nur durch das langsame Wachstum neuer Bäume an ihren Rändern ausdehnen. Wissenschaftler schätzen, daß Wälder sich auf natürliche Weise jährlich höchstens um etwa 800 Meter bewegen. Das ist keine schlechte Zahl, solange sich das Klima ebenso langsam verändert.

Die Computermodelle prognostizieren jedoch einen durchschnittlichen Anstieg der Erdtemperaturen um 0,55 Grad Celsius innerhalb von zehn Jahren. Dieser durchschnittliche Temperaturanstieg bedeutet eine Verschiebung der jeweiligen Klimazonen um 50 bis 80 Kilometer nach Norden. Sollte sich die Temperatur alle zehn Jahre um 0,55 Grad erhöhen, dann würden die Wälder in der Umgebung meines Hauses etwa im Jahr 2020 an die kanadische Grenze gehören, während die Bäume, die jetzt noch 160 Kilometer südlich von hier wachsen, hier zu erwarten wären. Da wären sie jedoch nicht, denn wie wir gehört haben, bewegen sie sich höchstens 800 Meter im Jahr. Die Bäume vor meinem Fenster würden noch immer dort stehen, nur wären sie dann im Absterben begriffen oder bereits tot.

Eines Tages – vielleicht schon in wenigen Jahrzehnten – werden Bäume oder zumindest Sträucher, die an die neuen Lebensumstände besser angepaßt sind, die alten Wälder verdrängt haben. Doch bis dahin können die toten Wälder wahrhaft gigantische Mengen an Kohlenstoff in die Atmosphäre abgeben. Bäume bestehen überwiegend aus Kohlenstoff – bei der Verbrennung der tropischen Regenwälder werden jährlich bis zu drei Milliarden Tonnen freigesetzt gegenüber 5,6 Milliarden Tonnen aus der Verbrennung fossiler Brennstoffe. Bei den Waldbränden im Yellowstone-Nationalpark von 1988 gelangte eine Kohlenstoffmenge in die Atmosphäre, die 2,8 Prozent sämtlicher in den USA in einem Jahr anfallender Emissionen aus der Verbrennung fossiler Brennstoffe entsprach – mit anderen Worten, innerhalb weniger Wochen wurde auf einem Areal von nur 6000 Quadratkilometern durch die Brände ebensoviel Kohlenstoff freigesetzt, wie in den gesamten Vereinigten Staaten innerhalb von zehn Tagen durch Automobile, Motorboote, Heizungs- und Feuerungsanlagen abgegeben wird. Tatsächlich enthalten Bäume, Pflanzen und

Erdboden (der zudem seinen gebundenen Kohlenstoff wesentlich schneller abgibt, wenn die Bäume sterben) mehr als zwei Billionen Tonnen Kohlenstoff, der sich wahrscheinlich zu mehr als einem Drittel in den mittleren und nördlichen Breitengraden konzentriert. »Wir müssen mit schätzungsweise einer Billion Tonnen rechnen, die freigesetzt werden können«, erklärt George Woodwell, Ökologe und Leiter des Woods Hole Research Center. Zum Vergleich: die Erdatmosphäre enthält gegenwärtig lediglich rund 750 Milliarden Tonnen Kohlenstoff. Daraus läßt sich leicht ersehen, daß selbst geringfügige Veränderungen im Zustand der Wälder zu einem beträchtlichen Anstieg des CO_2-Gehalts der Erdatmosphäre führen und damit den Treibhauseffekt verstärken können. Es gibt Anzeichen – erschreckende Anzeichen –, daß einige der Rückkoppelungseffekte bald eintreten werden, daß die warmen Jahre seit 1980 einen endlosen Zyklus ankündigen. Im Mai 1989 gab Woodwell vor dem Kongreß bekannt, daß der jährliche Durchschnittswert von 1,5 ppm Kohlenstoff in der Atmosphäre innerhalb der letzten achtzehn Monate offenbar plötzlich auf 2,5 ppm angestiegen sei. »Ich vermute, daß durch die Erwärmung der Erde auch der Zerfall organischer Materie beschleunigt wird«, sagte er und fügte hinzu, daß dies als Möglichkeit von den Computermodellen nicht berücksichtigt worden sei und deren Berechnung der künftigen Erderwärmung möglicherweise zu niedrig angesetzt sei.

Doch vergessen wir für einen Augenblick den Kohlenstoff und die Rückkoppelungseffekte. Die Bäume werden sterben. Bedenken wir nur das: Die Bäume werden sterben. Wenn ich morgens aus dem Haus gehe, werde ich künftig statt der bewaldeten Hänge, statt der knorrigen Weißfichten vergilbende und braune Blätter und Nadeln sehen, gelichtete Baumkronen, tote Äste und verrottende Baumstümpfe. Oder es entsteht nach einer vom World Resources Institute so genannten »Übergangsphase« ein »mit Buschwerk durchsetztes Gehölz, das an ein breiteres Spektrum unterschiedlicher Umweltbedingungen angepaßt ist«. Es mag eine persönliche Marotte von mir sein, aber ich ziehe nun einmal Bäume Sträuchern vor. Nichts gegen den Sumachstrauch, aber mir sind Gelbbirken, Lärchen und Blaufichten lieber, der Blutahorn, der im Herbst als erster seine Blätter färbt, der Zuckerahorn und die Hemlocktanne. Der große Verfall, dieses »Waldsterben«, liegt nicht in ferner Zukunft. In einem Bericht, der 1988 einem Ausschuß des US-Kongresses vorgelegt wurde, heißt es, daß »mangelndes Regenerationsvermögen und Waldsterben voraussichtlich zwischen 2000 und 2050 einsetzen werden«. In einer Studie der University of Virginia wird ein sogenannter »Biomasse-Kollaps« für die Fichtenwälder im Südosten der USA innerhalb der nächsten vierzig Jahre prophezeit, falls die Erwärmung der Erde anhält. »Gewächse wie Birken und zahlreiche immergrüne Bäume [im Nordosten] werden vielleicht nicht einmal die nächsten zehn, zwanzig Jahre überstehen«, sagte Hansen vor Journalisten.

Wenn Bäume sterben, ist es leider schwierig, die genauen Gründe anzugeben. »Es wird niemals klar auf der Hand liegen, daß der Klimawechsel die Ursache ist«, sagt Woodwell. »Kiefern werden häufig von Borkenkäfern befallen. Die Käfer kommen von weit her, um sich in kranken Bäumen einzunisten. Wenn diese endgültig absterben, wird der Borkenkäfer dafür verantwortlich gemacht. Überall gehen die Zuckerahornbäume ein – zuerst saurer Regen und die Konzentration von Schwermetallen in den Böden und zuletzt die Blasenfüßer, die ebenfalls kranke Bäume befallen. Dem Anschein nach war es immer eine einzige Ursache, ein Pilz oder ein Schädling.« Alf Johnnels vom Schwedischen Museum für Naturgeschichte verglich die Situation mit einer Hungersnot: »Die meisten sterben nicht unmittelbar am Hunger; sie sterben an der Ruhr und an anderen ansteckenden Krankheiten.«

In gewisser Hinsicht macht es keinen Unterschied aus: Der Baum stirbt, und der Kohlenstoff wird freigesetzt. In anderer Hinsicht ist es jedoch tragisch, weil eine wichtige Erkenntnis verschleiert wird – die des Übergangs von traditionellen »Verschmutzungen« zu den neuen Schreckensphänomenen, deren Ursachen und Wirkungen überall anzutreffen sind. Wenn Eleanor von Aquitanien, die Gemahlin Heinrichs II., Tutbery Castle in Nottingham wegen seiner qualmenden Holzöfen verließ, wenn in London schon im 13. Jahrhundert wegen der Smogentwicklung das Verfeuern von Kohle untersagt wurde oder wenn der Eriesee kurz vor dem Umkippen stand, dann waren das traditionelle Verschmutzungen mit lokal beschränkten Auswirkungen und klar erkennbaren Ursachen, die oftmals leicht behoben werden konnten.

Doch Ende der sechziger, Anfang der siebziger Jahre registrierte man in Skandinavien und im Nordosten der USA

Waldschäden in Gebieten, die weitab jeglicher Schadstoffquelle lagen. Schließlich kam man auf die Idee, den pH-Wert der Regenfälle und der Seen, in denen der Regen sich sammelte, zu messen. Das Ergebnis war alarmierend: Das Regenwasser war sauer. Sein pH-Wert, der normalerweise 5,6 beträgt, lag vielfach unter 5,0. Messungen an Wolken in der Nähe von Berggipfeln ergaben, daß ihr Säuregehalt dem von Essig oder Zitronensaft näherkam als dem von Wasserdampf.

Saurer Regen war weder eine neue Vorstellung noch ein neuer Begriff. Robert Angus Smith, Generalinspekteur der Alkaliaufsichtsbehörde für Großbritannien und Nordirland, prägte den Begriff gegen Ende des 19. Jahrhunderts. Seine Daten zur chemischen Zusammensetzung des Regens in Europa korrelierten exakt mit seinen Karten, in denen alle Regionen mit intensiver Kohleverbrennung sowie alle starken Windströmungen verzeichnet waren. Er vermutete sogar, saurer Regen könne Baumschäden verursachen. Aber ähnlich wie die Berechnungen von Arrhenius geriet auch diese Untersuchung schnell in Vergessenheit und wurde erst vor kurzem wiederentdeckt. (Bis 1986 ließ man in England Tausende von Schulkindern für Analysezwecke Regenwasser in Limonadeflaschen sammeln.)

Und als in den siebziger und achtziger Jahren immer mehr Forscher die Kohleverbrennung als Schuldigen denunzierten, konnten sie ihren Argumenten nur mühsam Gehör verschaffen, denn saurer Regen ist nicht nur farb-, geruch- und geschmacklos, sondern auch kein Schadstoff im traditionellen Sinn. Er legt weite Strecken zurück, bevor er seine zerstörerische Wirkung entfaltet. Genaugenommen ist er ein Zwischending zwischen einem traditionellen Schadstoff und den neuen Quellen der Umweltzerstörung wie der Erderwärmung. In mancher Hinsicht ist es noch der gleiche altvertraute Qualm, der schon immer den Himmel über den Städten verdüstert hat. Um die häßlichen Schwaden aus den Augen (und, so hoffte man wohl, auch aus dem Sinn) zu bekommen, bauten die Elektrizitätswerke, deren Kohlekraftwerke die Hauptverursacher sind, einfach immer höhere Schornsteine (in den siebziger Jahren wurden in den Vereinigten Staaten Schornsteine mit einer Höhe von über 60 Meter, bisweilen sogar 200 Meter errichtet). Da die Emissionen hoch über dem Boden in die Luft gelangen, werden sie vom Wind Hunderte bis Tausende Kilometer weit getragen. Unter entsprechenden Bedingungen werden Schwefeldioxid und Stickoxide in Salpeter- und Schwefelsäure umgewandelt, die dann in reiner Form oder im Regen verdünnt zu Boden fallen, wo sie die Bäume schädigen und die Seen versauern lassen, bis alles Leben in ihnen stirbt. Es steht außer Zweifel, daß die Schäden zunehmen. Zwischen 1964 und 1979 ging die Hälfte der mittel- bis hochwüchsigen Rottannen in Vermont ein; in Schweden sind sämtliche Süßwasserseen sauer, fünfzehntausend davon so sauer, daß kein Leben mehr in ihnen existiert. Die Schäden durch saure Regenfälle in Südchina sind inzwischen schlimmer als die an der ohnedies stark heimgesuchten Atlantikküste der USA, und im Westen der Vereinigten Staaten ist der pH-Wert des Regenwassers bis zu einem Punkt abgesackt, an dem zwei Drittel der Seen nur noch eine »begrenzte Säureneutralisierungs-Kapazität« aufweisen. Mitteleuropa, das klein und hochindustrialisiert ist, dürfte am schlimmsten betroffen sein. Als das Worldwatch Institute seinen ersten »State of the World Report« für das Jahr 1983 vorbereitete, wurde diskutiert, so erinnern sich sein Leiter Lester Brown und dessen Mitarbeiter Christopher Flavin, »ob ein Bericht aufgenommen werden sollte, demzufolge eine Überprüfung der Wälder in der Bundesrepublik Deutschland bei acht Prozent der Bäume Schäden ergeben hatte, die vermutlich durch Schadstoffemissionen und sauren Regen verursacht waren. Diese Entdeckung war beunruhigend, schien jedoch wenig Anlaß zu internationaler Besorgnis zu geben«. Doch 1988 – nur fünf Jahre später – »sind über die Hälfte der Wälder Westdeutschlands geschädigt, und der Zusammenhang mit der Luftverschmutzung ist kaum mehr fraglich«.

Dennoch beschränkte man sich über ein Jahrzehnt lang darauf, Studien in Auftrag zu geben, was unter anderem daran lag, daß die Verursacher der Verschmutzung zum erstenmal in einiger Entfernung vom Schadensort angesiedelt waren. In so einem Fall nützen die traditionellen Umweltschutzmaßnahmen nichts. Jahrelang lautete eine der wichtigsten (und genialsten) Parolen der Umweltschützer: »Global denken, lokal handeln!« Es stimmt, daß man effektiver an Ort und Stelle arbeitet, statt sich in müßigen Gedankenspielen der großen Weltprobleme anzunehmen. Aber wenn die Realität sich verändert, müssen wir auch unsere Wahrnehmung ändern. Unser lokales Problem in den Adirondacks – saurer Regen – hat seine Ursache in Ohio und Kentucky. Und jetzt, da sich das Erdklima erwärmt, sind die Ursachen unseres lokalen Problems – des Baumsterbens – überall. *Überall.* Eine Fabrik in Japan ist ebenso tödlich wie ein brennender Regenwald in Brasilien, ein kommunistisches Kohlebergwerk in Rumänien oder ein kapitalistisches Elektrizitätswerk in West Virginia. Oder wie die blaue Honda, Baujahr 1981, die in meiner Einfahrt steht, oder der Holzofen in meinem Zimmer, der mir den Rücken wärmt.

Das beste Beispiel für den globalen Charakter der neuen Umweltverschmutzung ist vermutlich der Abbau der Ozonhülle. Ozon (O_3) ist ein Molekül aus drei miteinander verbundenen Sauerstoffatomen. Es bildet sich in der Stratosphäre, wenn die intensive Ultraviolettstrahlung der Sonne die normalen Sauerstoffmoleküle (O_2) in ihre beiden Atome aufspaltet. Daraufhin verbinden sich die meisten Sauerstoffatome wieder zu O_2-Molekülen, aber einige verbinden sich zu Dreiergruppen, und andere lagern sich an O_2-Moleküle an; in beiden Fällen entsteht Ozon. Das Ozon wiederum absorbiert UV-Strahlung, wird durch diese in O-Atome und O_2-Moleküle aufgespalten, und der Kreislauf beginnt von vorn. Alle Elemente der Atmosphäre befinden sich dabei im Gleichgewicht, und ein Großteil der UV-Strahlung wird absorbiert – glücklicherweise, da eine zu hohe UV-Strahlung pflanzliche und tierische Zellen schädigen würde, beim Menschen Hautkrebs und Augenerkrankungen auslösen und kleinere und empfindlichere Organismen töten würde.

Dieser Kreislauf hat seit dem Azoikum ohne Unterbrechung bestanden, seit einer Zeitdauer, die sich nach Jahrmilliarden bemißt. Aber im Jahr 1928 erfanden Chemiker von General Motors ein ungiftiges Gas, eine Kombination aus Kohlenstoff–, Chlor- und Fluoratomen, dem sie die Bezeichnung Fluorchlorkohlenwasserstoff (FCKW) gaben. (Leiter dieser Gruppe war Thomas Midgley, der den Fortschritt der Menschheit auch dadurch beschleunigte, daß er Tetraethylblei als Benzinzusatz propagierte, und der heute den Rekord in der Herstellung der meisten Substanzen halten dürfte, die mittlerweile geächtet sind.) Die Fluorchlorkohlenwasserstoffe, die möglicherweise der schlagendste Beweis sind, daß nicht alles, was gut für General Motors ist, auch gut für Amerika ist, schienen anfangs eine Reihe positiver Eigenschaften aufzuweisen: Sie konnten als Kühlmittel in Kühlschränken und als Treibgas in Spraydosen verwendet werden. Da sie Inertgase waren, vermischten sie sich nicht mit dem Inhalt der Spraydosen – wenn man auf den Knopf der grünen Dose drückte, kam grüne Farbe heraus. Die Zahl der FCKW-Verbindungen wuchs bald in die Dutzende; unter diesen Verbindungen wurden Freon 11 und Freon 12 die kommerziell bedeutendsten (die von der Firma du Pont entwickelten Bezeichnungen geben die Anzahl der Fluor- und Chloratome an). Fluorchlorkohlenwasserstoffe werden heute für die unterschiedlichsten Zwecke verwendet. Sie kühlen fünfundsiebzig Prozent der Nahrung in den USA, sie dienen weltweit als das verbreitetste Treibgas, sie werden zum Aufschäumen von Kunststoffen und zur Reinigung von Computerplatinen, zum Ausräuchern von Getreidesilos und Laderäumen verwendet, und sie isolieren Rohrleitungen und Lastwagen. Und obendrein werden aus ihnen Eierschachteln, Fastfood-Verpackungen und Kaffeebecher geformt. Zwischen 1958 und 1983 stieg die Produktion von Freon 11 und Freon 12 im Jahresdurchschnitt um dreizehn Prozent, und sie könnte theoretisch im selben Tempo weiter zunehmen, da große Lagerstätten von Flußspat, der Fluor enthält, nachgewiesen wurden.

Fluorchlorkohlenwasserstoffe sind jedoch nicht nur inert, nichtgiftig und vielseitig verwendbar, sondern weisen auch zwei weitere ungewöhnliche Eigenschaften auf. Zum einen sind sie im Unterschied zu den meisten chemischen Bestandteilen der Atmosphäre, die innerhalb weniger Stunden, Tage, Wochen oder Monate wieder zerfallen, chemisch so reaktionsträge, daß sie hundert Jahre oder länger erhalten bleiben können. (Freon 11 hat eine Haltbarkeit von mindestens fünfundsiebzig Jahren, Freon 12 von mindestens hundertzehn Jahren.) Folglich haben sie mehr als genug Zeit, um langsam die Atmosphäre zu durchqueren, bis sie die Stratosphäre erreichen, was etwa fünf Jahre dauern kann. In der Stratosphäre reagieren sie chemisch mit den Ozonmolekülen und zerstören sie. So kann ein einzelnes Chloratom in einem FCKW-Molekül mit Ozon (O_3) reagieren, so daß ein Sauerstoffmolekül O_2 und ein Chlormonoxidmolekül ClO entstehen. In einem zweiten Schritt reagiert das ClO mit einem einzelnen Sauerstoffatom O, so daß ein Sauerstoffmolekül O_2 entsteht und das Chloratom freigesetzt wird, das daraufhin weitere Ozonmoleküle aufspaltet. Ein einziges Chloratom kann Tausende von Ozonmolekülen zerstören.

So wie Methan im Verein mit Kohlendioxid die Atmosphäre aufheizt, wirken neben den FCKW-Verbindungen andere Verbindungen wie Methylchloroform und Tetrachlorkohlenstoff bei der Zerstörung der Ozonhülle mit. Methylchloroform und Tetrachlorkohlenstoff sind Lösungsmittel. Eine weitere Familie künstlicher Verbindungen sind die Halone, die gern als Feuerlöschmittel verwendet werden, weil sie keine Wasserschäden verursachen. Dafür enthalten sie Bromine, die bei der Zerstörung des Ozons hundertmal so effizient sind wie die Chlorverbindungen. Obwohl Heimfeuerlöscher seltener sind als Klimaanlagen, tragen die Halone bis zu einem Viertel zur Zerstörung der Ozonhülle der Erde bei.

Wissenschaftler machten sich erstmals zu Anfang der siebziger Jahre ernsthafte Gedanken über die Fluorchlorkohlenwasserstoffe (die zudem Wärme absorbieren). James Lovelock, der unabhängige britische Wissenschaftler, der durch seine Gaia-Hypothese bekannt wurde, derzufolge die Erde ein einziger lebender Organismus ist, stellte als erster Messungen der chemischen Substanzen in der Luft an. Er wies nach, daß sie sowohl überall als auch dauerhaft in der Erdatmosphäre enthalten sind, gelangte jedoch zu einem Schluß, den er später als einen seiner »ärgsten Schnitzer« bezeichnete: daß »das Vorhandensein dieser Verbindungen keine vorstellbare Gefahr« bedeute. Ein, zwei Jahre später wiesen Sherwood F. Rowland von der University of California in Irvine und Mario Molina, der heute am Jet Propulsion Laboratory in Pasadena arbeitet, erstmals auf die ozonzerstörende Wirkung der Chloratome und auf die Größenordnung des Problems hin. Rowland erinnert sich: »Ich kam eines Abends nach Hause und sagte zu meiner Frau: ›Die Arbeit geht gut voran, aber es sieht verdächtig nach dem Ende der Welt aus.‹« Ihre Forschungsergebnisse – vor allem das Bild einer Nation, die sich mit Deo-Spray den Weg zur totalen Zerstörung freisprüht und nicht mit einem lauten Knall, sondern mit einem leisen Zischen untergeht – bewirkten einen Beschluß der amerikanischen Regierung, FCKWs als Treibgas in Sprühdosen zu verbieten. Die übrige Welt sprühte jedoch weiter, und auch in den USA blieben die FCKWs für andere Verwendungszwecke zugelassen, so daß sich an der zweistelligen jährlichen Zuwachsrate nichts geändert hat.

Das Problem bestand ähnlich wie beim Kohlendioxid und der Erderwärmung darin, daß es viel Theorie und wenig aussagekräftige Daten gab. Nicht daß die Theorie besonders strittig gewesen wäre, aber politische Maßnahmen wurden erst ergriffen, als eindeutige Schreckensmeldungen vorlagen. Die Wiener Konvention von 1985 brachte die unterschiedlichsten Länder zusammen, die sich auf die »allgemeine Verpflichtung« einigten, den Gebrauch von FCKWs einzuschränken, ohne daß konkrete Maßnahmen erfolgten. Die Vereinigten Staaten, Kanada und verschiedene europäische Länder strebten ein allgemeines Verbot von Sprühdosen an (das bei ihnen bereits bestand); die meisten europäischen Länder wünschten hingegen lediglich eine Verwendungsbeschränkung und eine schwammige Höchstgrenze der künftigen Produktion. Zwei Monate nach diesem vagen Beschluß berichtete die britische Überwachungsstation an der Halley Bay in der Antarktis, die dort seit 1957 die Stratosphäre beobachtete, daß in der Ozonhülle hoch über dem Südpol plötzlich ein großes Loch aufgetreten sei. Ganz so plötzlich war es allerdings nicht dazu gekommen: US-amerikanische Wettersatelliten hatten das Loch seit mindestens fünf Jahren erfaßt, doch die Computer waren darauf programmiert worden, derart unvermittelt auftretende Veränderungen zu ignorieren. (Der Mann auf der Straße hat kein Monopol auf Borniertheit. Wissenschaftler, die Computer programmieren, verhalten sich wie wir alle – sie erwarten, daß die Natur, sofern sie sich überhaupt verändert, dies langsam und stetig tut. Alarmierende Ergebnisse bedeuten in ihren Augen kaputte Instrumente, nicht eine kaputte Welt.) »Jahrelang«, sagte Rowland, »haben kritische Stimmen eingewendet, die Theorie über den Abbau der Ozonschicht stütze sich nicht auf konkrete Messungen der Erdatmosphäre – bis das Ozonloch da war. Jetzt ist nicht mehr von Ozonverlusten im Jahr 2050 die Rede, sondern von denen des vergangenen Jahres.«

Die Computermodelle von Rowland und Molina hatten das von den Briten über dem Südpol entdeckte Ozonloch nicht vorhergesagt, und eine Zeitlang wiegten sich manche Wissenschaftler in dem Glauben, das Loch (vielleicht ein etwas zu harmloser Name für ein Phänomen von den Ausmaßen der USA) sei eine Naturerscheinung der Antarktis. Da es jedes Jahr zur selben Zeit auftrat – im September und Oktober –, vermuteten sie klimatische Ursachen. Doch 1987 stellte ein internationales Forscherteam ein für allemal klar, daß für den Ozonverlust von Menschen produzierte Chemikalien verantwortlich waren. Offenbar transportieren globale Windströmungen Luftmassen vom Äquator zu den Polen und damit auch die FCKWs. Während der antarktischen Winter bildet sich aufgrund der Temperaturunterschiede zwischen den mittleren Breiten und den Polen ein starkes Druckgefälle, das die Luft in eine Drehbewegung versetzt. Diese Luft bildet riesige Wirbel zyklonenähnlicher Winde, in deren Zentrum die Temperaturen auf bis zu minus 90 Grad Celsius fallen. In den Wirbeln entstehen Wolken aus mikroskopisch kleinen Eiskristallen, auf deren Oberflächen chemische Substanzen entstehen, die das Ozon in kurzer Zeit bis um die Hälfte reduzieren. Wenn der Wirbel sich dann nach etwa sechs Wochen auflöst, vermischt sich seine ozonarme Luft mit der Atmosphäre, so daß sich die Ozonkonzentration der gesamten Erdatmosphäre verringert – so, als würde man ein Getränk verwässern. Nach Angaben McElroys von der Harvard University hat die Erde bereits ein bis drei Prozent ihres Ozons verloren. 1987 registrierten Wissenschaftler die ersten Anzeichen dafür, daß sich ein ähnliches Loch auch im tiefsten arktischen Winter über dem Nordpol bildet – eine besonders besorgniserregende Nachricht, da die angrenzenden Regionen weitaus dichter bevölkert sind als die in Antarktisnähe. Auch weit voneinander entfernt liegende Wetterstationen in Norddakota und der Schweiz haben im Winter ein Absacken des Ozongehalts der Atmosphäre um bis zu neun Prozent festgestellt. Und eine Arbeitsgruppe der NASA, die die Ozonhülle beobachtete, kam im Frühjahr 1988 zu dem Schluß, daß die Ozonkonzentrationen in der Stratosphäre der Nordhalbkugel in den letzten zwanzig Jahren um drei Prozent gefallen sind – weit mehr, als die Computermodelle berechnet hatten. 1987 hatte der Abbau der Ozonschicht das Niveau erreicht, das nach diesen Modellen erst für das Jahr 2020 erwartet worden war.

Das Ozonloch löste einen solchen Schock aus, daß viele Politiker endlich auf Maßnahmen drängten. (Wenngleich nicht alle – Reagans Innenminister Donald Hodel etwa vertrat die Meinung, wer Hautkrebs oder Netzhautschäden befürchtete, solle sich mit Schirmmütze und Sonnenbrille schützen.) Im Anschluß an die Wiener Konvention einigten sich die Vertreter der Teilnehmerstaaten in Montreal darauf, bis zum Jahrtausendende die Produktion von FCKWs stufenweise bis auf die Hälfte zu senken. Das war eine erstaunlich radikale Maßnahme. Dieses Abkommen, bemerkte das Worldwatch Institute in seinem ansonsten düsteren Bericht »State of the World 1988«, bedeute »einen wichtigen psychologischen Sieg... Es beweist, daß die internationale Ländergemeinschaft zu gemeinsamem Handeln fähig ist, wenn sie einer gemeinsamen Bedrohung gegenübersteht«. Leider kann auch diese bislang beispiellose Kooperation nicht verhindern, daß die für den Ozonabbau verantwortliche Konzentration des Chlors in der Atmosphäre immer drastischer ansteigt.

Ein 1988 vom Environmental Policy Institute veröffentlichter Bericht zeigte auf, daß nur ein sofortiges und umfassendes Verbot sämtlicher die Ozonhülle schädigender Substanzen eine allmähliche Erholung der Ozonschicht innerhalb der nächsten Jahrzehnte bewirken könnte. Es versteht sich von selbst, daß die chemische Industrie diese Aussicht nicht gerade begrüßt. »Die sofortige und gänzliche Einstellung der Produktion von FCKWs, wie sie von manchen gefordert wird, hätte verheerende Folgen«, sagte der Sprecher einer Vereinigung »für den verantwortungsbewußten Umgang mit FCKW«, eines Organs der chemischen Industrie, und bediente sich einer reichlich verqueren Metapher: »Der Patient würde an dieser Kur sterben.« Immerhin lassen die führenden FCKW-Hersteller verlauten, daß sie sich um Ersatzstoffe bemühen wollen. Auch die US-amerikanische Umweltschutzbehörde EPA scheint inzwischen von der Gefahr überzeugt. Noch bevor das Abkommen von Montreal in Kraft trat, erklärte diese Behörde, daß sich trotz ihrer Auflagen die Chlorkonzentration in der Erdatmosphäre verdreifachen werde, und im September 1988 forderte Lee Thomas, der Leiter der Behörde, die Einstellung der Produktion von FCKWs und Höchstgrenzen für andere ozonschädigende Stoffe. Die britische Premierministerin Margaret Thatcher war zwar erst nach Jahren bereit, die Gefahr zu erkennen, doch mittlerweile hält sie selbst eine Reduzierung der Produktion um die Hälfte für nicht mehr ausreichend; auf einer Konferenz über die Ozonproblematik, die im Frühjahr 1989 in London stattfand, war sie die Hauptbefürworterin eines totalen Produktionsstopps.

Jede geringere Anstrengung wäre wirkungslos. Dem Abkommen von Montreal zufolge »steigt der Ozonabbau bedrohlich und wird sich bei rund zehn Prozent einpendeln«, wie Michael Oppenheimer vom Environmental Defense Fund erklärt. »Wir fahren mit Volldampf in die Zone, wo die UV-Strahlung gefährlich wird.« Von dieser Zone besitzen wir keine genaue Karte. Nicht einmal die pessimistischsten Modelle hatten etwas dem Ozonloch Vergleichbares prognostiziert. Das Environmental Policy Institute nennt für den schlimmsten Fall die Möglichkeit, daß um die Mitte des kommenden Jahrhunderts bis zu fünfundzwanzig Prozent des Ozons in der Erdatmosphäre abgebaut sein können, sofern die Emissionen nicht drastisch reduziert werden. (Ein Atomkrieg zum Vergleich würde dreißig bis siebzig Prozent der Ozonschicht zerstören.) Bei einer um zwanzig Prozent verminderten Ozonhülle würde die Sonne auf ungeschützter menschlicher Haut nach zwei Stunden Blasen hervorrufen.

Doch vergessen wir für einen Augenblick die Auswirkungen. Die physikalischen Konsequenzen einer Erhöhung der CO_2-Konzentration und eines Abbaus der Ozonschicht in der Erdatmosphäre werden in einzelnen Fällen bestürzend sein, aber letztlich sind sie nicht bestürzender als das, was wir bereits bewirkt haben. Unter einem bestimmten Blickwinkel mögen die Veränderungen sich geringfügig ausnehmen. Kohlendioxid wird bei einer Verdoppelung seiner Konzentration seinen Anteil in der Erdatmosphäre von 0,035 auf 0,06 bis 0,07 Prozent erhöhen. Wenn alles Ozon, das sich gegenwärtig über einer bestimmten Erdregion befindet, mit einem Druck von 1 atm zusammengepreßt würde, wäre diese Schicht 2,5 Millimeter stark, während sie im schlimmsten Fall in der Zukunft nur 2 Millimeter dick wäre. Aber die Ozonhülle hat sich bereits verringert, wenn auch nur um ein bis zwei Prozent. Sie hat sich weltweit verändert, und das spürbar.

Und die Veränderungen – jedenfalls die meisten von ihnen – sind nicht rückgängig zu machen. Sie sind keine bloßen Möglichkeiten. Sie können weder weggewünscht noch gesetzlich wegverordnet werden. Um sie zu verhindern, müßten wir alles, was wir seit Jahrzehnten getan haben, ungeschehen machen können. Zwar sind sich die Wissenschaftler darüber uneins, ob die Erwärmung der Erde bereits eingesetzt hat oder nicht, aber niemand bestreitet, daß die CO_2-Konzentration in der Erdatmosphäre angestiegen ist und daß dieser Zuwachs Folgen haben wird. Das »thermische Gleichgewicht« – die Wärmespeicherung – der Weltmeere mag uns derzeit noch vor dem Schlimmsten bewahren. Doch selbst dann handelt es sich um eine Art Defizit im chemischen Budget. Früher oder später wird der Kredit zurückgefordert werden. Nach jüngsten Schätzungen werden allein die *gegenwärtigen* Emissionen von Kohlendioxid und anderen Gasen eine Erwärmung der Erdatmosphäre um 0,5 bis 1,5 Grad Celsius zur Folge haben. Und wir hören sicher nicht auf, Öl zu verbrennen, Wälder abzuholzen und Reis anzubauen.

Das alles haben wir bewirkt, indem wir Auto fahren, Fabriken errichten, Wälder kahlschlagen oder unsere Wohnungen mit Klimaanlagen versehen. Die tatsächlichen physikalischen Folgen unserer Eingriffe – mögen sie positiv oder negativ ausfallen – sind in diesem Zusammenhang unwichtig. Mit ihnen beschäftigt sich der zweite Teil meines Buches. An dieser Stelle gilt es, sich das Ausmaß dessen, was wir getan haben, vor Augen zu führen. In den Jahren seit dem Amerikanischen Bürgerkrieg, insbesondere seit dem Zweiten Weltkrieg, haben wir die Atmosphäre verändert – so stark, daß sich das Klima drastisch verändern wird. Die meisten großen Ereignisse der Menschheitsgeschichte haben allmählich ihre Bedeutung verloren: Kriege, die zu ihrer Zeit von größter Wichtigkeit waren, sind heute nur noch Daten, die nicht einmal von Schulkindern behalten werden; Bauten, die als Glanzleistungen der Ingenieurskunst gefeiert wurden, verfallen in der Wüste. Auch die kolossalsten Leistungen des Menschen waren winzig, verglichen mit der Größe unseres Planeten – das Römische Imperium war für die Arktis oder den Amazonas bedeutungslos. Doch heute verändert die Lebensweise eines Teils der Menschheit seit einem halben Jahrhundert jeden Zollbreit unserer Erde.

Das Ende der Natur

Es vergeht fast kein Tag, an dem ich nicht auf den Berg hinter unserem Haus gehe. Schon nach wenigen Metern bin ich im tiefsten Wald, wo nichts an die menschliche Gesellschaft erinnert – kein Abfall, keine Zigarettenkippen, kein Zaun, nicht einmal so etwas wie ein Weg. Von den Anhöhen aus sieht man weder Straßen noch Häuser – es ist eine Welt abseits der Menschen. Aber ab und zu fängt irgend jemand unten im Tal an, Holz zu fällen, und das Jaulen einer Motorsäge erfüllt den Wald. An solchen Tagen fällt es schon schwerer, sich von der zeitlosen Atmosphäre des Waldes verzaubern zu lassen, denn der Mensch macht sich bemerkbar. Das Geräusch der Kettensäge übertönt zwar nicht alle natürlichen Geräusche des Waldes und verjagt auch nicht die Tiere, aber es vertreibt das Gefühl, daß man sich in einer anderen, eigenen, zeitlosen und wilden Sphäre befinde.

Heute, da wir die elementarsten Gegebenheiten unserer Umwelt verändert haben, wird der Lärm dieser Kettensäge uns immer verfolgen. Wir haben die Atmosphäre verändert, und das hat Auswirkungen auf das Wetter. Temperatur und Regen werden nie wieder gänzlich das Werk einer unabhängigen, außermenschlichen Gewalt sein, sondern statt dessen zu Teilen ein Produkt unserer Gewohnheiten, unserer Wirtschaft, unserer Lebensweise. Selbst in der abgelegensten Wildnis, wo die strengsten Gesetze das Fällen auch nur eines einzigen Baumes untersagen, wird das Geräusch dieser Säge deutlich vernehmbar sein, und ein Waldspaziergang wird durch ihr Kreischen verändert, nämlich verdorben. Die Welt draußen wird nichts anderes sein als die Welt innerhalb meiner vier Wände, der Berg nichts anderes als das Haus.

Eine Idee, ein Verhältnis zu etwas kann genauso aussterben wie Pflanzen- oder Tierarten. In diesem Fall ist die Idee die der »Natur« als eines unabhängigen und wilden Gebiets, einer vom Menschen unbeeinflußten Welt, der er sich angepaßt hat, unter deren Gesetzmäßigkeit er geboren wurde und starb. Schon immer in der Geschichte haben wir Teile dieser Natur zerstört und vergiftet und ihr »Umweltschäden« zugefügt. Aber das war so, als hätte man einen Menschen mit einem Zahnstocher attackiert: schmerzhaft, ärgerlich, vielleicht entwürdigend, aber nichts, was die lebenswichtigen Organe trifft, die Lymphgefäße oder den Blutkreislauf blockiert. Es kam uns nie in den Sinn, daß wir die Natur zugrunde gerichtet haben könnten. Und letzten Endes haben wir nie wirklich geglaubt, daß wir dazu überhaupt in der Lage wären: Sie war einfach zu groß und zu alt; ihre Gewalten – Wind, Regen und Sonne – waren zu stark, zu elementar.

Aber ganz beiläufig stellte sich heraus, daß das Kohlendioxid und andere Gase, die wir beim Streben nach einem besseren Leben produziert haben – beim Streben nach warmen Wohnungen und immerwährendem Wirtschaftswachstum und so hohen landwirtschaftlichen Erträgen, daß die meisten von uns von der Feldarbeit befreit sind –, *tatsächlich* die Wärmestrahlung der Sonne zu verstärken vermochten, was wiederum *tatsächlich* das Verhältnis von Feuchtigkeit und Trockenheit zu verändern vermag, Stürme in neuen Regionen und neue Wüsten hervorzubringen vermag. Dies mag bereits eingetreten sein oder noch nicht, aber das ändert nichts daran, daß es sich nicht mehr verhindern läßt. Wir haben CO_2 produziert – wir machen der Natur ein Ende.

Wir haben nicht Regen oder Sonnenlicht ein Ende gemacht – sie können künftig unser Leben sogar stärker bestimmen als bisher. Es ist noch zu früh, um genau zu wissen, um wieviel stärker der Wind blasen, die Sonne scheinen wird. Das wird die Zukunft zeigen. Aber die Beschaffenheit des Windes, der Sonne, des Regens – der Natur – hat sich bereits verändert. Der Wind weht noch immer, aber nicht mehr aus einer anderen Sphäre.

Im Sommer fahren meine Frau und ich an jedem schönen Nachmittag mit dem Fahrrad zum Schwimmen an einen See. Es ist ein gekrümmter Adirondacksee mit drei Biberbauten, einem Blaureiher, einigen Ottern, einer Gänsesägerfamilie und dann und wann einem Seetaucher. An seinem einen Ende stehen ein paar Ferienhäuser, aber zum größten Teil ist er von wildem Staatsforst umschlossen. Wochentags durchqueren wir ihn der Länge nach und schwimmen zurück, was etwa vierzig Minuten dauert – genug Zeit, um alles andere zu vergessen und nur noch das Wasser um den Körper und die Freude an einem kräftigen Beinschlag und dem Bewegen der Arme beim Kraulen zu spüren.

Aber an den Wochenenden geschieht es immer häufiger, daß jemand ein Motorboot zum Wasserskifahren zu Wasser läßt und den See unermüdlich durchkreuzt. Und das verändert alles von Grund auf. Dann kann ich nicht mehr alles um mich herum vergessen und nur noch meine Haut und meine Muskeln spüren, sondern muß aufpassen und alle paar Meter nach dem Boot Ausschau halten und mir überlegen, wie ich reagieren soll, wenn es in meine Nähe kommt. Es ist nicht so sehr die Gefahr – ich glaube nicht, daß viele Schwimmer durch Außenbordmotoren ums Leben gekommen sind. Es ist nicht einmal so sehr die Dieselwolke, die über dem Wasser liegt. Das Problem ist, daß das Motorboot meine Gedanken beschäftigt. Ich bin genötigt, an die Gesellschaft und an andere Menschen zu *denken*. Der See ist an solchen Tagen ein anderer als sonst, so wie unser Planet heute ein anderer ist.

Daß wir ein Ende mit der Natur gemacht haben, ist eine komplexe Überlegung, gegen die sich gewichtige Einwände erheben lassen; ich will versuchen, auf sie einzugehen. Wenn wir verstehen wollen, was wir eigentlich beendet haben, müssen wir uns zuerst mit der Vergangenheit beschäftigen. Nicht etwa mit der Vorzeit oder gar dem Urknall oder der Ursuppe – die Erkundung des amerikanischen Kontinents durch Europäer liegt lange genug zurück für unsere Zwecke, denn es geht um die *Idee* des Menschen von der Natur; unsere neuzeitliche Vorstellung von Natur beruht weitgehend auf der Begegnung mit dieser wilden und neuen Welt. Nordamerika befand sich zweifellos keineswegs in einem vom Menschen unberührten Naturzustand, als die ersten Siedler es betraten, doch seine bisherigen Bewohner hatten das Land schonend behandelt, und über weite Strecken hinweg bestand es aus reiner Wildnis.

Und diese Wildnis war noch kurz vor der Revolution größtenteils unberührt; damals begab sich William Bartram, einer der ersten Naturforscher Nordamerikas, von seiner Heimatstadt Philadelphia aus auf eine Reise durch den Süden. Sein

Bericht von dieser Reise, die ihn durch »Nord- und Südcarolina, Georgia, Ost- und Westflorida, das Land der Cherokee, die ausgedehnten Territorien der Maskoki oder der Konföderation der Creek und das Land der Choctaw« führte, ist ein Klassiker; er vermittelt das klarste und früheste Bild von diesem neuen Kontinent. Das Land, durch das er reiste, war zwar besiedelt (er verbrachte etliche Nächte auf den Plantagen von Gutsbesitzern), aber die Besiedlung war dünn, und die Indigo- und Reisfelder wichen bald der Wildnis. Und sie war nicht die düstere und bedrohliche Wildnis, die wir aus europäischen Märchen kennen, sondern ein blühendes, von Leben erfülltes, fruchtbares Paradies. Von jeder Seite dieses ausführlichen Reisetagebuchs leuchten uns die Fruchtbarkeit und verschwenderische Fülle dieses unberührten Landes entgegen. »Einige Meilen über ritt ich grüne Hügel entlang, übersät von Blumen und duftenden Erdbeeren, deren überreicher Saft Hufe und Knöchel meines Pferdes färbte.« Wenn er zu einer Mahlzeit Rast macht, fängt er eine Forelle, pflückt sich eine wilde Orange und gart den Fisch im Saft der Frucht über seinem Feuer.

Welche Richtung er auch einschlug, überall stieß Bartram auf kraftvolle Schönheit. Er konnte in dieser Neuen Welt nicht einmal stolpern, ohne eine Entdeckung zu machen: In der Nähe des Brown River rutscht er ab, als er einen »steilen, felsigen Berg« erklettern will, und als er ins Gestrüpp greift, um Halt zu finden, reißt er mehrere Pflanzen einer neuen Art von *Caryophyllata (geum admirabilissimum)* aus. Ihre Wurzeln »erfüllten die Luft mit anregenden Düften von Nelken und würzigen Parfümen«. Sein Tagebuch quillt über mit den lateinischen Doppelnamen Tausender von Pflanzen und Tieren: *Kalmia latifolia,* »schneeweiß ummantelter« *Philadelphus inodorus, Pinus sylvestris, Populus tremula, Dionea muscipula* (»bewundernswürdig sind die Eigenschaften« dieser »launigen Gemüsearten«!), *Rheum rhubarbarum, Magnolia grandiflora* – und auch von so anheimelnden, vertrauten Namen wie Uferschwalbe, Bachstelze, Großer Auerhahn, Geschwätziger Regenpfeifer oder Hummel. Die Liste der von ihm verwendeten Adjektive illustriert seine Eindrücke noch deutlicher. In der Schilderung eines einzigen Nachmittags finden sich die Begriffe »fruchtbar«, »wohlriechend«, »waldig«, »mäßig warm«, »überaus angenehm«, »bezaubernd«, »prächtig«, »freudig«, »wunderschön«, »zartgolden«, »golden«, »rostbraun«, »silbrig«, »blaugrün«, »samtschwarz«, »orange«,

»verschwenderisch«, »vergoldet«, »köstlich«, »harmonisch«, »wohltuend«, »melodisch«, »munter«, »erheitert«, »fröhlich«, »hoch und luftig«, »frisch und kühl«, »klar«, »mondbeschienen«, »süß« und »bekömmlich«. Selbst dort, wo er mit den Augen nichts erkennen kann, stellt er sich Wunderdinge vor: Die Fische tauchen in unterirdische Ströme hinab, »wo sie vermutlich durch unendlich viele Pfade oder verborgene steinerne Straßen voneinander getrennt werden, und, nachdem sie die verschiedensten Hindernisse überwunden und neue und unvermutete Schauplätze der Freude und des Widerwillens erblickt haben, nach tagelanger Abwesenheit von der Oberfläche der Welt wieder emportauchen aus den trüben Gewölben und fröhlich zu jubeln scheinen und sich in den durchsichtigen Gewässern eines fernen Sees tummeln«. Doch Bartram ist kein Walt Disney – wir haben es nicht mit *Fantasia* zu tun. Er ist ein Wissenschaftler, der seine Beobachtungen aufzeichnet, und Wörter wie »fröhlich« und »lieblich« waren für ihn offenbar technische Beschreibungen der unberührten Welt, die er durchstreifte.

Die Freude an der Natürlichkeit war keine althergebrachte literarische Konvention. Wie Paul Brooks in seinem Buch *Speaking for Nature* ausführt, hatte die Wildnis in der Literatur bis zum Aufkommen der Romantik gegen Ende des 18. Jahrhunderts überwiegend als häßlich und roh gegolten. So beschrieb Andrew Marvell Berge als »mißgestalte Auswüchse«. Diese Torheit ersetzten die Romantiker durch andere Torheiten – in Chateaubriands seinerzeit überaus populärem Roman *Atala* ist von einer amerikanischen Wildnis die Rede, in der Bären, »von Weintrauben betrunken, auf Ulmenästen schwanken«. Doch die Begeisterung besaß auch nüchternere Seiten. Gewiß betrachteten die meisten amerikanischen Pioniere einen Büffel nur als Jagdwild, einen Wald nur als Nutzholz und Wandertauben lediglich als willkommene Gelegenheit, mit der Flinte draufloszuballern (nicht selten führten Farmer ihre Schweine zu den Taubenkadavern, die dann vom Himmel regneten), aber es waren nicht wenige, gerade unter den Jägern und Holzfällern, die für Schönheit und Ordnung dieser Zeit ein Auge hatten und sie in ihren Berichten schilderten.

Unter unzähligen Beispielen ist mir das liebste die Beschreibung von George Catlin, der das Grenzland durchstreifte, um amerikanische Indianer zu porträtieren. In seinem Tagebuch schildert er, wie er abends von Fort Gibson zum Missouri reitet, um einer Epidemie zu entgehen. Sein Lager befand sich »in einem der lieblichsten kleinen Täler, die ich je gesehen habe, schöner, als ein Sterblicher es sich ausmalen könnte«, schreibt er. »Eine entzückende kleine Wiese von fünf bis sechs Morgen am Ufer eines kühl plätschernden Flusses, in dem es von Fischen wimmelte; hin und wieder eine stattliche Entenschar, gerade ausgewachsen genug für ein köstliches Mahl und zu arglos, um einem leichten und einfachen Tod zu entgehen. Diese kleine Wiese war umsäumt von Bäumen und Büschen mit höchst malerischem Laubwerk; hohe Ulmen breiteten ihre Zweige aus, als wollten sie den Kirsch- und Pflaumenbäumen Schutz bieten, von denen Girlanden aus Weinranken mit purpurfarbenen Trauben auf die verlockendste Weise über dem grünen Teppich hingen, den wilde Blumen aller Farben und Größen schmückten, von den bescheidenen wilden Sonnenblumen mit ihren tausend aufrechten und ermatteten Köpfen bis zu den Lilien und Veilchen... Dann und wann verließ ein Rotwild sein heimliches Versteck und setzte in hohen Sprüngen über die sanften Hügel der Prärien, die das Tal umschlossen.« Hätte diese Passage eine Ziffer vor jedem neuen Satz, könnte man sie für eine Stelle der Genesis halten; mir bleibt sie im Gedächtnis als Mahnung daran, wo wir einst begonnen haben.

Einblicke in eine Welt jenseits der menschlichen Geschichte wurden natürlich im Lauf der Zeit immer seltener möglich. In den dreißiger Jahren unseres Jahrhunderts, als Bob Marshall, der Gründer der Wilderness Society, sich daranmachte, die Brooks-Kette in Alaska zu erkunden, waren alle südlichen Staaten schon erschlossen, kartographiert und benannt. »Wenn ich den Yosemite oder den Glacier Park, den Grand Canyon, den Avalanche Lake oder eine andere Naturlandschaft von außergewöhnlicher Schönheit besuchte, wünschte ich mir ganz eigensüchtig, die Freude gehabt zu haben, sie als erster Mensch zu entdecken«, schrieb er. »Mit Begeisterung las ich Captain Lewis' mitreißende Schilderung der großen Wasserfälle des Missouri. Ich sehnte mich nach Abenteuern, wie Lewis und Clark sie erlebt hatten.« Und er fand sie, am Oberlauf des Koyukuk River, wo vor ihm niemand, nicht einmal ein Alaska-Eskimo, gewesen zu sein scheint. Jeder Tag brachte ihm acht, zehn oder zwölf Bergrücken, Flüsse und Gipfel zu Gesicht, die so in die menschliche Geschichte eingingen. Eines Morgens entdeckte er, daß »der Clear River in keiner der drei Schluchten entsprang, die wir bislang als seinen Ursprung vermutet hatten, sondern in einem verborgenen Tal, das fast rechtwinklig nach Westen führte. Ich kann kaum in Worte fassen, was ich empfand, als ich dieses breite Tal daliegen sah, noch genauso unberührt wie beim Anbruch der geologischen Zeitalter, die Jahrmillionen weit zurückliegen. Ebensowenig kann ich schildern, was sich meinen Augen darbot... Ich könnte von steilen Abgründen von tausend Fuß Tiefe sprechen, ich könnte das Tal mit einem Yosemite Valley ohne Wasserfälle vergleichen, dafür jedoch mit Felsdomen, neben denen der weltberühmte Half Dome sich bescheiden ausmachen würde – aber damit hätte ich noch nichts über die überwältigende, erhabene Unermeßlichkeit gesagt... Vor allem war es unberührt – herrlich unberührt. Bei jedem Schritt die beglückende Empfindung, neuen Boden zu betreten. Es gab keine vermoderten Anzeichen einer Inbesitznahme durch den Menschen. Dies war unzweifelhaft ein jungfräulicher Pfad.«

Marshall dürfte einer der letzten gewesen sein, die eine gänzlich unberührte Region zu Gesicht bekamen – nicht einmal durch das Wissen befleckt, daß vor ihnen schon jemand dagewesen war. Seine Erkundungen, die wenige Jahre vor dem Zweiten Weltkrieg unternommen wurden, waren etwas Abnormes, ein letzter Nachklang der Entdeckungsreisen, die eine frühere Epoche geprägt hatten. Es klingt fast unglaublich, daß vor hundertzwanzig Jahren das Tal des Colorado – der Grand Canyon – auf den Karten des amerikanischen Südwestens als weißer Fleck verzeichnet war, daß weitere fünfzig Jahre früher die Rocky Mountains unter weißen Männern eine Legende waren. Thoreau, der 1846 den Mount Katahdin in Maine bestieg, war erst der sechste nach fünf Europäern, der auf diesem Gipfel stand. »Auf meiner Reise werde ich immer wieder daran erinnert, wie neu dieses Land wirklich ist«, schrieb er in sein Tagebuch. »Diese Wälder in Maine bieten einen völlig anderen Anblick als die unsrigen [in Concord, Massachusetts]. Hier kommt einem niemals der Gedanke, daß die Wildnis im Grunde genommen nur das vertraute Waldstück eines Dörflers ist, ein Witwengut, aus dem die Vorfahren seit Generationen ihr Heizmaterial auf Schlitten herangeschafft haben, alles sorgfältig in alten Urkunden festgehalten.« In den Adirondacks wurde der höchste Gipfel, der Mount Marcy, erst 1837 von einem Weißen erstiegen, eine Generation nach der Rückkehr von Lewis und Clark.

63

Heute denken wir kaum noch daran, wie neu der amerikanische Kontinent ist. Das Zeitalter der Entdeckungen ist uns ebenso unzugänglich wie die Zeit der Ritter und Drachen. Der Mount Katahdin steht heute zwar unter Naturschutz, ist jedoch so beliebt, daß die Behörden die Zahl der Bergsteiger strikt begrenzen müssen – an manchen Tagen drängen sie sich zu Hunderten auf dem Gipfel. Der Weg auf den Mount Marcy an einem Ferienwochenende gleicht einer Kaufhausrolltreppe. Ich habe einmal einen Mann interviewt, der von Feuerland aus zur Antarktis *paddelte,* und er erläuterte mir:»Die Zeiten sind vorbei, in denen man noch als erster die weißen Flecken auf der Landkarte erkunden oder einen Berg besteigen konnte. Heute kommt es auf den Stil an.« (Zuvor hatte er den Mount Everest auf Skiern *umfahren.*) Nicht einmal mehr der Mond ist noch zu erobern.

Mit der Zeit haben wir uns jedoch an den Gedanken gewöhnt, daß wir auf keinem Berg mehr die ersten sein werden, und inzwischen schätzen wir sogar die Geschichte, die mit einem Ort verbunden ist, als Quelle gesteigerten Vergnügens und Interesses. In den Prärien suchen wir nach den Wagenspuren der großen Trecks; am Walden Pond, wo Thoreau den Menschen zu entgehen hoffte, wandern wir pflichtschuldig das Ufer entlang auf der Suche nach dem Standort seiner Hütte. In ähnlicher Weise akzeptieren und genießen wir inzwischen auch wissenschaftliche Erklärungen – die Erkenntnis, daß wir mit unverminderter Ehrfurcht die Südwand des Grand Canyon bewundern können und gleichzeitig etwas über die geologischen Kräfte wissen, die solches bewirkt haben. Der Grand Canyon ist so... grandios, daß es uns nichts ausmacht, nicht die ersten zu sein, die ihn zu Gesicht bekommen. Das Wunder der Natur beruht nicht darauf, daß sie unberührt ist.

Aber noch immer empfinden wir das Bedürfnis nach ursprünglichen Orten – Orte, die der Mensch nicht angetastet hat. Selbst wenn wir sie nicht aufsuchen, bedeuten sie uns etwas. Wir brauchen das Bewußtsein, daß es ungeachtet der vielen Gebäude um uns herum ausgedehnte Regionen gibt, in denen die Welt so ist wie seit jeher. Das Arctic National Wildlife Refuge an der Nordküste Alaskas wird jährlich nur von einigen hundert Leuten besucht, aber es beseelt die Gedanken vieler weiterer, die darüber entsetzt sind, daß Ölgesellschaften dort nach Öl bohren wollen. Und sie sind nicht entsetzt, weil vielleicht das Karibu gestört wird, sondern weil dies ein riesiges Gebiet ohne Straßen, Häuser und Fernsehantennen ist, ein weißer Fleck, zwar nicht auf der Landkarte, aber auf der Erdoberfläche. Es deprimiert uns zu hören, daß durch »unsachgemäße Müllbeseitigung« der US-amerikanischen arktischen Forschungsstation im McMurdo Sund vermutlich toxische Abfälle auf diesem entlegenen Kontinent verstreut wurden oder daß ein Tanker der Exxon vor der Hafenstadt Valdez auf Grund gelaufen ist und den Strand auf über tausend Kilometer mit Erdöl verseucht hat.

Ein Beweis für das tiefverwurzelte Verlangen nach unberührten Gegenden sind die von vielen Regierungen getroffenen Entscheidungen, »Wildnisse« gesetzlich zu schützen – große Landflächen abzugrenzen, wo in den Worten des Gesetzestextes »die Erde und ihre Lebensgemeinschaft frei von menschlichen Fesseln bleibt und der Mensch nur ein Besucher ist, der sich nicht niederläßt«. Die ursprüngliche Natur, so müssen wir erkennen, ist allenthalben überwältigt worden, auch in vielen unserer Nationalparks. Aber an diesen wenigen Stellen behauptet sie sich. Wenn es schon keine Orte mehr gibt, die noch von keines Menschen Fuß betreten wurden, so gibt es immerhin Orte, an denen sich für den Augenblick niemand befindet.

Es war nicht einfach, diese Naturschutzgebiete zu schaffen. Die Stille in den 20 000 Hektar wildwachsendem Staatsforst hinter meinem Haus wird tagtäglich von Düsenjägern der Air Force durchbrochen, die ihre Tiefflugübungen machen. Und häufig dringt der Mensch auf heimtückischere Weise ein: So schleichen sich beispielsweise die chemischen Verbindungen der vom Menschen produzierten Pestizide langsam, aber unerbittlich in das Gefüge des Lebens ein.

Doch selbst unter dieser Belastung sind solche Gebiete für unser Empfinden immer noch Wildnis, immer noch ursprünglich. Den größten Teil des Tages ist der Himmel über meinem Berg Himmel und nicht »Luftraum«. Inmitten einer verrußten englischen Fabrikstadt hält George Orwell diesen »ermutigenden« Gedanken fest: »Trotz hartnäckiger Versuche ist es dem Menschen noch nicht gelungen, seinen Dreck überall hinzubringen. Die Erde ist so weit und noch so leer, daß sogar im schmutzigen Herzen der Zivilisation noch Felder zu finden sind, wo das Gras grün ist und nicht grau; wenn man suchte, fände man vielleicht sogar noch Bäche mit lebenden Fischen anstatt Lachs in Dosen.« Als Rachel Carson ihr Buch *Der stumme*

Frühling schrieb, war es ihr noch möglich, unberührte Teile der Arktis zu entdecken – kein DDT im Fleisch der Fische, Biber, Belugawale, Karibus, Elche, Polarbären und Walrösser. Die Preiselbeeren, die Walderdbeeren und der wilde Rhabarber waren unverseucht, während zwei Schnee-Eulen, wahrscheinlich aufgrund ihrer Wanderzüge, geringe Mengen DDT aufgenommen hatten, ebenso wie die Lebern zweier Eskimos, die in Anchorage im Krankenhaus gewesen waren.

Mit anderen Worten: Obwohl DDT schon damals ein vordringliches Problem war, konnte man sich vorstellen (und kann es heute noch), daß es *irgendwo* einen Ort gab, der nicht davon vergiftet war. (Und nicht zuletzt aufgrund von Carsons Buch gibt es inzwischen mehr und mehr solcher Orte.) So gravierend und überhandnehmend das Problem des sauren Regens unstreitig ist, so wenig läßt sich bezweifeln, daß es noch immer Gegenden gibt, wo der pH-Wert des Regens »normal« ist. Und wenn wir den sauren Regen verhindern wollten, hätten wir die Möglichkeit dazu; man hat versuchsweise kleinere Baumbestände mit Zelten überspannt, um sie vor saurem Regen zu schützen, und festgestellt, daß die Bäume sich regenerieren können. Selbst die Strahlung aus dem Kraftwerksunfall von Tschernobyl, dessen Folgen fast die gesamte Erde betroffen haben, ist teilweise zurückgegangen, und die Skandinavier können wieder ihr eigenes Gemüse essen.

Wir können uns also noch immer mit einer gewissen Berechtigung wilde Natur – zumindest die Möglichkeit wilder Natur in der Zukunft – an verschiedenen Orten vorstellen.

Ein solches Naturbild ist zählebig. Unsere Fähigkeit, die zerstörten Regionen aus unserem Kopf zu verbannen, neben dem allgemeinen Niedergang die Schönheit zu sehen, ist beträchtlich. Vor einigen Jahren bin ich einige Tage lang durch Arizona gefahren, begleitet von einem Mann namens Lyn Jacobs, der zu einem kleinen Kreis von Umweltschützern gehört, die einen schwierigen Kampf führten, um das Weiden von Rinderherden auf Staatsland im Westen einzuschränken. Die Rinder, die im Rahmen von Pachtverträgen, die nichts einbringen, sondern nur Subventionen kosten, über siebzig Prozent des Staatslandes im amerikanischen Westen beweiden, produzieren etwa drei Prozent des in den USA verbrauchten Rindfleischs. Und durch das fortwährende Weiden wird aus dem Weideland unfruchtbares Ödland. Das Vieh zertrampelt die Ufer der Flüsse und die Nester der Wildvögel. Nach ihm wachsen Roggentrespe und Disteln statt der früheren hochwüchsigen Gräser. Aber der Westen ist seit so langer Zeit als Weideland genutzt worden, daß es fast niemandem mehr auffällt. Man nimmt einfach an, daß das Gras dort »von Natur aus« nicht höher wird. Eines Morgens fuhren Jacobs und ich auf einem Feldweg, der parallel zum Grand Canyon verlief, etwa fünfundzwanzig Kilometer von dessen Südrand entfernt. Es war ein prächtiger Tag: Der Himmel leuchtete in strahlendem Blau, und obwohl man den Canyon nicht sehen konnte, wußte man haargenau, wo er sich befand, denn die Wolken, deren Unterseite dunkel war wie bei Eisbergen, kippten über seinen Rand. »Das ist das Problem«, sagte Jacobs und hielt den Wagen an. »Wenn man hier im Westen die Landschaft betrachtet, dann sieht man nicht auf den Boden – das Auge ist daran gewöhnt, die Wüste für etwas Normales zu halten. Statt dessen blickt man auf die Berge und auf den blauen Himmel und die Wolken.«

Die Idee einer natürlichen Wildnis kann einen Großteil der »normalen« Naturzerstörung überleben. Wildnis kann noch als Erinnerung in unserem Gedächtnis bestehen, nachdem sie entdeckt, kartographiert oder sogar aufgefressen wurde. Sie kann die unterschiedlichsten Umweltschäden überstehen, auch das unaufhörliche Abfressen durch eine Million Rinder. Ist der Boden staubig und zertreten, schauen wir hinauf zum Himmel; ist der Himmel diesig vom Smog, reisen wir an einen Ort, wo er klar ist; wenn eine solche Reise nicht möglich ist, dann *phantasieren* wir uns nach Alaska oder Australien oder an irgendeinen Ort mit strahlend blauem Himmel, und das genügt uns notfalls auch. Die Natur, die in Wirklichkeit sehr empfindlich ist, erweist sich in unserer Phantasie als ziemlich widerstandsfähig. Die Wildnis, unsere Vorstellung von Wildnis, hat die Erforschung des gesamten Erdballs überlebt. Sie hat die Pestizide und die Umweltverschmutzung überdauert. Wenn die Natur in unserer unmittelbaren Umgebung zerstört wird, stellen wir sie uns an einem anderen Ort unberührt und unversehrt vor. Wenn es auch dort zu saurem Regen oder einer Vergiftung durch DDT kommt, können wir uns immer noch ausmalen, daß es eines Tages wieder besser wird, daß wir damit aufhören werden, die Natur zu zerstören und zu plündern, und sie statt dessen »wieder gesund machen«. (Tatsächlich wird damit bereits begonnen: Hier in den Adirondacks werden von Hubschraubern aus große Mengen Kalk in die Seen verbracht, um deren Säuregehalt zu reduzieren.) In unserer Vorstellung leidet die Natur an einem schlimmen Fall von Akne oder gar Hautkrebs – doch unser Vertrauen in ihre Kraft bleibt ungebrochen, denn die Schäden erscheinen uns als lokal begrenzt.

Aber diesem Vertrauen ist nun die Grundlage entzogen. Unsere Idee der Natur wird die neue weltweite Umweltverseuchung – Kohlendioxid, Fluorchlorkohlenwasserstoffe und alles andere – nicht überleben. Dieser neue Bruch mit der Natur ist nicht nur seinem Ausmaß, sondern auch seiner Art nach etwas anderes als Sardinenbüchsen in einem englischen Fluß. Wir haben die Atmosphäre und damit auch das Wetter verändert. Indem wir das Wetter verändern, machen wir jeden Fleck auf der Erde zu etwas Künstlichem, zu Menschenwerk. Wir haben die Natur ihrer Eigenständigkeit beraubt, und das hat verhängnisvolle Folgen für ihr Wesen. Das Wesen der Natur *ist* ihre Eigenständigkeit; ohne sie gibt es nur noch uns.

Wenn man mit Flugzeug, Hundeschlitten und Schneeschuhen künftig in die tiefste Arktis reist, und es herrscht ein milder Sommertag, dann wird man nicht wissen können, ob die Temperaturen »normal« sind oder ob man sich dank des Kohlendioxids in Temperaturen aufhält, die in unseren Breiten einem geheizten Wohnzimmer entsprächen. Wären es 30 Grad unter Null, und es ginge ein eisiger Wind – nun, so wären es ohne den Menschen vielleicht 40 Grad Kälte. Da die meisten von uns nur in der Phantasie zum Nordpol gelangen, sieht die Realität wahrscheinlich eher so aus: Wenn im Juli in London eine Hitzewelle auftritt, wird das kein Naturphänomen sein, sondern eine vom Menschen bewirkte Erscheinung. Zumindest *könnte* es sich um etwas vom Menschen Bewirktes handeln, was letztlich auf dasselbe hinausläuft. Der Sturm, der einst die Hitzewelle gebrochen hätte, entsteht vielleicht nicht oder dreht in eine andere Richtung ab; er folgt nicht den Gesetzen der Natur, sondern Naturgesetzen, die vom Menschen blind und bedenkenlos, aber erfolgreich umgeschrieben wurden. Wenn die Sonne unbarmherzig vom Himmel knallt, dann können wir uns nicht mehr mit der Bemerkung trösten, so sei eben die Natur. Wenn uns die Sonne den Rücken wärmt, dann ist das angenehm, aber es hat nichts mit Natur zu tun. Ein heute geborenes Kind wird niemals einen natürlichen Sommer, Herbst, Winter oder Frühling erleben. Der Sommer stirbt aus und wird durch etwas anderes ersetzt, das wir »Sommer« nennen werden. Dieser neue Sommer wird bestimmte Eigenschaften des alten beibehalten – er wird wärmer sein als die anderen Jahreszeiten, er wird die Zeit sein, während der die Ernte heranreift –, aber er wird kein Sommer sein, so wie auch die beste Beinprothese kein Bein sein kann.

Das Klima bestimmt zahlreiche Aspekte der Natur: wo Wälder aufhören und die Tundra beginnt, wo Regen fällt und wo sich Wüsten ausbreiten, wo der Wind stark und stetig weht, wo sich Gletscher bilden, wie schnell Seen verdunsten und wo der Meeresspiegel steigt. John Hoffman von der US-Umweltschutzbehörde schrieb im *Journal of Forestry:* »Bäume, die man heute pflanzt, werden ihre stärkste Wachstumsphase erreichen, wenn das Klima sich bereits geändert hat.« Ein heute geborenes Kind mag eines Tages in einem Fluß schwimmen, der frei ist von toxischen Abwässern, aber es wird nie einen natürlichen Fluß kennenlernen. Wenn die Wellen gegen den Strand branden, Dünen unterspülen und Häuser zum Einsturz bringen, dann ist das nicht die furchtbare Gewalt von Mutter Natur. Es ist die furchtbare Gewalt von Mutter Natur, wie sie von der furchtbaren Gewalt des Menschen geändert wurde, der sich innerhalb eines Jahrhunderts jene Prozesse unterworfen hat, die sich seit Anbeginn der Erde aus eigenem entwickelt und verändert haben.

Die »Rekordhochs« und »Rekordtiefs«, von denen in der Wettervorhersage immer die Rede ist, sind heute bedeutungslos. Es ist, als wollte man die Leistungen zweier Stabhochspringer vergleichen, deren einer einen Bambusstab und deren anderer einen Glasfiberstab benutzt, oder die von Sprintern, von denen einer Anabolika genommen hat, während der andere seinem Müsli treu geblieben ist. Diese Begriffe implizieren einen Zusammenhang zwischen Vergangenheit und Gegenwart, der nicht existiert. Es ist, als würde man im Museum Bilder von Rembrandt und von Warhol nebeneinander hängen; wir leben in einer postnatürlichen Welt. Thoreau hat einmal gesagt, er könne eine halbe Stunde zu Fuß gehen und »zu einem Teil der Erdoberfläche [gelangen], wo sich von einem Jahresende bis zum nächsten kein Mensch aufhält und wo die Politik folglich nicht existiert, denn sie ist nur der Zigarrenrauch eines Mannes«. Heute könnte man ein halbes Jahr lang wandern, ohne auf einen solchen Ort zu treffen. Die Politik – unsere Lebensweise, unsere Vorstellungen vom richtigen Leben – bläst heute ihren Rauch über jeden Quadratzoll des gesamten Erdballs.

Einen knappen Kilometer von meinem Haus entfernt, genau an der Spitze des Sees, hat die Gemeinde eine Straßenlaterne installiert. Es ist die einzige Straßenlaterne im Umkreis von Kilometern, und sie erfüllt zweifellos ihren Zweck – ohne sie würden wahrscheinlich jeden Sommer ein oder zwei Autos die Kurve verfehlen und im Wasser landen. Aber sie beeinträchtigt die Dunkelheit. Während des größten Teils des Jahres, wenn die Sommergäste abgereist sind, wirft sie das einzige Licht weit und breit. In einer sternklaren Nacht leuchtet die Milchstraße wie ein Zelt; in einer bewölkten Nacht kann es so pechfinster sein, daß ich nicht einmal mehr meinen Hund sehe, der neben mir dahintrottet. Doch dann biege ich um die Ecke, und da steht die Straßenlaterne, und schon befinde ich mich im Kegel ihres Natriumdampf-Lichts. Gewiß, Käfer und Falter lieben die Lampe; an Juniabenden wimmelt es dort von mehr Leben als auf jedem Hektar unberührten Waldes. Dennoch zerstört die Laterne das Gefühl der Nacht. Und jetzt ist es so, als hätten wir eine riesige Lampe am Himmel angebracht und würden dasselbe monotone, sterile Licht auf die ganze Erde werfen.

An einem Herbstmorgen im vergangenen Jahr merkte ich beim Holzhacken, daß Asche durch die Luft flog. »Hast du Feuer angemacht?« fragte ich meine Frau durchs Fenster, aber sie verneinte es. Ich ging den Weg entlang, um zu sehen, ob die Asche vielleicht vom nächsten bewohnten Haus kam – aber bis dahin ist es ganz schön weit. Schließlich blieb ich kurz stehen, um etwas von der Asche mit der Hand aufzufangen und sie näher zu betrachten. Was ich in der Hand hielt, entpuppte sich als ein Insekt, das ich noch nie zuvor gesehen hatte – einer Kriebelmücke vergleichbar und mit einem grauen, wolligen Büschel auf dem Rücken, das tatsächlich wie Asche aussah. Kein Menschenwerk! Natur!

Könnte man nur dasselbe von den vielen Veränderungen um uns herum behaupten – wären all die Analogien nichts weiter als Analogien! Wären sie nur allesamt Ausgeburten unserer Phantasie, wäre die Welt noch derselbe vertraute Ort, der sie immer war! Aber die Welt, die ganze Welt, ist durch unser Tun geprägt, selbst wenn wir nichts davon sehen.

In einem berühmten Essay mit dem Titel »Rußfall und radioaktiver Fallout«, der auf dem Höhepunkt der Atomtests in der Erdatmosphäre zu Beginn der sechziger Jahre erschien, schreibt E. B. White, die Freude, die er bisher über sein frisch umgegrabenes Gartenstück empfunden habe, sei ihm »durch die krausen Gedanken, die mir nicht mehr aus dem Kopf gehen wollen, verleidet worden. Morgen wird es Regen geben, und der Regen, der auf meinen Garten fällt, wird seine Fracht aus kleinsten Staubteilchen vergangener Explosionen an fernen Orten mit sich führen. Ob seine Fracht groß oder klein ist, ob sie vom Bauern gemessen werden kann oder sich nur mutmaßen läßt, eines ist sicher: Die Beschaffenheit des Regens hat sich geändert, die Freude, ihn in die erwartungsvolle Erde einsickern zu sehen, ist gemindert, und der ganze Sinn und Wert eines Gartens ist in Frage gestellt«. Glücklicherweise haben wir inzwischen überirdische Atomversuche aufgegeben. Unglücklicherweise haben die Worte von White ihre Gültigkeit bis heute bewahrt; nur sind heute die Übeltäter – CO_2, Methan, Stickoxid und Fluorchlorkohlenwasserstoffe – nicht das Ergebnis eines fernen und sich in großer Höhe abspielenden Dramas, einiger gewaltiger Detonationen, sondern das Ergebnis von Milliarden Explosionen einiger hundert Millionen Motorkolben in jeder Sekunde, nah und fern, und auf heimtückische Weise uns allen nur zu vertraut.

Es wird uns nicht leicht fallen, diese neue Lage der Dinge in unser Bewußtsein eindringen zu lassen. Selbst die weitsichtigsten Naturforscher früherer Tage konnten sich nicht vorstellen, daß die Atmosphäre oder das Klima drastisch verändert werden könnte. Thoreau führte Klage gegen den fortwährenden Holzeinschlag, der schließlich fast allen unberührten Wald zwischen Atlantik und Mississippi zerstört hat, und meinte, bald werde »der Osten so kahl sein, daß jeder Mann sich einen Backenbart wachsen lassen muß, um seine Nacktheit zu verbergen, aber Gott sei Dank ist der Himmel noch sicher«. Und John Muir, der in Schottland geborene Erforscher des Yosemite-Tals, schrieb in seinem Tagebuch über eine Schafherde, der er durch das Tal gefolgt war: »Tausende von Hufen zertrampeln Blätter und Blüten, doch in dieser mächtigen Wildnis wirken sie wie eine schwache Meute, und tausend Gärten werden ihrer zerstörerischen Berührung entgehen. Sie können den Bäumen nichts anhaben, obgleich sie Sämlinge beschädigen, aber wenn sich diese wolligen Heuschrecken stark vermehren sollten, was sie infolge ihres Dollarwertes wahrscheinlich tun werden, dann können im Laufe der Zeit auch die Wälder zerstört werden. Dann wird nur noch der Himmel sicher sein.« Für George Perkins Marsh, den ersten modernen Umweltschützer, war schon vor einem Jahrhundert das Abholzen der Wälder eine schreckliche Vorstellung, doch er vertrat die Meinung: »Der Kreislauf der Jahreszeiten mit den Änderungen der Temperatur und der Länge von Tagen und Nächten, das Klima in den unterschiedlichen Breiten und die allgemeinen Gegebenheiten und Bewegungen der Atmosphäre und der Meere unterliegen Ursachen, die größtenteils kosmischer Natur und zweifellos unserer Einwirkung entzogen sind.«

Und selbst jetzt, da uns dämmert, was wir getan haben, gibt es noch immer genug Möglichkeiten, wenigstens für eine Weile zu vergessen, daß sich etwas geändert hat. Der Schönheit der Natur haben wir ja nicht ein Ende gemacht; so wie Smog prächtige Sonnenuntergänge bewirkt, können durchaus neue und unerwartete Schönheiten in Erscheinung treten. Aber der Sinn dieser Schönheit wird ein anderer sein – denn wenn wir einen Sonnenuntergang betrachten, sehen wir (oder bilden es uns zumindest ein) alles mögliche neben einer bestimmten Abfolge von Orange-, Rot- und Rosatönen.

Es läßt sich nicht leugnen, daß dies nicht der erste große Bruch in der Geschichte unseres Planeten ist. Vielleicht dreißigmal seit Entstehen der Erde sind meteorähnliche Körper mit einem Durchmesser von bis zu 15 Kilometer mit sechzigfacher Schallgeschwindigkeit auf die Erde geprallt und haben (so James Lovelock) etwa das Tausendfache an Energie freigesetzt, als würden sämtliche gegenwärtig gelagerten Atomwaffen gezündet. Solche Ereignisse können nach Meinung mancher Wissenschaftler bis zu neunzig Prozent aller auf der Erde lebenden Organismen zerstört haben. In einem weit größeren Maßstab hat die Sonne fortwährend ihre Leuchtkraft erhöht; seit auf der Erde das Leben begann, hat ihre Helligkeit um fast dreißig Prozent zugenommen und das Leben gezwungen, ständig weiterzujagen, um mithalten zu können – ein Wettlauf, den es eines Tages verlieren wird, auch wenn bis dahin noch Milliarden Jahre vergehen. Oder nehmen wir ein Beispiel, das die scharfe Trennlinie, die wir überschritten haben, besser verdeutlicht: Vor etwa zwei Milliarden Jahren, so lesen wir bei dem Mikrobiologen Lynn Margulis, verursachte die Ausbreitung bestimmter Bakterienstämme innerhalb kurzer Zeit einen Anstieg der in der Erdatmosphäre enthaltenen Sauerstoffkonzentration von einem ppm auf 210000 ppm, das heißt von 0,0001 Prozent auf 21 Prozent. Im Vergleich dazu nimmt sich der Anstieg des CO_2-Gehalts von

280 ppm auf 560 ppm aus wie der Berg hinter meinem Haus vor dem Annapurna. »Das war die weitaus größte Verschmutzungskrise, die die Welt je erlebt hat«, schreibt Margulis. Der Sauerstoff vergiftete fast alles mikrobische Leben, das »keine andere Abwehr gegen diese Katastrophe besaß als die übliche Methode der Auftrennung und Verdoppelung der Doppel-Helix, der Genübertragung und der Mutation«. Und auf diese Weise entstanden bekanntlich die Sauerstoff verbrauchenden Lebensformen, die heute die Erde beherrschen.

Doch diese Beispiele sind nicht vergleichbar mit dem, was wir heute erleben, denn sie waren »natürlich« und nicht durch den Menschen bewirkt. Ein tennisballgroßer Himmelskörper schlägt auf die Erde auf, das Eis schiebt sich vorwärts, nach den unwandelbaren Gesetzen der Sterne brennt die Sonne immer heller, bis sie schließlich zwangsläufig explodiert, durch genetische Mutation entstehen Bakterien, die in großen Mengen Sauerstoff erzeugen und alsbald den Planeten beherrschen: eine »ganz natürliche« Umweltverschmutzung.

Dem könnte man selbstverständlich entgegenhalten, daß auch die gegenwärtige Krise eine »natürliche« ist, da der Mensch Teil der Natur ist. Schon die frühen griechischen Naturphilosophen sahen keinen Unterschied zwischen Materie und Bewußtsein – die Natur umfaßte alles. James Lovelock schrieb vor einigen Jahren, daß »unsere Gattung mit ihrer Technologie einfach ein zwangsläufiger Bestandteil der natürlichen Umwelt« sei, nichts anderes als Biber mit größeren mechanischen Kenntnissen. Nach diesem Verständnis wäre die Behauptung, wir hätten der Natur ein »Ende gemacht« oder sie auch nur geschädigt, unsinnig, denn *wir sind* Teil der Natur und können folglich nichts »Unnatürliches« tun. Dieser Gedanke läßt sich noch weiter spinnen; so hat zum Beispiel Lynn Margulis darüber nachgedacht, ob man Roboter als lebende Geschöpfe bezeichnen könne, da jede »Erfindung durch Menschenwesen letztlich auf einer Reihe von Prozessen einschließlich der DNS-Verdoppelung aufbaut, unabhängig davon, wie weit diese Verdoppelung und die Erfindung zeitlich und räumlich auseinanderliegen«.

Doch diese Debatte kann man endlos führen, und dennoch bleibt sie künstlich. Sie ist ein rhetorischer, semantischer Streit. Wenn ich sage, wir hätten der Natur ein Ende gemacht, meine ich zweifellos nicht, daß die natürlichen Prozesse aufgehört hätten – noch immer scheint die Sonne, weht der Wind, gibt es Wachstum und Verfall. Die Photosynthese geht weiter und die Atmung auch. *Doch wir haben dem ein Ende gemacht, was zumindest in der Neuzeit Natur für uns definiert hat – ihrer Trennung von der menschlichen Gesellschaft.* Diese Trennung ist etwas ganz Reales. Es hört sich gut an, wenn manche Dichter und Biologen fordern, wir müßten lernen, uns der Natur anzupassen, wir müßten einsehen, daß wir nur eine von vielen, vielen Arten von Lebewesen seien, und so fort. Aber tief im Innern glaubt niemand von uns so recht daran. Die Sophisten sahen einen Gegensatz zwischen »Natur« *(physis)* und »menschlicher Satzung« *(nomos)* – zwischen dem, was ursprünglich existiert, und dem, was daraus durch das Eingreifen des Menschen wird. Und ihre Unterscheidung, durch Platonismus, Christentum und ein Dutzend weitere Lehren gefiltert, hat sich bis heute erhalten, weil sie mit unserem instinktiven Empfinden der Welt übereinstimmt. Ich sitze hier in meinem Arbeitszimmer und schreibe. An der Wand gegenüber steht ein Regal mit Nachschlagewerken – Wörterbücher, das Guinness-Buch der Rekorde, mehrere Enzyklopädien –, eine Schreibmaschine und ein Computer. Links von mir steht ein weiteres Regal mit Büchern, allesamt über US-amerikanische Geschichte, und rechts von mir befinden sich Fotos von meiner Familie, ein Stapel Versandhauskataloge für Weihnachtsbestellungen und ein Radio, das gerade eine Aufführung des Cleveland-Orchesters von Ravels Klavierkonzert in D-Dur sendet. Durch mein Fenster kann ich auf einen Berg mit einem fast anderthalb Kilometer langen kahlen Rücken und einem Teich nahe dem Gipfel sehen.

Der Berg und das Arbeitszimmer sind getrennte Bestandteile meines Lebens; in meinem Denken haben sie eigentlich nichts miteinander zu tun. Des Nachts ist es draußen finster; abgesehen von der Straßenlaterne am See ist auf eine Entfernung von dreißig Kilometern nach Westen und fünfzig Kilometern nach Süden kein weiteres Licht zu sehen. Aber hier drinnen scheint eine Lampe. Ihre Strahlen reichen noch ein paar Meter weit in die Dunkelheit vor dem Haus, werden schwächer und verlieren sich schließlich in der Finsternis. Im Winter ist es draußen kalt, während uns hier drinnen ein Holzfeuer wärmt, und wenn es ausgeht, springt die Ölheizung an.

Was hier drinnen passiert, kann ich kontrollieren; was draußen geschieht, war bisher stets auf das Wirken einer unabhängigen Kraft zurückzuführen. Das heißt nicht, daß die Außenwelt nicht lebenswichtig wäre. Ich bin eigens hierher gezogen, um die Berge vor der Tür zu haben, und ich bin überzeugt, daß die Natur selbst dem hartgesottensten Großstadtmenschen etwas bedeutet. Doch mag einstweilen der Hinweis genügen, daß in unserem modernen Denken Natur und menschliche Gesellschaft zwei voneinander getrennte Dinge sind. Diese für sich existierende Natur meine ich, wenn ich den Begriff »Natur« verwende.

Man könnte einwenden, daß wir diese unabhängige Natur vor langem schon zerstört haben und daß es keinen besonderen Grund gibt, gerade jetzt einen Verlust zu beklagen; daß der Mensch an dem Tag, an dem er das erste Werkzeug verfertigte oder die erste Nutzpflanzung anlegte, unwiderruflich die Natur verändert hat. Walter Truett Anderson hat in seinem letzten Buch *To Govern Evolution* die These vertreten, daß alles, was der Mensch tut – auch unsere Versuche, Naturschutzgebiete einzurichten oder gefährdete Tier- und Pflanzenarten zu schützen –, »so oder so ein menschlicher Eingriff« ist. Seine Heimat Kalifornien war seit den siebziger Jahren des letzten Jahrhunderts fortwährenden Veränderungen unterworfen, als auf die Goldsucher und Schafzüchter die großen Agrarunternehmer folgten. Strenggenommen hat er zweifellos recht: Jedes Handeln verändert die Umwelt – selbst der Nestbau eines Vogels –, und es stimmt, daß wir nicht, wie er sagt, »zu einer von der menschlichen Gesellschaft unberührten natürlichen Ordnung zurückkehren« können. Aber Andersons Argumentation und andere ähnliche Argumente, die gern als Rechtfertigung angeführt wurden, um weitere Eingriffe in die Umwelt vorzunehmen, sind zu wenig differenziert. 1870 gab es auch in Kalifornien noch eine eigenständige Natur. Im selben Jahr begann John Muir seine Erkundungen des Yosemite-Tals. Solange es noch freie und wilde Gegenden gab, konnte die Idee des Freien und Wilden bestehen.

Die Erfindung von Kernwaffen markierte vielleicht tatsächlich den Anfang vom Ende der Natur: Wir verfügten endlich über die Fähigkeit, die Natur zu überwältigen, mit einem einzigen Schlag überall eine unauslöschliche Spur zu hinterlassen. »Die atomare Gefahr wird in der Regel isoliert von den Bedrohungen betrachtet, denen andere Lebensformen und ihre Ökosysteme ausgesetzt sind, aber im Grunde genommen müßte sie in den Mittelpunkt der ökologischen Krise gestellt werden, als der wolkenverhangene Mount Everest, wobei die unmittelbareren, sichtbareren Beschädigungen der Umwelt nur dessen Ausläufer sind«, heißt es bei Jonathan Schell in *Das Schicksal der Erde*. Und Schell hatte recht, denn zu der Zeit, als er dieses Buch schrieb (vor weniger als einem Jahrzehnt!), konnte man sich kaum eine zweite Bedrohung von vergleichbarer Größenordnung vorstellen. Die Erwärmung der Erde war nur eine zweifelhafte Theorie unter vielen. Atomwaffen waren etwas Einmaliges (und bleiben es, sei es auch nur wegen der Plötzlichkeit, mit der sie ihre Wirkung entfalten). Aber das atomare Dilemma ist der menschlichen Vernunft zugänglich – wir können uns entscheiden, die Waffen nicht einzusetzen, sie sogar zu reduzieren oder gänzlich zu verschrotten. Und die furchtbare Macht dieser Waffen, die in Japan und auf dem Bikini-Atoll, unter derWüste von Nevada und wieder und wieder in unserer Phantasie zur Genüge demonstriert worden ist, hat uns nach vielen Umwegen in diese hoffnungsvolle Richtung geführt.

Im Gegensatz dazu lagen die vielfältigen Prozesse, die das Ende der Natur nach sich ziehen, ganz und gar jenseits des menschlichen Denk- und Vorstellungsvermögens. Nur wenige Menschen beispielsweise wußten, daß der erhöhte CO_2-Gehalt der Atmosphäre die Erde erwärmen würde, und lange Zeit gelang es ihnen nicht, die übrige Menschheit auf die Gefahr aufmerksam zu machen. Jetzt ist es zu spät – nicht zu spät, wie ich noch erläutern werde, um einige der Veränderungen zu beeinflussen und auf diese Weise vielleicht ihre verheerendsten Folgen zu vermeiden. Doch die Wissenschaftler sind sich einig, daß wir bereits genug Gas in die Luft gepumpt haben, um einen beträchtlichen Temperaturanstieg und eine daraus folgende Klimaveränderung unvermeidlich zu machen.

In welchem Ausmaß sie unvermeidlich sind, läßt sich an den Gegenmaßnahmen ablesen, die einige Wissenschaftler vorgeschlagen haben – nicht solche Mittel wie die Reduzierung des Brennstoffverbrauchs und die Erhaltung der Regenwälder, die nur das Schlimmste verhindern können, sondern Lösungen, die den »Normalzustand« wiederherstellen sollen. Eine der natürlichsten Methoden, die vorgeschlagen wurden, besteht in der Anpflanzung großer Mengen von Bäumen, um der Luft das CO_2 zu entziehen. Stellen wir uns zur Veranschaulichung ein neues Kohlekraftwerk vor mit einer installierten Leistung von 1000 Megawatt, einem thermischen Wirkungsgrad von 38 Prozent und einer verfügbaren Leistung von 70 Prozent. Um allein

dem von dieser Anlage ausgestoßenen Kohlendioxid entgegen-
zuwirken, müßten im Umkreis von fast 25 Kilometern amerikanische Platanen (eine schnellwachsende Art) im Abstand von
je 1,20 Metern angepflanzt und alle vier Jahre »abgeerntet«
werden. Vielleicht ist es möglich, ein derartiges Wachstum zu
erzielen – ein Forstexperte der US-Regierung sagte vor dem
Senat, durch Gen-Screening, Spationieren, Ausdünnen und
Zurückschneiden, Unkraut-, Waldbrand- und Schädlingsbe-
kämpfung, Düngung und Bewässerung könnte das jährliche
Nettowachstum der Bäume »weit über das gegenwärtige
Niveau hinaus gesteigert werden«. Aber selbst wenn das alles
funktionieren sollte, wäre eine solche Anpflanzung von Bäumen noch Natur? Ein Spaziergang durch einen endlosen Wald
aus schnurgerade angepflanzten Platanen, über denen ein Hub-
schrauber Unkrautvertilgungsmittel versprüht und zu deren
Wurzeln das Wasser in den Bewässerungsleitungen gluckst,
bedeutet einen unwiderruflichen Abschied von meiner Vorstellung einer wilden Welt.

Andere Vorschläge sind noch abstruser. Eine »zukunftswei-
sende Idee«, die in der *New York Times* beschrieben wurde,
entstammt dem Gehirn von Dr. Thomas Stix an der Princeton
University. Er denkt an die Möglichkeit, mit Hilfe von Laserstrahlen die Fluorchlorkohlenwasserstoffe in der Erdatmosphäre abzufangen, bevor sie die Ozonschicht erreichen.
Dr. Stix schätzt, daß eine Anordnung von Infrarotlaserkanonen
rund um die Erde jährlich eine Million Tonnen FCKWs »in
Stücke schießen« könnte – eine Methode, die er als »atmosphä-
risches Verfahren« bezeichnet. Leon Y. Sadler von der University of Alabama hat den Vorschlag gemacht, mit Hilfe großer
Flugzeugstaffeln Ozon in die Stratosphäre zu befördern; ein
ähnlicher Vorschlag sieht vor, kontinuierlich Salven gefrorener
Ozonkugeln in die Stratosphäre zu schießen, wo sie auftauen.
Um der Erderwärmung zu begegnen, hat der Geochemiker
Wallace Broecker von der University of Columbia sich »eine
Flotte von mehreren hundert Jumbojets« ausgedacht, um jährlich 35 Millionen Tonnen Schwefeldioxid in die Stratosphäre zu
befördern, das die auf die Erde fallende Sonnenstrahlung
reflektieren soll. Andere Wissenschaftler empfehlen, »riesige
Umlaufsatelliten aus dünnen Folien« in den Weltraum zu
schießen, die ihren Schatten auf die Erde werfen und auf diese
Weise wie Jalousien dem Treibhauseffekt entgegenwirken
könnten. Die Verwirklichung dieser Vorschläge stößt allerdings

auf die unterschiedlichsten praktischen Schwierigkeiten. So räumt Dr. Broecker ein, daß das in die Erdatmosphäre beförderte Schwefeldioxid den Regen noch saurer machen »und dem blauen Himmel eine weißliche Färbung geben« würde. Trotzdem, vielleicht funktioniert es ja. Und möglicherweise »muß eine rational denkende Gesellschaft sich dagegen versichern, daß ihr Planet unbewohnbar werden sollte«, wie Dr. Broecker meint. Aber selbst wenn diese Vorschläge wirklich ihren Zweck erfüllen – selbst wenn der Planet bewohnbar bleibt –, wird die Welt nicht mehr dieselbe wie vorher sein. Der weißliche Nachmittagshimmel, an dem die sauber abgeschnittenen Satellitenfolien ihre Bahn ziehen, wird in einen Abenddämmerschein übergehen, der von Laserstrahlen durchkreuzt wird. Es gibt keine Möglichkeit, die aus den Fugen geratene Natur wieder zusammenzubauen – sicherlich nicht, indem wir dem Vorschlag eines anderen Forschers folgen und die Weltmeere mit einer Schicht aus schwimmenden Styroporkugeln bedecken, um auf diese Weise die Reflexion der Sonneneinstrahlung zu erhöhen und die Temperaturen auf der Erdoberfläche zu senken.

Es gibt einige, möglicherweise gar nicht so wenige Menschen, denen dieser Bruch wenig bedeutet. Vor einigen Jahren befuhr eine Gruppe von leitenden Angestellten einen Wildwasserfluß in Britisch-Kolumbien auf einem Floß; nachdem bei einem Unfall fünf Männer ums Leben gekommen waren, erzählte einer der Überlebenden den Reportern, die Gruppe habe den Fluß »als eine Art Achterbahn« angesehen. Die Natur ist zu einem Hobby für uns geworden. Der eine liebt die freie Natur, der andere kocht gern, der dritte macht sich einen Spaß daraus, über sein Telefon in Militärcomputer einzudringen. Das Hobby »Natur« erlebte in den siebziger Jahren einen Boom; mittlerweile geht es offenbar leicht zurück (die Zahl der Personen, die eine Erlaubnis beantragen, im rauhen Hinterland der Nationalparks zu wandern und zu zelten, ist seit 1983 um die Hälfte gesunken, obwohl die Zahl der Besucher mit Auto weiterhin gestiegen ist). Wir sind innerhalb kurzer Zeit zu Menschen geworden, deren bewußtes Bedürfnis nach Natur ein oberflächliches ist. Den Wechsel der Jahreszeiten nehmen die meisten von uns allenfalls noch als Rummel wahr. In meinem Bundesstaat und an vielen Orten in der weiteren Umgebung findet der Jahrmarkt, der früher die Erntezeit kennzeichnete, bereits Ende August statt, weil dann noch genug Touristen da sind, denen das Geld locker in der Tasche sitzt. Wozu die Ernte feiern, wenn man jede Woche mit dem Einkaufswagen erntet? Ich bin ein Kind der Vorstadt, und obwohl ich am Rand einer Wildnis lebe, habe ich nur ein dürftiges Verständnis von der natürlichen Welt. Ich kann stundenlang an Feldern vorbeifahren, ohne die leiseste Ahnung zu haben, was auf ihnen eigentlich wächst, wenn es nicht gerade Mais ist. Und selbst die Farmer haben ein verkümmertes Empfinden für die sie umgebende Welt. Der Essayist Wendell Berry zitiert aus einer Werbung für einen neuen Traktor: »Draußen – Staub, Krach, Hitze, Sturm, Qualm. Innen – alles ist friedlich, bequem, sicher... Der Fahrer wählt ›Innenwetter‹ ganz nach Belieben... Mit einem Knopfdruck holt er über Radio oder Stereokassette Unterhaltungsmusik herein.«

Doch selbst das wird noch unterboten durch die Haltung eines Mausoleumbesitzers, der einmal wöchentlich in ganzseitigen Zeitungsanzeigen mit folgenden Slogans für sein Unternehmen wirbt: »Oberirdisch. Das saubere Begräbnis. Nicht unterirdisch mit den störenden Erdelementen.« Vier seiner »sauberen, trockenen, zivilisierten« Grabgewölbe sind bereits ausgebucht, ein fünftes ist im Bau. Solange wir noch am Leben sind, sehen wir gelegentlich naturkundliche TV-Sendungen über Tintenfische oder Weißschwanzgnus. Meistens sehen wir uns aber Krimiserien an.

Der Untergang der Natur, wie wir sie gekannt haben, hat jedoch wie das Vergehen jeder großen Idee seine untrüglichen unmittelbaren und langfristigen Auswirkungen. Als Frederick Jackson Turner 1893 vor der American Historical Association verkündete, daß die amerikanische Siedlungsgrenze nicht mehr existiere, da kam keinem zum Bewußtsein, daß diese Siedlungsgrenze die bestimmende Kraft im amerikanischen Leben gewesen war. Erst ihr Fehlen machte sie begreifbar. Ein Grund dafür, daß wir der natürlichen Welt in unserer Umgebung so wenig Aufmerksamkeit schenken, liegt darin, daß sie schon immer dagewesen ist und wir angenommen haben, sie würde auch zukünftig immer dasein. Jetzt, da sie verschwindet, wird ihre grundlegende Bedeutung erkennbarer – so wie manche Menschen glauben, ihre Eltern hätten für ihr Leben keine Bedeutung mehr, und sich erst dann eines anderen besinnen, wenn sie sie begraben müssen.

Wie werden wir das Ende der Natur zu spüren bekommen? Auf die unterschiedlichste Weise, fürchte ich. Wenn »Natur«

Bartrams große Freude über eine unberührte und sich ungehindert entfaltende Schönheit bedeutet, dann bedeutet ihr Verlust die Trauer darüber, daß der Mensch überall seine Spuren hinterlassen hat. Aber wie beim Tod eines geliebten Menschen ist es nicht nur ein Verlust, eine Lücke, die sich auftut. Es entwickeln sich auch neue Beziehungen, während das bereits bestehende Beziehungsgeflecht sich verformt und verzerrt. Und da der Verlust der Natur insofern etwas Besonderes ist, als er nicht unvermeidbar war, wirft er gewichtige Fragen auf, die sich beim Tod eines Menschen nicht stellen.

Die erste dieser Fragen hat meiner Ansicht nach etwas mit Gott zu tun. Es mag merkwürdig erscheinen, einen physikalischen Tatbestand aufzugreifen und dessen Bedeutung sogleich im Metaphysischen zu suchen. Aber die Natur ist, wie wir gesehen haben, ebenso eine Idee wie eine Tatsache. Und in gewisser Hinsicht ist diese Idee mit Gott verknüpft. Weiter möchte ich in meiner Aussage nicht gehen, ich bin kein Theologe. Ich bin nicht einmal sicher, was ich eigentlich unter Gott verstehe. (Vielleicht kennen manche Theologen diese Schwierigkeit.)

Es ist keine neue Beobachtung, daß die Religion seit dem Anbruch der Neuzeit einen Niedergang erlebt. Trotz des Zunehmens des Fundamentalismus in den letzten Jahren hält die Glaubenskrise unvermindert an. Viele Menschen, darunter auch ich, haben sie mehr oder weniger überwunden, indem sie Gott in der Natur sahen. Die meisten Ahnungen von Unsterblichkeit, Finalität des Universums und einer waltenden Wohltätigkeit kommen mir aus der natürlichen Welt zu – von den Jahreszeiten, der Schönheit, dem fortwährenden Werden und Vergehen und so weiter. Es gibt auch andere Anzeichen, etwa die Beispiele großer und selbstloser Liebe zwischen Menschen, doch sind diese möglicherweise weniger zuverlässig. Sie verweisen eher auf eine Epiphanie als auf die Ewigkeit, die von der Natur verheißen wurde. Auch wenn dies trivial klingt: Darum geht es mir. Die frühesten Götter, von denen wir wissen, waren Tiere – Tiger, Vögel, Fische. Ihre Gestalt und ihr Antlitz finden wir auf alten Ruinen, Totems und Wandmalereien unserer Urreligionen wieder.

Und obwohl wir im Lauf der Zeit unseren Göttern eine menschliche Gestalt verliehen, hängen unsere Gefühle vielfach noch immer an Wald und Flur mit ihren Vögeln und wilden Tieren – warum sollten wir sonst die »Entweihung« unserer

Umwelt beklagen? Ich bin ein leidlich orthodoxer Methodist und besuche den Sonntagsgottesdienst, weil mir die Glaubensgemeinschaft wichtig ist, weil ich in der Geschichte der Israeliten und in den Evangelien eine Bedeutung finde und weil ich gern Kirchenlieder singe. Aber nicht im »Gotteshaus« empfinde ich die Gegenwart Gottes am stärksten, sondern im Freien, auf einem von der Sonne beschienenen, mit Kiefernnadeln übersäten Hang oder beim Anblick einer Meeresbrandung. Hier treten die lähmenden Begriffe, die der Mensch erdacht hat, um dieses Geheimnis zu erfassen – Sünde und Erlösung, Fleischwerdung und so weiter –, in den Hintergrund, und es bleibt nur das überwältigende Gefühl der Güte und Liebe, die in der Welt wirksam ist.

Vielleicht ist dieses Gefühl in einem Zeitalter der Städte verblaßt, und die meisten Menschen erfahren Gott heute über den Kirchenfunk. Es steht jedoch außer Zweifel, daß die Natur dies einmal bedeutet hat, und zwar nicht nur für die Griechen und Römer, sondern auch für die großen nordamerikanischen Naturforscher, die uns als erste gelehrt haben, in der Außenwelt mehr zu sehen als eine Rohstoffquelle oder die Heimat gefährlicher Tiere. »Wir gebrauchen heute den Begriff Natur weitgehend in dem Sinne, in dem unsere Vorfahren den Begriff Gott gebraucht haben«, schrieb John Burroughs um die Jahrhundertwende, »und hinter diesen Worten meinen wir, wie ich glaube, die Macht, die überall gegenwärtig und wirksam ist und in deren Schoß das sichtbare Universum gehütet und genährt wird.« Und er fügte hinzu: »Im Hinblick auf dieses Wissen gibt es keine Atheisten und Ungläubigen.« Die Natur ist Wirklichkeit, sagte Thoreau – im Unterschied zu den »Vergnügungen aus Tausendundeiner Nacht«, die die Menschen sich bereiten. »Gott selbst gipfelt im gegenwärtigen Augenblick und wird niemals göttlicher sein im Verlauf aller Zeitalter. Und wir sind nur dadurch in die Lage versetzt, das Sublime und Erhabene zu verstehen, daß uns die Wirklichkeit, die uns umgibt, fortwährend eingeflößt und eingeträufelt wird.« Dieses Durchtränktsein von Wirklichkeit war am besten in echter Wildnis zu erleben. Auf dem Weg zum Mount Katahdin blickte Thoreau auf die riesigen ungerodeten Waldflächen und sinnierte: »Vielleicht gab es in Concord, wo unsere wilden Fichten stehen und Blätter auf dem Boden liegen, früher einmal Schnitterinnen, und Bauern säten Getreide aus; doch hier trug nicht einmal die Oberfläche Spuren von Menschenhand... Es war ein Musterbeispiel für die Welt, wie Gott sie sich vorgestellt hatte.« Die Erde ist ein Museum der göttlichen Absicht.

Mit der Aussage, daß wir Gott in der Natur erfahren, stehen wir freilich erst am Anfang. Es mag zutreffen, wie ein Mystiker gesagt hat, daß die meisten Menschen irgendwann einmal in ihrem Leben durch die Schönheit der Natur in einen »gehobenen Bewußtseinszustand« versetzt werden, in dem für sie »jeder Grashalm von Bedeutung durchdrungen« ist, aber es bleibt die Frage: von welcher Bedeutung? »Alle Natur«, behauptete ein anderer Mystiker vor hundert Jahren, »ist die Sprache, in der Gott seinen Gedanken zum Ausdruck bringt.« Schön und gut, aber was ist das für ein Gedanke?

Die wichtigste Lehre lautet, daß die Welt eine herrliche Ordnung aufweist, die in ihrer ganzen Komplexität tröstlich ist. Und der beglückendste Aspekt dieser Harmonie ist vielleicht ihre Dauerhaftigkeit – das Gefühl, daß wir Teil von etwas sind, dessen Wurzeln schier endlos in die Vergangenheit und dessen Äste ebenso weit in die Zukunft reichen. Bloßes menschliches Leben bietet nur eine partielle Erfüllung dieses Wunsches nach einer Art Unsterblichkeit. Als Individuen können wir uns verzweifelt allein fühlen: Vielleicht haben wir keine Kinder, oder es kümmert uns nicht, was aus ihnen wird; vielleicht liegt uns nichts daran, das Leben unserer Eltern und Großeltern zurückzuverfolgen; manche von uns sind unter Umständen grundsätzlich Misanthropen, oder sie finden, daß das Leben unwichtig sei, von kurzer Dauer und nur ein hastiger Spurt der endgültigen Leere entgegen. Doch die Erde mitsamt all ihren Prozessen – die Sonne, die Pflanzen wachsen läßt, Fleisch, das sich von diesen Pflanzen nährt, Fleisch, das verfällt, um wiederum neuen Pflanzen als Nährstoff zu dienen, um nur einen einzigen Zyklus zu nennen – vermittelt uns das Gefühl einer länger währenden Rolle. Der im Hinblick auf das Menschengeschlecht zutiefst pessimistische Dichter Robinson Jeffers hat einmal geschrieben: »Die einzelnen Bestandteile verändern sich und vergehen oder sterben, Menschen und Rassen, Steine und Sterne; nichts davon erscheint mir als für sich betrachtet von Bedeutung, sondern nur das Ganze... Es scheint mir, daß allein dieses Ganze einer tieferen Liebe würdig ist, daß in ihm Friede, Freiheit, ja fast eine Art Erlösung beschlossen liegen...«

John Muir hat dieses Gefühl der Unsterblichkeit wohl am besten zum Ausdruck gebracht. Als Sohn eines strengen calvinistischen Vaters, der ihm die Bibel mit dem Ochsenziemer einbleute, entfloh er schließlich in die Wälder und gelangte in das Yosemite-Tal in der Sierra Nevada Kaliforniens. Das Tagebuch seines ersten dort verbrachten Sommers ist erfüllt von einer atemlosen Freude über die Schönheit ringsum. Wieder und wieder während dieses Junis in der Sierra, »des großartigsten Monats in meinem Leben«, gebraucht er das Wort »Unsterblichkeit«, und er gebraucht es auf eine ganz besondere Weise, um es in Kontrast zur grausamen und selbstsüchtigen Religion seines Vaters zu setzen. In diesen Bergen verliert die Zeit ihre Bedeutung: »Ein neuer prachtvoller Sierratag, an dem man sich fühlt, als wäre man aufgelöst und strömte ins Unbekannte. Das Leben erscheint weder lang noch kurz, und wir kümmern uns so wenig darum, Zeit zu sparen oder uns zu beeilen, wie die Bäume und die Sterne. Das ist wahre Freiheit, ein gutes, praktisches Stück Unsterblichkeit.« In solchen Momenten sind Raum und Zeit grenzenlos: »Wir sind in den Bergen, und sie sind in uns, beruhigen jeden Nerv, erfüllen jede Pore und jede Zelle. Unser Leib aus Fleisch und Knochen scheint für die Schönheit um uns so durchsichtig wie Glas, als wäre er wahrhaft Teil von ihr, der erschauert vor der Luft und den Bäumen, den Wildwassern und Felsen, in den Wellen der Sonne – ein Teil der ganzen Natur, weder alt noch jung, krank oder gesund, sondern unsterblich.«

So bewegend sich diese Worte lesen, sie bleiben dennoch unbestimmt, transzendent. Für Burroughs, Muir und Thoreau hatte Gott keinen Namen, keine Doktrin. Viele von uns im westlichen Kulturkreis haben nicht mehr als dieses verschwommene Gottesbild, während sich vielen anderen Gott mit seinen Vorlieben und Abneigungen nur allzu deutlich offenbart hat. Soweit man unserer jüdisch-christlichen Tradition etwas über ihr Naturbild entnehmen will, präsentiert es sich als weitgehend umweltfeindlich, mit dem Menschen als Krone der Schöpfung. Die Genesis scheint sich mit ihrer Hervorhebung der Herrschaft des Menschen (»Füllet die Erde und machet sie euch untertan, und herrschet über die Fische im Meer und über die Vögel unter dem Himmel und über alles Getier, das auf Erden kriecht!«) als idealer Vorwand anzubieten, um Wälder abzuholzen, durch jede Wildnis Straßen zu schlagen oder Wale auszurotten. Die biblische Überlieferung ist laut Joseph Campbell die »sozial orientierte Mythologie« eines Nomadenvolkes im Gegensatz zur naturorientierten Mythologie einer Ackerbau treibenden Gesellschaft. Deshalb beherrschen wir die

Natur oder versuchen es wenigstens. In einem vielbeachteten, auf dem Höhepunkt der Umweltschutzbewegung geschriebenen Essay erhebt Lynn White Jr. den Vorwurf, das Christentum trage »eine ungeheure Last der Schuld« an der ökologischen Krise. Wer diese Worte besser verstehen will, braucht nur nach Utah zu fahren, wo die Mormonen den Fleiß *(industry)* zum Wahlspruch erhoben und die Natur unterworfen haben, indem sie Städte in Gegenden errichteten, die so öde, trocken und steil sind, daß nur missionarischer Eifer, die Wildnis zu erobern, als Beweggrund vorstellbar ist.

Das Christentum war obendrein lange Zeit ein Bollwerk der Sklaverei; man kann aus der Bibel herauslesen, daß sie zur Herrschaft des Menschen nicht nur über das Land und die Tiere, sondern auch über andere Menschen aufruft. In beiden Fällen handelt es sich jedoch um eine engstirnige Auslegung kurzer Passagen; liest man die Bibel als ganze, klingt die Botschaft eher umgekehrt, auch wenn wir bislang noch kein rechtes Ohr dafür hatten. Für jede Stelle wie die aus der Genesis zitierte gibt es mindestens eine andere, in der zur Mäßigung und zur Liebe zum Boden angehalten wird. In den letzten Jahren haben viele Theologen behauptet, die Bibel fordere eine sorgsame »Verwaltung« des Planeten und keine rücksichtslose Unterwerfung und Gott habe dem Menschen nicht nur die Herrschaft über die Erde übertragen, sondern ihn auch angewiesen, den Garten Eden zu bebauen und zu bewahren. Ich glaube jedoch, daß die Heilige Schrift viel mehr sagt. Das Alte Testament enthält an vielen Stellen, besonders aber im Buch Hiob, eine der ausführlichsten Verteidigungen der Wildnis, der vom Menschen unberührten Natur, die jemals geschrieben wurden. Sie trifft den Kern dessen, was der Verlust der Natur für uns bedeutet.

Das Buch Hiob erzählt bekanntlich die Geschichte eines rechtschaffenen und wohlhabenden Mannes. Der Satan wettet mit Gott, daß Hiobs Gottesfürchtigkeit nur aus seinem Erfolg herrühre. »Nimm ihm alles, und er wird dich verfluchen«, sagt er. Gott geht auf die Wette ein, und schon bald sitzt Hiob auf einem Misthaufen am Rande der Stadt, sein Körper ist von Schwären bedeckt, seine Kinder sind erschlagen, seine Herden zerstreut, sein Hab und Gut ist dahin. Er weigert sich, Gott zu schmähen, aber er fordert Gott auf, zu ihm zu sprechen und ihm eine Erklärung für sein Mißgeschick zu geben. Hiob weigert sich, die Argumente seiner orthodoxen Freunde zu akzeptieren – er habe unwissentlich gesündigt und sei dafür gestraft worden. Ihre Auffassung, daß die ganze Erde sich um den Menschen drehe und jede Wirkung ihre Ursache im Handeln des Menschen habe, kann Hiob nicht überzeugen, weil er weiß, daß er unschuldig ist.

Schließlich antwortet Gott, der Herr, Hiob »aus dem Wetter«. Doch statt sich auf eine metaphysische Diskussion einzulassen, spricht er ausführlich über die Natur, über die konkrete Schöpfung. »Wo warest du, da ich die Erde gründete?« fragt er. In höchst poetischen Worten führt er seine Taten auf und bekundet seinen Stolz auf sein allgegenwärtiges Schöpfungswerk. War Hiob da, als er dem Meer »Riegel und Türen« setzte? Hiob war es nicht, deshalb konnte er viele Geheimnisse nicht verstehen, einschließlich der Frage, wer es »regnen [läßt] aufs Land, da niemand ist, in der Wüste, da kein Mensch ist. Daß er füllt die Einöde und die Wildnis und macht, daß Gras wächst«. Gott scheint darauf zu bestehen, daß wir nicht der Mittelpunkt des Universums sind, daß er nichts dagegen hat, wenn es dort regnet, wo keine Menschen sind, daß er völlig zufrieden ist mit Orten, wo keine Menschen sind – eine radikale Abkehr von unseren tiefverwurzelten Vorstellungen.

Das Ende des Buchs Hiob enthält Schilderungen von Behemoth und Leviathan, zwei von Gott geschaffenen Wesen, denen er seinen Willen aufzwingt. »Siehe da den Behemoth«, ruft Gott, »er frißt Gras wie ein Ochse. Siehe, seine Kraft ist in seinen Lenden und sein Vermögen in den Sehnen seines Bauches. Sein Schwanz streckt sich wie eine Zeder... Seine Knochen sind wie eherne Röhren, seine Gebeine sind wie eiserne Stäbe. Siehe, er schluckt in sich den Strom und achtet's nicht groß; läßt sich dünken, er wolle den Jordan mit seinem Munde ausschöpfen. Fängt man ihn wohl vor seinen Augen und durchbohrt ihm mit Stricken seine Nase?« Die Antwort fällt offensichtlich verneinend aus; die Botschaft, die nicht unmittelbar auf Hiobs Klage eingeht, lautet, daß wir nicht alles von unserer eigenen Warte aus beurteilen sollen, daß die Natur nicht dazu da ist, von uns unterjocht zu werden.

Einige haben diese Botschaft vernommen, wenngleich der Großteil der westlichen Welt weiter seinen hochmütigen Weg gegangen ist. Von allen christlichen Heiligen ist keiner beliebter als Franziskus von Assisi. Wir alle sehen ihn vor unserem geistigen Auge, meist als einen Mann in brauner Kutte, auf dessen Armen und Schultern Vögel sitzen. Diese beschützende

Haltung war nicht ganz neu, denn zumindest während der ersten fünf Jahrhunderte des Christentums war das vorherrschende christliche Symbol Christus als guter Hirte und nicht Christus als Gekreuzigter. Und zweifellos hatte der heilige Franziskus von der Bedeutung der Natur noch ein anderes Verständnis als wir – weil zur Taufe Wasser verwendet wurde, so heißt es, bemühte sich Franziskus von Assisi, nicht dorthin zu treten, wo er sein Waschwasser ausgeschüttet hatte. Sein Grundgedanke war freilich weniger bizarr: So wie Gott seinen Sohn auf die Erde geschickt hatte, damit dieser in menschlicher Gestalt Zeugnis von ihm ablege, so verkörperte er sich auch in Vögeln und Blumen, Flüssen und Kieselsteinen, in Sonne und Mond und der sanften Luft. Wenn er eine kleine Ente in der Hand hielt, schrieb Bonaventura, geriet Franziskus in religiöse Ekstase: »In den makellosen Dingen sah er IHN, den Makellosesten von allen.«

Die wilde Natur war also eine Möglichkeit, Gott zu erkennen und über ihn zu sprechen – sogar, wie im Buch Hiob, eine Möglichkeit für Gott, über sich selbst etwas auszusagen. Wie hätte es auch anders sein können? Was sonst ist oder war jenseits aller menschlichen Reichweite? In welcher anderen Sphäre hätte ein Gott frei walten können? Es ist kein Zufall, daß jedes zweite Lied im Gesangbuch das Bild einer unberührten Außenwelt heraufbeschwört. »Freude trinken alle Wesen an den Brüsten der Natur«, heißt es in der von Beethoven vertonten Ode Schillers »An die Freude«. Die Bilder vom Hirten und seinen Schafen, von Fruchtbarkeit und Ernte und die übrigen geläufigen Motive der Bibel sind mehr als nur Metaphern; sie sind zugleich die uralte Wirklichkeit der Erde, jenes Ortes, wo die Menschen Leben und Sinn allein in der sie umgebenden Natur finden konnten.

Was bedeutet nun das Ende der Natur, wie wir sie kannten, für unser Verständnis von Gott und dem Menschen? Es sei noch einmal daran erinnert, daß das Ende der Natur kein unpersönliches Ereignis wie etwa ein Erdbeben ist. Es ist etwas, was wir Menschen durch eine Kette bewußter und unbewußter Entscheidungen herbeigeführt haben: Wir haben der natürlichen Atmosphäre ein Ende bereitet und damit dem Klima und den natürlichen Grenzen der Wälder und so fort. Und dabei haben wir eine Macht demonstriert, die in früheren Zeiten als göttlich galt (und das tun wir auch, wenn wir genetische Eingriffe vornehmen).

Es hat sich herausgestellt, daß wir als Gattung stärker sind, als wir gedacht haben – viel stärker. In gewisser Hinsicht erweisen wir uns als Gott ebenbürtig – zumindest als Gottes Rivalen –, fähig, die Schöpfung zu zerstören. Dieser Gedanke hat sich selbstverständlich schon seit längerem etabliert. »Wir waren immer weniger in der Lage, uns innerhalb der Schöpfung als klein anzusehen, einerseits, weil wir glaubten, wir könnten sie statistisch erfassen, andererseits, weil wir selbst zu Schöpfern einer mechanischen Schöpfung wurden, durch die wir uns beträchtlich größer fühlten«, schreibt der Essayist Wendell Berry. »Warum soll man auf einem Berg in Begeisterung ausbrechen, wenn man vom Dachgeschoß eines Hochhauses fast ebenso weit, von einem Flugzeug aus noch weiter und von einer Raumkapsel aus ganz besonders weit blicken kann?« Und unsere Atomwaffen schufen für den Menschen offensichtlich die *Möglichkeit*, gottähnliche Macht auszuüben.

Aber eine solche Möglichkeit ist etwas anderes als eine vollendete Tatsache. Heute sieht es so aus, als hätten wir die Konsequenzen des Einsatzes von Kernwaffen erkannt und würden beginnen, uns von ihnen zu trennen – ein beispielloser Akt der Selbstbeschränkung. Bei unseren folgenreichen Eingriffen in die Natur haben wir allerdings keine derartige Bescheidenheit walten lassen. Und das hat ähnliche Konsequenzen, wie wenn man seine Eltern herausfordert und nicht zurechtgewiesen wird: Es erschüttert das Identitätsgefühl. Barry Lopez berichtet, daß die Yup'ik-Eskimo uns Menschen aus dem Westen »mit einer Mischung aus Ungläubigkeit und Besorgnis [als] ›die Menschen, die die Natur verändern‹« bezeichnen. Solange es sich um vergleichsweise geringfügige Eingriffe in das Vorgefundene handelt – etwa den Bau eines Damms über einen Fluß –, wirft dies kaum philosophische Probleme auf. (Das kann dennoch dann der Fall sein, wenn der Fluß ein landschaftlich reizvolles Tal durchfließt, aber dabei handelt es sich nicht um elementare Probleme.) Wenn Veränderung der Natur jedoch bedeutet, daß alles verändert wird, dann haben wir eine Krise geschaffen. Wir tragen nun die Verantwortung, ob uns das gefällt oder nicht. Als Gattung sind wir wie Götter – die ganze Erde ist in unserer Macht.

Und Gott hat uns nicht Einhalt geboten. Auf die Frage, warum das so ist – sofern so etwas wie Gott existiert, das Ewige, das Göttliche –, gibt es mehrere Antworten. Gott billigt ganz und gar, was wir getan haben; es ist unsere Bestimmung.

Oder Gott billigt es nicht, ist jedoch außerstande einzugreifen, weil er schwach ist oder weil er uns aus freiem Willen geschaffen hat. Oder Gott ist desinteressiert oder abwesend oder tot. Vor allem die letzte Vorstellung ist kein neuer Gedanke. Schon Nietzsche hatte gesagt, Gott sei tot, und spätestens nach Auschwitz stimmten ihm viele darin zu. Auschwitz und das, was ich als das Ende der Natur bezeichne, sind nicht vergleichbar: Das letztere ist eine Idee, so wie die Idee von der geschlossenen Siedlungsgrenze in den USA gegen Ende des 19. Jahrhunderts und – zumindest vorläufig – von geringerer physikalischer Realität als jene. Aber sie kann unseren Glauben erschüttern. Für viele, deren Glauben im Bündnis Gottes mit dem Volke Israel gründete, in seinem Versprechen, es zu schützen, haben die Vernichtungslager diese Überzeugung zerstört oder umwälzend verändert. Für manche jüdischen Denker, schrieb der Theologe Marc Ellis, »stellt die Massenvernichtung die Auflösung der Beziehung zwischen Gott und Einzelperson, Gott und Gemeinde, Gott und Kultur dar. Die Lehre aus dem Holocaust ist die, daß die Menschheit allein ist und daß das Leben keinen Sinn außerhalb der menschlichen Solidarität hat«. (Und auch die menschliche Solidarität wurde natürlich durch die Gaskammern der Nazis irreversibel in Frage gestellt.) In ähnlicher Weise stellt sich für diejenigen, die Gott in der Natur erkennen – die beispielsweise im Frühling ein Zeichen seiner Existenz und einen Hinweis auf seine Bedeutung sehen –, die Frage, was es bedeutet, daß wir den alten Frühling zerstört und durch einen neuen nach unseren eigenen Maßgaben ersetzt haben. Warum hat er uns nicht Einhalt geboten? Warum hat er das zugelassen?

Vielleicht geschieht dies alles nur zu unserem Besten, ist es ein Bruch mit einer urzeitlichen Vergangenheit. Aber es scheint eine unendliche Traurigkeit zu hinterlassen. Und es scheint sich im Kreis zu bewegen, im Gegensatz zu Auschwitz, dessen Lehren möglicherweise, möglicherweise die Chancen erhöht haben, daß der Mensch nicht mehr so gedankenlos dahinlebt. Wie sollten wir in irgendeiner Hinsicht bescheiden sein, wenn wir uns zu Schöpfern aufgeschwungen haben? Thoreau beobachtete einmal mitten im Wald »ein Insekt, das zwischen den Fichtennadeln auf dem Waldboden herumkrabbelte und sich bemühte, sich vor meinen Augen zu verbergen«. Es erinnerte ihn (der nicht gerade ein Ausbund an Bescheidenheit war) an »den größeren Wohltäter und das Höhere Geistige

Wesen, das über mir, dem menschlichen Insekt, steht«. Aber was steht über uns?

Die Religion ist noch nicht am Ende – noch lange nicht. Wahrscheinlich steht uns eine Lawine apokalyptischer und fanatischer Glaubensvorstellungen bevor. Aber eine bestimmte Weise, an Gott zu denken – eine bestimmte Sprache, um das Unbeschreibliche zu beschreiben –, wird verschwinden. Der strenge Gott von Muirs Vater sprach beständig von Sünde und Verdammnis und in lautem, zornigem Ton. Der Gott Muirs sprach zu ihm im Rauschen des Wassers zwischen den Felsen und im Schrei der Eichelhäher, die sein Lager umkreisten. Es waren verschiedene Götter. »Wenn wir eine wunderbare Vorstellung vom göttlichen Wesen haben, so deshalb, weil wir inmitten einer so ehrfurchtgebietenden Herrlichkeit leben«, schrieb der Religionswissenschaftler Thomas Berry. »Lebten wir auf dem Mond, so würden unser Denken und Fühlen, unsere Sprache, unsere Phantasie, unsere Vorstellung vom Göttlichen allesamt die Ödnis der Landschaft auf dem Mond widerspiegeln.«

Doch selbst wenn es uns gelingen sollte, die physikalischen Auswirkungen unseres Handelns zu beherrschen – wenn wir schließlich aus dem gesamten Planeten einen Park mit herrlicher Landschaft gemacht hätten –, würde sich unser Bild vom Wesen des Göttlichen ändern. Es wird im besten Fall wie der Unterschied zwischen einer Wildnis und einem Zoo sein. Der Bronx-Zoo hat zwar eine lobenswerte Neuerung eingeführt und statt der Käfige ein weitläufiges Freigehege eingerichtet, aber auch wenn die Antilopen jetzt genügend Auslauf haben und die Zebras in Herden wandern können, hat der Betrachter doch niemals den Eindruck, sich im Busch und nicht in der Bronx zu befinden. Wir leben plötzlich in einer Art Kunstrasenwelt, und obwohl auch diese einen Gott haben kann, so kann er doch nicht mehr durch das Gras sprechen oder schweigen und uns lauschen lassen.

Seit Darwin hat für viele Menschen die »Wissenschaft« als Leitvorstellung den Platz »Gottes« eingenommen. Genauer gesagt, beide Begriffe wurden zu einem einzigen verworrenen Knäuel zusammengerollt. Bis zu einem gewissen Grad huldigten wir der gedankenlosen Anbetung einer Zukunft voller Wunder, und das hat uns letztlich in die Patsche geführt, in der wir heute sitzen. Vor ein paar Tagen habe ich ein Buch aus den fünfziger Jahren durchgeschmökert, das der namhafte Astronom Harlow Shapley herausgegeben hat: *A Treasury of Science*. Es enthält das naturwissenschaftliche Wissen der Jahrhunderte in kleinen Abhandlungen und geht bis auf Hippokrates zurück. Es enthält aber auch das geballte Denken unserer Zeit in Form eines dreizehnseitigen Aufsatzes von einem gewissen Roger Adams mit dem Titel »Die synthetische Zukunft des Menschen«, in dem die Wunder des kommenden Zeitalters prophezeit werden. Laut Adams werden die Chemiker die Naturprodukte durch »neue, bessere und billigere Verbindungen« ihrer eigenen Schöpfung ersetzen. »Ein Vertreter der Wollindustrie hat vor kurzem behauptet, eine Nachfrage nach echtem Wolltuch werde es immer geben«, spottet der Autor. »Eine solche Äußerung kann nur von jemandem kommen, der mit den Möglichkeiten der chemischen Forschung gänzlich unvertraut ist.« Ähnlich steht es Adams zufolge mit dem Leder: »Mit dauerhaften, feuchtigkeitsbeständigen Kunststoffen läßt sich das Problem des synthetischen Oberleders bei Schuhen lösen.« Und so geht es immer weiter, von den Wundern des DDT bis zu den hochgeschraubten Hoffnungen auf chemische Substanzen, die »effektiv das Fingergras zwischen dem Viehgras abtöten können«, und hundert weiteren solcher Wunderwerke. »Heutzutage ist das Leben mechanisiert, elektrifiziert, reich und mühelos, weil wir uns im Knopfdruck-Zeitalter befinden«, lautet sein abschließendes Urteil. »In der Zukunft werden die Menschen noch effizienter Landwirtschaft und Fischfang betreiben, die notwendigen Mineralien aus dem Meer beziehen, ihre Kleidung aus Kohle- und Erdölprodukten anfertigen ... all ihre Krankheiten durch eine Vielzahl von Arzneimitteln und Medikamenten heilen; sie werden bis in ihr hundertstes Jahr hinein glücklich, gesund und ausgelassen leben, und möglicherweise werden sie im Stadion interplanetarischen Fußballturnieren beiwohnen.«

Nicht jeder, der sich von den Naturwissenschaften faszinieren ließ, war ein so zungenfertiger Nylonanbeter. Ein typisches Beispiel für eine bestimmte Schule war Donald Culross Peattie, ein naturwissenschaftlicher Sachbuchautor, der in den Jahren vor und nach dem Zweiten Weltkrieg einen Namen hatte. (Obgleich seine Bücher heute weitgehend in Vergessenheit geraten sind, wurde eines von ihnen, *An Almanac of Moderns*, von einem US-amerikanischen Buchklub als jenes zwischen 1937 und 1940 geschriebene amerikanische Buch ausgewählt, das »die größten Aussichten hat, ein Klassiker zu werden«.) Auch Peattie erweist sich als glühender Verfechter eines naturwissenschaftlichen Optimismus: »Welche ist die Kraft, die Disziplin, die Bruderschaft, die durch ein Gelöbnis auf die Entdeckung der unbestechlichen Wahrheit verpflichtet ist, die jeden Schritt beweist, ihre Ergebnisse stets aufs neue zu bestätigen sucht und jeden liebgewordenen Lehrsatz aufgibt, sobald er nicht mehr standhält?« fragt er. »Wer hat alle Wunder der Neuzeit bewirkt, wer hat das Mitleid den Leidenden gegenüber mit dem Sinn fürs Praktische verbunden, die Menschen vom Aberglauben befreit, Verfolgung und Märtyrertum erduldet und kennt dennoch keine Furcht?« Wer anders kann das sein als die Naturwissenschaft. Wissenschaft ist jedoch nur eine Methode zur Entdeckung von Wahrheit; es kommt auf die Wahrheit an. Und im Fall Peatties und vieler anderer war die Wahrheit, die zutage trat, die Natur.

Peattie lebte zu einer Zeit, als sich die ersten Ansätze eines ökologischen Denkens bemerkbar machten, und er fand viel Tröstliches und Beruhigendes in den sich wiederholenden Mustern der Natur, in den beständigen Elementen des Periodischen Systems, aus denen die Erde und die Sterne bestehen. »Wenn ich mit »höchste Autorität« eine Ordnung in der Natur bezeichnen darf, die der Mensch nachvollziehen und achten kann, dann war diese Autorität, diese Ordnung schon immer da. Letztlich ist es die Natur selbst, wie sie von der Wissenschaft enthüllt wird.« Biologen, Astronomen und Physiker »als diejenigen mit den tiefsten Einblicken« waren die »gefestigtesten und gelassensten« Menschen, denen Peattie begegnet war, weil sie erkannt hatten, daß »die unveränderliche Ordnung der Natur auf unserer Seite steht. Sie steht auf der Seite des Lebens«.

Die Hoffnung, die Wissenschaft könnte als Möglichkeit des Menschen, der Welt zu begegnen, an die Stelle der Religion treten, war also tatsächlich die Hoffnung, daß »Gott« als eine Quelle der Inspiration und der Erkenntnis durch »Natur« ersetzt werden könnte. Harmonie, Dauer, Ordnung und eine Vorstellung von unserem Platz in dieser Ordnung – die Wissenschaftler forschten nach all dem ebenso begierig wie Hiob und hielten dabei fortwährend den Blick auf das »Gewebe des Lebens« und den großen Zyklus des »Stirb und werde!« gerichtet. Doch die Natur erwies sich als verwundbar: Der Mensch konnte sie auf den Kopf stellen, so daß sie nicht länger »unveränderlich« und »auf der Seite des Lebens« war. Die Atombombe hatte das bewiesen, die Kombination einiger Elemente auf neuartige und interessante Weise, die es erlaubte, fast alles Leben auf der Erde auszulöschen. Die nützliche ökologische Einsicht, daß es in Peatties Worten »sogar segensreich ist, daß wir sterben, da der Tod ein natürlicher Bestandteil des Lebens ist«, galt fraglos nicht für die atomare Vernichtung, und sie gilt wohl auch nicht für den Tod in einer Welt, deren natürliche Zyklen gravierend verändert sind. Was ist »ein natürlicher Bestandteil des Lebens« in einer unnatürlichen Welt? Wenn der Wechsel der Jahreszeiten nicht mehr unvermeidlich ist, wie können wir dann die Unvermeidlichkeit oder gar Schönheit des Todes akzeptieren?

Wissenschaftler mögen einwenden, daß noch immer die Naturgesetze gelten – daß selbst die chemischen Reaktionen, durch die die Ozonhülle der Erde abgebaut oder die von der Erde abgestrahlte Wärme absorbiert wird, beweisen, daß die Natur noch immer unser Herr und Meister ist. Und manche Physiker haben immer wieder erklärt, sie sähen Gott in den Zwischenräumen des Atoms, in den Geheimnissen der Quantentheorie oder – wie Robert Wright in seinem Buch *Three Scientists and Their Gods* – in DNS-Ketten. Aber für alle, die nicht zu den wenigen zählen, die von dieser Sache wirklich etwas verstehen, ist dies kein echter Trost und zudem Trost aus zweiter Hand, eine Art esoterisches Geheimwissen. Wir beziehen unsere Erkenntnisse aus dem, was wir sehen, fühlen und hören können. Die Natur, die wir meinen, ist nicht das Wirbeln von Elektronen, Quarks und Neutrinos, an dem sich nichts ändern wird, es sind nicht die ausgedehnten und fremden Welten, Kraterlandschaften und Wirbelströme, die die Wissenschaftler mit ihren Teleskopen entdecken können. Die Natur, die wir meinen, ist die Temperatur und der Regen, es sind die sich verfärbenden Blätter der Ahornbäume und die Waschbären hinter dem Mülleimer.

Wir können uns nicht mehr an die Vorstellung klammern, Teil von etwas zu sein, was größer ist als wir – darauf läuft es hinaus. Das war einmal. Als wir nur einige hundert Millionen oder auch ein bis zwei Milliarden Menschen auf der Erde waren und die Erdatmosphäre noch ihre ursprüngliche Zusammensetzung aufwies, da hätten selbst Darwins Offenbarungen unser Gefühl, der Schöpfung anzugehören, und unser Staunen über die Herrlichkeit und den Reichtum dieser Schöpfung nur festigen können. Damals war es vorstellbar, daß etwas Größeres als

wir – der Gott des heiligen Franziskus, Thoreaus Wohltäter
und Höheres Geistiges Wesen, Peatties höchste Autorität –
über uns herrschte. Wir waren den Bären vergleichbar – wir
schliefen weniger, machten bessere Werkzeuge, brauchten länger, um unsere Jungen aufzuziehen, aber wir lebten in einer
Welt, die für uns wie geschaffen war, von Gott oder von der
Physik, Chemie oder Biologie, so wie die Bären in einer Welt
leben, die für sie wie geschaffen ist. Doch jetzt machen *wir*
diese Welt, beeinflussen *wir* jeden ihrer Abläufe (von wenigen
Ausnahmen abgesehen wie dem Wechsel von Tag und Nacht,
der Rotation und Umlaufbahn unseres Planeten, den elementarsten geologischen und tektonischen Prozessen).

Als Folge dieser Entwicklung sind wir heute allein. Bären
gehören inzwischen einer völlig anderen Wesensordnung an,
sie sind Geschöpfe in unserem Zoo, und sie können nur noch
darauf hoffen, daß wir für sie eine Möglichkeit finden, auf
unserem aufgeheizten neuen Planeten zu überleben. Bei unserer Domestizierung der Erde, so miserabel sie ausgefallen ist,
haben wir auch alles Leben auf ihr domestiziert. Bären sind
heute mehr oder weniger dasselbe wie Haustiere. Und es ist
niemand über uns. Gott, der auf die vielfältigste Weise walten
mag oder auch nicht, regiert nicht mehr über die Erde. Wenn er
uns wie einst Hiob fragen wollte: »Wer hat das Meer mit Türen
verschlossen?« oder »Wer hat dem Platzregen seinen Lauf aus-
geteilt?«, können wir jetzt antworten, daß wir es sind. Unsere
Handlungen entscheiden über die Höhe des Meeresspiegels
und ändern Lauf und Bestimmung eines jeden Regentropfens,
der zur Erde fällt. Das ist wohl der Sieg, auf den wir zumindest seit der Vertreibung aus dem Paradiese hingearbeitet
haben – die Herrschaft, von der einige immer geträumt haben.
Aber es ist unübersehbar die Geschichte von König Midas –
die Macht sieht anders aus, als wir sie uns vorgestellt haben.
Sie ist eine rohe und geistlose, keine schöpferische Macht.
Wir sitzen breitbeinig auf der Welt wie ein Militärdiktator,
wie ein besonders unappetitlicher Papa Doc – wir sind zwar in
der Lage, höchst wirkungsvoll Gewalt auszuüben und alles zu
zerstören, was gut und wertvoll ist, aber nicht fähig, Macht zu
einem sinnvollen Zweck auszuüben. Und mit unserer Gewalt
bedrohen wir uns selbst. Das interplanetarische Fußballturnier können wir vergessen; »die synthetische Zukunft des
Menschen« sieht eher so aus, daß er sich wegen der drohenden Hautkrebsgefahr nicht mehr aus dem Haus wagt.

Doch Hautkrebs, steigender Meeresspiegel und andere Auswirkungen liegen noch in der Zukunft. Vorläufig wollen wir uns fragen, was wir empfinden, wenn wir auf einem Planeten leben, wo die Natur keine Natur mehr ist. Wir sind traurig, aber worüber?

Zunächst wohl über den Scherbenhaufen, den wir angerichtet haben. Vielleicht mußte es soweit kommen: Der Mensch mit seiner neuen Macht war vielleicht nicht dazu bestimmt, für immer innerhalb der Beschränkungen der Natur zu leben. Vielleicht war es ein unvermeidliches Voranschreiten – der Mensch wuchs dazu heran, zuletzt stärker zu sein als seine Mutter, die Natur. Aber auch unvermeidliche Entwicklungen bewirken Kummer und Schmerz. Ehrgeiz und Weiterentwicklung entfernen uns von alten Formen des Trostes und der Beruhigung. Wir sind an den Gedanken gewöhnt, daß uns etwas umgibt, das größer ist als wir und das nicht unser Werk ist, daß es eine Welt des Menschen und eine Welt der Natur gibt. Und wir klammern uns an diese Vorstellung auch, weil sie es uns erleichtert, mit der Menschenwelt umzugehen. In einem seiner letzten Essays schreibt E. B. White: »Nachdem wir so viele Eingriffe in unser Leben vorgenommen und unsere Zukunft so sehr mit Wolken verhängt haben... läßt sich schwer vorhersagen, was geschehen wird.« »Aber«, so fährt er fort, »ich weiß jedenfalls eines, was geschehen *ist*: Die Weide drunten am Bach ist in ihr gelbes Kleid geschlüpft und verleiht zusammen mit dem verblaßten Rosa des Schneezauns der weiten Welt aus Grau und Weiß einen Farbtupfer. Ich weiß auch, daß es nicht mehr lange dauern wird, bis eines Abends in einem Teich, einem Graben oder an einem niedriggelegenen Ort ein Frosch erwacht und seine Stimme zu einem Lobgesang erhebt, in den andere mit einstimmen werden. Ich werde mich bedeutend besser fühlen, sobald ich die Frösche wieder höre.« Wahrscheinlich wird es weiterhin Frösche geben – möglicherweise sogar mehr Frösche als bisher –, aber sie werden keine Botschafter aus einer anderen Welt mehr sein, deren Beständigkeit und Regelmäßigkeit uns beruhigen kann, sondern aus einer Welt, die wir selbst gemacht haben, nicht anders, als wir Manhattan gemacht haben. Und obwohl Manhattan unstreitig seine Vorzüge hat, habe ich doch noch niemanden sagen hören, daß seine Geräusche ihm das Gefühl gäben, daß die Welt ein sicherer Ort und er selbst in ihr gut aufgehoben sei.

Wie auch immer – in meinen Augen war diese Trennung

nicht etwas Zwangsläufiges wie das genetisch programmierte Wachstum eines Kindes. Ich glaube, daß sie ein Fehler war; ich glaube, daß viele von uns dies bewußt oder unbewußt spüren und daß ein Teil der Trauer daher rührt. Viele haben dafür gekämpft, daß es nicht so weit kommt – auf lokaler Ebene, zugegeben, möglicherweise ohne genaue Vorstellung von dem, was auf dem Spiel stand, aber dennoch in der Erkenntnis, daß die Unabhängigkeit der Natur gefährlich bedroht war. Gegen Ende der sechziger Jahre bildete sich »Umweltbewußtsein«, und in den siebziger und achtziger Jahren wurden Fortschritte erzielt: In vielen Städten ging die Luftverschmutzung zurück, es wurden Naturschutzgebiete angelegt, und der tote Eriesee, dieses Symbol schlimmster Entwürdigung, wurde wieder zum Leben erweckt.

Wir empfinden Trauer über den Verlust von etwas, für das wir den Kampf gerade erst aufgenommen haben, und zusätzliche Trauer oder Scham, weil wir erkennen, wieviel mehr wir hätten tun können – eine Trauer, die in Selbsthaß übergeht. Wir alle in der ersten Welt haben seit einem halben Jahrhundert eine hemmungslose Verschwendung betrieben und uns eine Zeit des kaum glaublichen Wohllebens und der Sorglosigkeit beschert. Vielleicht verspürten wir eine schwache Ahnung davon, daß es tatsächlich Verschwendung war und über die Kräfte der Erde ging, aber abgesehen von Kleinigkeiten (biologisch abbaubare Waschmittel, kleinere Autos) haben wir nicht viel unternommen. Wir haben unser Leben nicht grundlegend geändert, um das alles zu verhindern. Unsere Trauer ist beinahe eine ästhetische Antwort, weil wir ein großartiges, wildes, unermeßliches Kunstwerk demoliert haben, weil wir auf eine vollkommen proportionierte Skulptur mit dem Hammer losgegangen sind.

Es gibt eine zweite emotionale Reaktion, ähnlich der Klage: »Was werde ich ohne ihn anfangen?«, wenn ein geliebter Mensch gestorben ist.

Im vergangenen Herbst habe ich eine Tageswanderung am Mill Creek von meinem Haus bis zu der Stelle gemacht, wo er von der Landstraße überquert wird. Auf der Straße ist es eine Entfernung von knapp fünfzehn Kilometern, aber Flüsse beschreiben ihren Weg weit umständlicher und folgen endlos sinnlosen, zeitraubenden und unwirtschaftlichen Schleifen und Kurven. Der Mill Creek ist da keine Ausnahme, und so konnte ich mir fast ein wenig wie ein Forscher vorkommen, wie ein kleiner Bob Marshall. In Wahrheit war es kein großes Abenteuer. Als es Zeit für einen Imbiß war, holte ich mir im Laden ein belegtes Brötchen mit Leberwurst, der Weg führte die meiste Zeit bergab, die Temperatur hielt sich gleichmäßig bei 13 Grad Celsius, und da die Jagdsaison erst eine Woche später eröffnet wurde, brauchte ich beim Gehen nicht laut zu singen. Aber ich hatte mir etwas Unvernünftiges vorgenommen – dem Bachlauf zu folgen – und brachte deshalb Stunden damit zu, durch überwuchertes Sumpfland zu stolpern, mich an drei Meter hohen jungen Bäumen und Lianen zu stoßen und sehr zerkratzt und müde in die tiefer gelegenen Waldregionen zu gelangen. Als Thoreau auf dem Mount Katahdin stand, sprach die Natur zu ihm:»Ich habe diesen Boden nicht für deine Füße gemacht, diese Luft nicht für deinen Atem und diese Felsen nicht als deine Nachbarn. Ich kann dich dort weder hätscheln noch bemitleiden, sondern dich nur unbarmherzig dorthin zurückschicken, wo ich mildtätig bin. Warum suchst du mich dort, wohin ich dich nicht gerufen habe, und warum beklagst du dich, daß ich stiefmütterlich zu dir bin?« So sprach die Natur auch zu mir am Mill Creek, oder sie sagte zumindest: »Geh nach Hause und sag deiner Frau, daß du nach Wevertown gewandert bist.« Ich hatte den Eindruck, ich hätte besser eine Machete oder einen Mann mit einer Machete mitgenommen. (Das Schlimmste an dem Kampf gegen ein derartiges Dickicht und Dorngestrüpp ist, daß es so anonym wirkt – graue Stämme, grüne Stengel mit rötlichen Dornen, die in keinem einzigen meiner zahlreichen Naturführer und Bestimmungsbücher aufgeführt sind.) Und obgleich ich am Morgen mit vier Paar trockener Socken aufgebrochen war, hatte sich bis zum Mittag keines davon in diesem angenehmen Zustand erhalten.

In Bodennähe herrschte zwar eine feuchte und gedämpfte Stimmung, aber der Himmel strahlte hellblau, Kaninchen schnellten aus ihrem Versteck, Fasanen flogen vor mir auf, und nach jeder Wegbiegung tauchte ein neues Geschenk auf: eine Quarzader, ein Bergrücken, dessen Ahornbäume ihre Blätter noch nicht verloren hatten, oder eine Fichte von über einem Meter Durchmesser, ringsherum halb von Bibern durchgenagt und anschließend aufgegeben – eine zwölf Meter hohe Skulptur. Es war Oktober, so daß es nicht einmal Insekten gab. Und auf Schritt und Tritt hörte ich das Plätschern des Bachs. Das Tal des Mill Creek war nicht gerade das Yosemite-Tal, aber seine kleinen Schönheiten sind ebenfalls fesselnd, und wie Muir auf seinem Berggipfel konnte man sagen: »Hier oben erscheinen alle Güter dieser Welt als nichtig.«

Und wie ist es, wenn man keine ursprüngliche Natur vor sich hat? Einer unserer Nachbarn hat auf dem Uferstreifen seines Grundstücks im Abstand von jeweils fünfzig Metern Küchenstühle aufgestellt, um bequemer angeln zu können. Auf einem verlassenen Gehöft erhebt sich über einem Fundament ein steinerner Kamin, in dessen Innerem eine anmutige Birke wächst. In der Nähe des einzigen wirklichen Wasserfalls legen rostige Rohre und Betonbrocken von der alten Mühle Zeugnis ab, die hier einmal in Betrieb war. Doch das sind keine beunruhigenden Anblicke – sie sind beinahe tröstlich, weil sie daran erinnern, daß die Natur sich behauptet und überlebt und so manches vom Menschen usurpierte Territorium würdevoll zurückerobert. (Etwa eine Meile vom Bach entfernt gibt es eine Mine, wo vor anderthalb Jahrhunderten ein Phantast Farbstoff aus der Erde gewinnen und mit Maultieren und Schlitten abtransportieren wollte. Ein Grubenbrand konnte ihn nicht entmutigen, erst eine Lawine überzeugte ihn. Der Eingang ist heute kaum noch zu erkennen, aber auch sein Kamin steht noch, ein kleiner Angkor Wat des freien Unternehmertums.) Weite Flächen dieser Gegend wurden früher bewirtschaftet, aber die Vegetationszeit beträgt nicht viel mehr als hundert Tage im Jahr, und die durch diese höhere Gewalt auferlegten Beschränkungen erwiesen sich als stärker als die (energischen) Versuche einzelner Menschen, sie zu umgehen; so wurde aus dem Ackerland wieder Wald, und nur noch ein Haufen alter Flaschen oder ein Stück Steinmauer erinnern noch daran. (Im vergangenen Herbst entdeckten meine Frau und ich auf einer verlassenen Wiese immerhin noch eine Hopfenranke, die vor mindestens hundert Jahren angepflanzt worden war. Sie blühte noch immer, und aus den Blüten brauten wir Bier.) Der Anblick dieser Ruinen lädt zur Demut ein; sie erinnern uns an die Auseinandersetzungen mit der Natur, aus denen die Welt, wie wir sie kennen, hervorgegangen ist.

Während ich vor dem Wasserfall meine nassen Socken gegen feuchte wechselte, erinnerte ich mich an den vorletzten Frühling, als ungewöhnliche Schneemengen innerhalb von höchstens zwölf warmen Apriltagen geschmolzen waren. Der Mill Creek schwoll zu einem Fluß an, und mein Wasserfall, normalerweise ein dünner Schleier, verwandelte sich in einen Katarakt. Es erfüllte mich damals mit Ehrfurcht, dort auf dem erzitternden Boden zu stehen und mir zu sagen: »Das bringt die Natur fertig.«

Doch als ich diesmal dort saß und an den trockenen Sommer dachte, den wir gerade hinter uns hatten, war im Geräusch des Wassers nichts Ehrfurchtgebietendes, Lehrreiches oder auch nur Beruhigendes. Plötzlich wirkte er weniger wie ein Wasserfall, sondern eher wie der Überlauf eines Wasserspeichers. Das nahm ihm zwar nichts von seiner Schönheit, aber es änderte seine Bedeutung. Es hat bereits begonnen zu regnen und zu schneien, oder es wird bald beginnen, wenn die besondere Mixtur von Gasen, die wir in die Atmosphäre abgegeben haben, zu Regen oder Schnee wird – wenn sie die Temperaturen über einem tropischen Meer stark genug steigen läßt, daß dort eine Wolke aufsteigt und ihren Weg hierher nimmt. In einer Hinsicht hatte ich diesen Vorgang so wenig unter Kontrolle wie eh und je. Dennoch fühlte ich mich anders und einsamer. Der Regen, der bisher eine unabhängige und geheimnisvolle Existenz geführt hatte, dieser Regen war das Nebenprodukt menschlicher Aktivitäten geworden: ein Phänomen wie Smog oder Handelsaustausch oder das Geräusch eines Schleppers, der Baumstämme hinter sich herschleift – allesamt Vorgänge, über die ich ebenfalls keine Kontrolle hatte. Der Regen trug ein Brandzeichen, er war ein Haustier, kein Wild. Und genau daher kam das Gefühl der Einsamkeit. Es gibt nichts außer uns. Eine Natur gibt es nicht mehr – jene andere Welt, die nichts mit Geschäften, Kunst oder Frühstücken zu tun hat, ist hinfort keine andere Welt mehr, und es gibt nichts als uns allein.

Aber während ich mich einsam fühlte, hatte ich zugleich das Gefühl, inmitten einer Menge und ohne Privatsphäre zu sein. Wir gehen unter anderem in den Wald, weil wir allein sein wollen. Doch jetzt gibt es nichts anderes mehr als uns, und deshalb kann man anderen Menschen nicht mehr entrinnen. Auf meiner Wanderung durch den Herbstwald sah ich eine Menge kranker Bäume. Bei den Koniferen vermutete ich sauren Regen als Ursache. (Ich kann mir wenigstens noch den Luxus leisten, Vermutungen anzustellen; an allzu vielen Orten *weiß* man es genau.) Und wer wanderte mit mir durch die Wälder? Nun, unter anderen die Direktoren der Kraftwerke im Mittleren Westen, die immer wieder erklärten, warum sie zur Stromerzeugung Kohle verbrennen mußten (billiger, Verantwortung als Treuhänder, keine *Beweise*, daß dadurch Bäume sterben), und dann die Kongreßabgeordneten, die sich nicht dazu durchringen konnten, etwas zu unternehmen (persönlich dafür, aber Politik ist die Kunst des Kompromisses, haben vollauf mit dem Kampf gegen die Drogen zu tun), und nach kurzer Zeit hatte sich die gesamte menschliche Spezies eingefunden, um mir ihre Vorlieben zu erläutern. Wir fahren gern Auto, sagten sie, ohne Klimaanlagen geht's nun einmal nicht, laß uns zum Einkaufszentrum fahren. An diesem Punkt waren die Wälder ganz schön dicht bevölkert. Als ich zu fliehen versuchte, glitt ich auf einem Felsbrocken aus, und schon war ich wieder in der Menge. Natürlich war die Person, vor der ich am meisten davonzulaufen versuchte, ich selbst, denn ich fahre gern Auto (einmal bin ich in einem Jahr 55000 Kilometer gefahren), und nächste Woche will ich eine eingestürzte Scheune hinter dem Haus abbrennen, weil es die bei weitem billigste Art ist, das Ding abzureißen, und ich verbrauche das Vierhundertfache dessen, was – wie Thoreau schlüssig bewiesen hat – ausreichend wäre, und somit habe ich das Meine dazu beigetragen, diese unabhängige, ewige Welt in ein wissenschaftsgerechtes Projekt zu verwandeln (und nicht einmal in ein gutes, sondern in ein schwachsinniges, so, wie wenn man Gift in einen Ameisenhaufen pumpt, um anschließend »die Wirkung zu beobachten«).

Die Wanderung den Mill Creek oder einen anderen Bachlauf entlang, über einen Berg oder durch einen Wald ist für immer verändert – genauso verändert wie damals, als sie erstmals statt durch ursprüngliche und weglose Wildnis durch vermessenes, ins Grundbuch eingetragenes und kultiviertes Land führte. In unserem Einkaufszentrum – und nicht nur dort – gibt es inzwischen einen Klub von Leuten, die jeden Tag »mall walking« machen. In Scharen wandern sie durch die Einkaufspassagen – von Caldor zu Sears und von dort zu J. C. Penny, Runde um Runde mit gelegentlichen Unterbrechungen, um einen Einkauf zu tätigen. Heute erscheint mir das weniger absurd als zu Anfang. Ich wandere gern im Freien, nicht nur, weil dort die Luft besser ist, sondern weil man sich in eine Sphäre begibt, die mehr umfaßt. Beim »mall walking« machen zu viele andere Leute mit, und man sieht zu viele Dinge, die vom Menschen produziert wurden, so daß es für mich nicht mehr sein kann als eine gutgemeinte Übung. Doch heute erinnert mich die Sonnenwärme im Freien auf meinen Schultern daran, daß der Mensch die Ozonhülle zerrissen hat, daß dank unseres Tuns die Erdatmosphäre inzwischen Wärme absorbiert, die sie früher zurückgestrahlt hat.

»Treibhauseffekt« – diese Bezeichnung ist weit passender, als es sich ihre Urheber hätten träumen lassen. Kohlendioxid und Spurengase wirken wie die Glasscheiben eines Treibhauses – die Analogie ist zutreffend. Aber sie stimmt in einem weiteren Sinn: Wir haben ein Treibhaus gebaut, *ein Werk des Menschen*, wo einstmals ein lieblicher, wilder Garten blühte.

TEIL II :
DIE NAHE ZUKUNFT

Ein gebrochenes Versprechen

Ein Hurrikan bezieht seine Gewalt aus der Wärme, die an die Atmosphäre abgegeben wird, wenn Meerwasser verdunstet. Je wärmer das Wasser an der Meeresoberfläche ist und je tiefer die warme Wasserschicht reicht, desto stärker der Hurrikan. Wenn sich bereits wenige Meter unter der Wasseroberfläche eine Kaltwasserzone befindet, wirbeln die Orkanwinde dieses kalte Wasser bald nach oben, und der Sturm bremst sich selbst. Reicht das warme Wasser hingegen tief hinunter – und in tropischen Gewässern kann es sich in eine Tiefe von hundertfünfzig Metern und mehr erstrecken –, dann erhält der Hurrikan ungeheure Kräfte. Unter den derzeitigen Bedingungen – tropische Meerestemperaturen von rund 27 Grad Celsius – erreichte der Hurrikan Gilbert, der sich im Herbst 1988 vor den Windward-Inseln bildete, die von Professor Kerry Emanuel vom Massachusetts Institute of Technology angenommene oberste Intensitätsgrenze für Orkane. Der atmosphärische Druck in seinem Innern fiel auf etwa 885 Millibar, und seine Winde erreichten eine Spitzengeschwindigkeit von 320 Stundenkilometern. Schlimmer kann es nicht mehr kommen – unter den derzeitigen Bedingungen.

Jetzt machen wir einen Sprung in die Zukunft. Nehmen wir an, die Temperatur an der Erdoberfläche nimmt zu und damit auch die der Weltmeere. Ein Temperaturanstieg von ein bis zwei Grad Celsius in den Oberflächenwassern der Tropenmeere würde bedeuten, daß auch die größtmögliche Stärke von Orkanen anwächst. Im Zentrum dieser noch wärmeren Stürme kann der atmosphärische Druck auf 800 Millibar fallen; als Folge davon kann das zerstörerische Potential dieser Superorkane um vierzig bis fünfzig Prozent zunehmen – ein Gilbert von anderthalbfacher Zerstörungskraft.

103

Wir haben die Natur abgewürgt – jene von uns unabhängige Welt, die vor uns da war und die unsere menschliche Gesellschaft umgeben und erhalten hat. Dennoch gibt es da draußen noch immer etwas; an Stelle der alten entsteht eine neue »Natur« nach unserem eigenen Zuschnitt. Sie gleicht insofern der alten Natur, als sie ihr Ziel durch »natürliche« Prozesse im herkömmlichen Sinn erreicht (Regen, Wind, Wärme), ohne jedoch deren Tröstungen für uns bereitzuhalten – den Rückzug aus der Menschenwelt, das Gefühl der Beständigkeit oder gar der Ewigkeit. Statt dessen trägt jeder Liter Luft, jeder Quadratmeter Boden unauslöschlich unseren primitiven Stempel, unser X. In vielen Auseinandersetzungen mit dem Treibhauseffekt wird das Gewalttätige dieser umgepolten Natur betont – die sengenden Hitzewellen, die Dürre, die steigenden Meere, die unsere Straßen überschwemmen. Es ist einleuchtend, den Bruch mit der Natur mit einer unerquicklichen Ehescheidung zu vergleichen, nach der der betrunkene Ex-Ehemann in der Wohnung seiner geschiedenen Frau auftaucht und mit einem Revolver herumfuchtelt. Andererseits kann die neue Natur ebensogut länger dauernde Vegetationsperioden und mildere Winter aufweisen. Wir wissen es nicht, wir können es nicht wissen.

Daß die neue »Natur« unseren Stempel trägt, heißt nicht, daß wir sie beherrschen können. Sie muß nicht unbedingt grimmig ausfallen, aber sie *muß* gar nichts, und deshalb werden wir sehr lange brauchen, um unser Verhältnis zu ihr zu klären, sofern uns das überhaupt jemals gelingen wird. Das hervorstechende Merkmal dieser neuen Natur ist ihre Unberechenbarkeit, so wie das der alten Natur ihre Zuverlässigkeit war. Das klingt vielleicht merkwürdig, da wir uns daran gewöhnt haben, natürliche Vorgänge wie Regen oder Sonnenschein als launenhaft und als schwer prognostizierbar zu betrachten. Auf kurze Sicht und im Hinblick auf eng begrenzte Regionen sind sie das auch; die Wetteransager sind in ihren Prognosen nicht zuverlässiger als die Sportreporter. Aber in größeren Maßstäben war die Natur sehr beständig, und im Weltmaßstab war sie Musterbeispiel der Zuverlässigkeit – »so sicher, wie der Sommer auf den Frühling folgt«, heißt es im Volksmund.

In der Gegend, in der ich wohne, pflanzt man Tomaten am besten erst nach dem 10. Juni, und es wäre völlig unsinnig, sie vor dem 20. Mai zu pflanzen; der letzte Frost fällt fast unweigerlich in die drei Wochen dazwischen. Im Herbst zeigt sich der erste Frost in aller Regel Anfang September, und bereits Ende

September herrscht grimmige Kälte. Deshalb gibt es hier keine Bauernhöfe. Die ersten Siedler versuchten etwa eine Generation lang, in dieser Gegend Feldfrüchte anzubauen; dann gaben sie auf. Noch heute stößt man mitten im Wald, Kilometer von der nächsten Straße entfernt, auf ordentliche Steinmauern. Und anderswo ist es genauso; fast alle Besiedlungszeugnisse beweisen die Zuverlässigkeit der Natur. Jahraus, jahrein tritt der Nil im Spätsommer über seine Ufer (zumindest tat er es bis zum Bau des Assuandamms). Ein Pilot weiß, wie die Luft auf der Flugroute beschaffen ist – daß etwa eine tropische Luftmasse im Sommer über dem Südosten Amerikas Stürme bildet.

Selbst extreme Wetterereignisse waren bisher weitgehend prognostizierbar. Mary Austin hat in einem ihrer ausgezeichneten Essays über die nordamerikanische Wüste geschrieben, daß Stürme »Gewohnheiten haben, die man lernen kann, feste Wege, Jahreszeiten und Alarmzeichen, und sie lassen keinen Zweifel zu. Wer sein Haus auf einer Klippe oder auf dem Geröll eines steilen Abhangs errichtet, muß die Folgen selbst tragen«. Statiker berechnen jedes Dach und jede Mauer auf ihre Standfestigkeit gegenüber einem »Sturm, wie er alle hundert Jahre einmal vorkommt«. Jeder Städtebauer, der eine Neubausiedlung an der Küste plant, jeder Versicherungsagent, der ein Schiff oder ein Flugzeug versichert, rechnet dabei bewußt auf die Zuverlässigkeit der Natur. Noch abhängiger sind diejenigen unter uns, die sich *unbewußt* auf das bisherige Verhalten der Natur verlassen. Der Bauer hat zweifellos schon immer nach Regen Ausschau gehalten, und immer wieder kam es vor, daß seine Saat verdorrte. Aber diejenigen von uns, die ihre Ernte im Lebensmittelsupermarkt einfahren, zweifeln überhaupt nicht daran, daß ausreichend Regen auf genügend Ackerland fällt, und bisher war das auch der Fall.

Diese Prognostizierbarkeit hat es den meisten Bewohnern der westlichen Hemisphäre erlaubt, sich über die Natur keine Gedanken mehr zu machen oder ihr eine neue Rolle zuzuschreiben – die einer Zuflucht vor den Sorgen der menschlichen Welt. In anderen Regionen war die Natur launenhafter und hielt den Regen ein, zwei Jahre lang ganz zurück, um das Land anschließend mit Sturzbächen zu überschwemmen. Dort machen sich die Menschen über das Wetter und die Natur mehr Gedanken als wir. Aber selbst in Bangladesh lebten die Menschen in dem Bewußtsein, daß die Natur in der Regel für ihren Unterhalt sorgte, nicht üppig, aber ausreichend.

Mit diesem unbewußten Vertrauen ahmen wir Tiere und Pflanzen nach. Loren Eiseley hat diesen Sachverhalt so ausgedrückt:»[Die] anorganische Welt kann in einer Art Chaos existieren und tut dies tatsächlich auch, aber das Leben – selbst in Gestalt einer Blume, einer Stechmücke oder eines Käfers – kann erst dann einsetzen, wenn es sich indirekt der Stabilität in der Natur vergewissert hat, so wie wir diese Stabilität in den Riffelspuren im Gestein, in den Regenspuren auf einem inzwischen trockenliegenden Strand oder im Auge eines seit Jahrmillionen versteinerten Trilobiten erkennen.« Die Biologen des 19. Jahrhunderts waren fasziniert von solchen Versteinerungen, schreibt Eiseley weiter,»ganz im Gegensatz zù Wespen oder Wandervögeln. Diese hatten einen alten Vertrag, ein altes Versprechen ... daß die Natur einigermaßen dauerhaft und beständig ist«. Und dieses Versprechen hat es dem Leben ermöglicht, sich selbst unter harten Bedingungen zu behaupten, weil auch sie weitgehend beständig waren. So schreibt Mary Austin über die Pfade in der Wüste, die zu den alten und zuverlässigen Quellen führen:»Die Wachteln, die sich in der Cerisowüste sammeln, sind die glücklichsten Besucher dieser Pfade. In breiter Flut ergießen sich die Schwärme in die Rinne in der charakteristischen weichen Bewegung vorwärtsdrängender Wachteln, die sich zwitschernd gegenseitig schubsen und mit den Schultern stoßen. Sie plumpsen in die Untiefen, trinken geziert, spritzen kleine Wasserfontänen über ihr dichtes Gefieder und verschwinden im Buschwerk, indem sie sich plustern und putzen und ein sanftes und zufriedenes Glucksen von sich geben.« Es gibt Veränderungen, sagt Eiseley, aber Veränderungen»im langsamen Tempo des anorganischen Lebens«, und die Jahreszeiten»kommen und gehen niemals mit übergroßer Plötzlichkeit«. Das ist»das Versprechen der Natur: eine Garantie, die vier Milliarden Jahre lang eingehalten wurde, daß nämlich das Universum eine sonderbare Rationalität und Berechenbarkeit aufweist«.

Dieses Versprechen ist seit langem gegenüber den Wandertauben gebrochen worden, gegenüber dem Lachs, der in den angestammten Flußläufen auf Staudämme stieß, und gegenüber dem Wanderfalken, dessen Eierschalen durch das DDT so dünn geworden waren, daß er sich nicht mehr fortpflanzen konnte. Doch jetzt ist es auch uns gegenüber gebrochen – die lebenslange Garantie der Natur ist abgelaufen.

Das Maß für Veränderungen ist von einem Jahrtausend auf ein Jahrzehnt geschrumpft; wir ändern das Klima, sagt Stephen

Schneider vom National Center for Atmospheric Research, zehn- bis sechzigmal schneller, als es sich in seinem natürlichen Rhythmus ändern würde. Die langfristigen Klimavorhersagen, die für bestimmte Städte erstellt wurden, sind seiner Meinung nach »ziemlich sinnlos«, denn die tatsächlichen Folgen einer allgemeinen Erderwärmung können ganz anders ausfallen, als wir vermuten – »besser« oder »schlechter«, aber auf jeden Fall *anders*. »Leider«, sagt Schneider, »können wir keine Messungen aus Erdzeitaltern konsultieren, zu denen der CO_2-Gehalt der Luft doppelt so hoch war wie jetzt, um das damalige Klima in Erfahrung zu bringen ... Statt dessen müssen wir Schätzungen anhand natürlicher Analoga großer klimatischer Veränderungen und anhand von Klimamodellen vornehmen.« Ein Analogon ist die Arktis, deren Klima von Biologen seit langem als »belastet« oder »unfallträchtig« bezeichnet wird, Katastrophen weniger gewachsen als gemäßigte oder tropische Klimazonen. In seinem Buch *Arktische Träume* schildert Barry Lopez ein Beispiel: »Als sich im Jahr 1973/74 durch einen frühen Wintersturm eine Lage Eis auf der Erdoberfläche bildete und an vielen Stellen der Hocharktis die Moschusochsen nicht mehr ans Futter kamen, gingen 48 Prozent der Herden auf der östlichen Melville-Insel zugrunde.« Es ist anzunehmen, daß unser Klima niemals so streng werden wird wie das, welches heute in der Hocharktis herrscht, aber das heißt nicht, daß es so mild bleiben wird wie das »natürliche« Wetter, an das wir gewöhnt sind.

Es kann sich durchaus herausstellen, daß wir aufgrund unserer genetischen Ausstattung nicht anpassungsfähiger sind als die Moschusochsen. »Heranstürmende große Tiere, herabstürzende Felsbrocken, schreiende Kinder und Feuersbrünste – so sahen die kurzfristigen Veränderungen aus, auf die unsere Vorfahren reagieren mußten«, schrieb der Bevölkerungsexperte Paul Ehrlich. »Aber die Welt des Jahres 276 824 vor Christus war weitgehend dieselbe wie im Jahr 276 804 vor Christus.« Doch selbst wenn unser Anpassungsvermögen sich als weitentwickelt erweisen sollte – und schließlich nehmen die Boat people auf ihrem Weg von Kambodscha nach Kanada weit gravierendere Klimaänderungen auf sich, als die Wissenschaftler für unsere Zukunft voraussagen –, wird die Belastung ständig anhalten, weil niemand wissen kann, was kommen wird. »Das einzig Gute an unserer gegenwärtigen Atmosphäre und an unserem Klima ist, daß wir sie gewohnt sind«, meinte vor einigen Jahren David Doniger vom National Resources Defense Council. »Das Leben und die Zivilisation sind an diese Umwelt angepaßt: Jede Änderung ist zwangsläufig ein gewaltsamer Eingriff.« Am schlimmsten wird es jene treffen, die bereits am Rande der Naturkatastrophe leben – etwa im Überschwemmungsgebiet von Ganges und Brahmaputra in Bangladesh. Aber sie wird sich zumindest auf das Bewußtsein eines jeden von uns auswirken. Wir sind nicht notwendig dazu verurteilt, eine Katastrophe zu erleiden, aber wir können uns nicht darauf verlassen, daß wir es nicht sind. Professor Emanuel macht darauf aufmerksam, daß eine globale Erwärmung der Erde nicht notwendig zu einem Aufheizen der tropischen Meere und zu einer erhöhten Zerstörungskraft von Orkanen führen muß, daß wir es aber genausowenig ausschließen können.

Diese Ungewißheit ist die erste und vielleicht die folgenreichste Katastrophe. Wenn wir uns nicht mehr darauf verlassen können, daß genug Schnee fällt, um unsere Trinkwasserspeicher zu füllen, oder befürchten müssen, daß die erhöhten Temperaturen zuviel Wasser in den Trinkwasserstauseen verdunsten lassen, dann hat der Wetterbericht plötzlich einen ganz neuen Stellenwert. An manchen Orten hat sich das bereits bemerkbar gemacht. Im Sommer 1988 litt die Stadt New York unter einer glühenden Hitzewelle, aber der nahe gelegene Atlantik brachte keine Kühlung, weil in seinen Wellen medizinische Abfälle herumschwappten. Statt der üblichen Strandmeldungen – Wassertemperaturen, überfüllte Parkplätze und so weiter – brachten die Zeitungen regelrechte Korrespondentenberichte wie diesen: »Die Strände an der Südostküste von Staten Island, einschließlich South und Midland Beach, die seit Mittwoch gesperrt sind, blieben auch gestern geschlossen. Nach offiziellen Angaben werden sie erst wieder freigegeben, wenn keine Injektionsspritzen mehr im Wasser schwimmen. Gestern wurden keine Blutabnahmefläschchen gefunden ... In New Jersey hoben Beamte der Monmouth County für den größten Teil der Asbury Park's Beaches ein fünftägiges Badeverbot auf, während Ocean Grove auch weiterhin gesperrt blieb. Tests von Wasserproben ergaben einen Rückgang des Anteils an Kolibakterien, aber noch immer fließt kontaminiertes Wasser nach Süden in Richtung Ocean Grove.« Auch für Leute, die nicht vor Staten Island im Meer baden wollten, hatten diese Berichte etwas Beängstigendes, und selbst jene, die im klimatisierten Taxi von ihrer klimatisierten Wohnung in ihr klimatisiertes Bürohochhaus fuhren, machten sich plötzlich Gedanken über die Hitze. Am Ende dieses Sommers berichtete die *Time* (nicht gerade ein Radaublatt), daß »auf dem Höhepunkt des üblichen Verdrusses über das tage- und wochenlang anhaltende feuchtwarme und diesige Wetter« die US-Amerikaner einen »kollektiven Tobsuchtsanfall« erlitten hätten. Diese »gereizte Stimmung«, in der die »feuchte, unbarmherzige Hitze zuweilen als Symptom eines allgemeinen ökologischen Zusammenbruchs erschien«, bezeichneten die Redakteure als »Ökophobie«. Die Menschen fragten sich, so schrieben sie, »bricht jetzt die große Katastrophe herein?«.

Die Gereiztheit kann nur noch zunehmen, denn es ist die natürliche Welt, die seit jeher unsere Vorstellung von Stabilität geprägt und uns die nötigen Gegengifte zur »schnellebigen«, »dynamischen« menschlichen Gesellschaft an die Hand gegeben hat. Die Kunst ist nichts Ewiges mehr, wenn sie es überhaupt jemals war; mit der Geschwindigkeit einer Taufliege wird sie von Impuls zu Impuls getrieben. Die Werkzeuge, die wir tagtäglich gebrauchen, sind uns nicht vertraut (ich schreibe das Manuskript zu diesem Buch auf einem Computer der »dritten Generation«, der mittlerweile hoffnungslos veraltet ist), und dasselbe gilt von unserer Nahrung (früher einmal waren zwei hartgekochte Eier ein »gesundes Frühstück«). Wir bleiben weder geographisch unbeweglich (ich bin in Kalifornien geboren und wuchs an der Ostküste der USA auf) noch in unserem Denken und Fühlen (ich wurde im Industriezeitalter geboren und lebe heute im Informationszeitalter). Selbst unsere Beziehungen zu anderen Menschen ändern sich – ich wurde vor der »sexuellen Revolution« geboren und trat in ihren Nachwehen ins Erwachsenenleben ein. Eine so weitgehende Freiheit und Gestaltungsmöglichkeit ist belastend. In den Worten des Essayisten Robert Finch wollen wir unsere Freiheit, »wie Kinder sie wollen und brauchen – innerhalb sicherer Grenzen«. Die Natur hat seit jeher die »tiefen, beständigen Rhythmen« geliefert, auch wenn wir in unserer turbogeladenen und strahlgetriebenen Arroganz zu der Überzeugung gelangt sind, daß wir auf die elementaren Pulsschläge der Erde verzichten könnten. Nach wie vor verlassen wir uns auf die »elementare Unversehrtheit und das Gleichmaß« der Erde und erwarten einen »sicheren und stabilen Kontext«, erklärt Finch, und ganz besonders verlassen wir uns auf die Jahreszeiten. »Die wiederkehrenden Zyklen des Jahres sind nicht einfach vergnügliche Erscheinungen, die wir nach Belieben zur

Kenntnis nehmen können, um uns daran zu erfreuen, sondern sichtbare Zeichen, daß der Kosmos noch intakt ist, daß wir in etwas aufgehoben sind, was größer und zuverlässiger ist als unsere kurzlebigen Begeisterungen. Deshalb ist es für uns wichtig zu wissen, daß Insekten überwintern, daß Schildkröten und Grasmücken sich auf die Wanderung begeben und wieder zurückkehren, daß die Flut zurückgeht, das Eis wieder schmilzt, die Erde sich wieder stärker der Sonne zuneigt und daß das Gras wiedererwacht.« Trotz unserer zahlreichen neuen Möglichkeiten, die Welt zu betrachten – genetisch, mikroskopisch, chemisch und so weiter –, sind wir noch immer fast dieselben Menschen, die Stonehenge bauten, um sich zu vergewissern, daß die Sonne tatsächlich jedes Jahr ihren Rückzug antritt, dieselben Menschen, die beim Anblick einer Sonnenfinsternis zitterten. Während ich dies niederschreibe, ist es Anfang Dezember. Gestern hatten wir endlich unseren ersten winterlichen Schneefall, und ich spürte, wie ich mich ein wenig entspannte. Heute nachmittag unternahm ich eine Wanderung, und die Wälder, die gestern noch zu braun für die herrschenden Temperaturen ausgesehen hatten, schienen jetzt die richtige Farbe zu haben, und das Knirschen des trockenen Schnees unter meinen Stiefeln paßte zu der kalten, beißenden Luft.

In der Umgebung unserer kleinen Stadt, die am Rand einer Wildnis gelegen ist, reden die Menschen ständig vom Wetter – so wie sie es wohl überall auf der Erde tun. Das liegt nicht daran, daß sie sich sonst wenig zu sagen hätten, sondern daran, daß das Wetter eine wichtige physiologische und psychologische Rolle spielt. Wenn nicht gerade ein Unwetter herrscht, dreht sich die Unterhaltung weniger um das aktuelle Wetter als um die Anzeichen für die Zukunft (»Hat es bei Ihnen gestern nacht Frost gegeben? Dann wird es Zeit, Holz zu hacken«). Es ist die älteste Art, zum Ausdruck zu bringen, daß tief im Innersten die Welt noch in Ordnung ist. Es ist vielleicht eine anmaßende Beruhigung (»Denn wer sind wir? – Das Tier, das aufrecht geht, / Mit Lippenlauten und spärlichem Haarwuchs, / Als daß wir glauben dürften, allezeit satt zu bleiben, / Heil und behaust, Herr unserer selber?« fragte Robinson Jeffers), aber so haben wir die Erde gesehen. Edwin Way Teale, ein Naturforscher unseres Jahrhunderts, widmete zwei Jahrzehnte seines Lebens der Niederschrift von vier umfangreichen Bänden, in denen er Frühling, Sommer, Herbst und Winter in ganz Nordamerika beschreibt. (Der letzte Band, *Wandering Through Winter*, schildert Reisen von der

Gegend südlich San Diegos an der mexikanischen Grenze, wo die Wale auf ihrer Winterwanderung vorüberziehen, bis in den Norden von Caribou, an der Grenze zwischen Maine und Kanada, wo »wir ein Bauernhaus im Mondlicht erblickten, das bis zur Dachtraufe eingeschneit war«.) Er schreibt: »Das haben wir aus unserer Erfahrung mit den vier Jahreszeiten gelernt: Wir brauchen sie alle. *Wir brauchen das vollendete Jahr.*« Und das bei weitem nicht nur der Abwechslung wegen – wir brauchen es, um uns zu vergewissern, daß sich das Rad immer noch dreht, so daß wir uns in der sicheren Gewißheit des ewig Außermenschlichen um unsere menschlichen Angelegenheiten kümmern können.

Und nicht allein die Jahreszyklen der Erneuerung spenden uns Aufheiterung und Beruhigung, sondern auch die längeren und dramatischeren Zyklen. Hören wir wieder Thoreau: »Es ergreift mich immer, die Natur so reich an Leben zu sehen, daß sie leichtlich Myriaden opfern kann, die einander zur Beute fallen; daß ihre zarten Lebewesen wie Brei aus dem Dasein herausgequetscht werden, daß Kaulquappen von Reihern verschlungen, Schildkröten am Wege überfahren werden ... Sollen wir in diesem gewaltigen Zufallsspiel das einzelne so wichtig nehmen? Der Weise sieht hier überall nur Unschuld. Mitleid ist ganz unhaltbar. Wie schnell müßte es auch sein, wie wandlungsfähig, um dem ewigen Gestaltenwechsel des Lebens recht zu folgen!«

Einige der großartigsten Bilder des Trostes in unserer Kultur entstammen religiösen Quellen – dem Prediger Salomo beispielsweise, der uns daran erinnert, daß alles seine Zeit hat. In seinen Worten entdecken wir die scheinbare Sinnlosigkeit und Eitelkeit des menschlichen Lebens, da sich trotz all unserer Anstrengungen nichts im Universum jemals wirklich ändert: »Der Wind geht gen Mittag und kommt herum zur Mitternacht und wieder herum an den Ort, da er anfing.« Doch während dieser zuverlässige Kreislauf langweilig ist, so ist er auch tröstlich: »Was ist's, das geschehen ist? Eben das hernach geschehen wird. Was ist's, das man getan hat? Eben das man hernach wieder tun wird; und geschieht nichts Neues unter der Sonne.« Eine positivere Formulierung dieser Wahrheit findet sich in der Bergpredigt des Neuen Testaments, wo Jesus predigt: »Sorget nicht für euer Leben, was ihr essen und trinken werdet; auch nicht für euren Leib, was ihr anziehen werdet. Ist nicht das Leben mehr denn die Speise, und der Leib mehr denn die Kleidung? Sehet die Vögel unter dem Himmel an: sie säen nicht, sie ernten nicht, sie sammeln nicht in die Scheunen, und euer himmlischer Vater nährt sie doch. ... Und warum sorget ihr für die Kleidung?« Das Vertrauen in die Natur – daß die Schöpfung Gottes oder Darwins oder wessen auch immer für uns im Überfluß sorgen wird wie bisher – ist es, was uns befähigt, ganz Mensch zu sein, mehr als nur ein Sammler von Nahrung.

Aber was geschieht – in diesem, im nächsten oder einem künftigen Sommer –, wenn uns dieses Vertrauen fehlt? Die Vögel, die Winter für Winter nach Südamerika zurückkehren, finden dort immer weniger Wald vor, der ihre Heimat ist; infolgedessen (und als Folge anderer Veränderungen durch den Menschen) erleben wir Jahr für Jahr weniger Vögel. Singvögel entlocken uns inzwischen Freudenrufe, der Frühling wird immer stummer. Und wir selbst, glaube ich, werden immer nervöser.

Was geschieht, wenn unser Vertrauen schwindet? »Ein Abenteuer«, sagte Bob Marshall nach der Rückkehr von seinen Expeditionen in die Arktis, »ist etwas Großartiges, aber zweifellos besteht einer seiner Vorzüge in seinem Ende... Als wir im Bett lagen, ohne anschwellende Flüsse, ohne herumstreunende Pferde, ohne über die Route des folgenden Tages zu grübeln, da genossen wir einen herrlichen Frieden.« Was uns widerfährt, ist ein Abenteuer, das keine Freude mehr macht, sondern Angst, weil sein Ende keineswegs gewiß ist.

Was geschieht, wenn unser Vertrauen schwindet? Für die unter uns, die sonntags in der Kirche beten, nimmt die alte und anachronistische Wendung »Unser tägliches Brot gib uns heute«, die als kuriose Erinnerung an frühere Zeiten oder als symbolisches Wort verstanden wird, eine neue irdische Bedeutung an, eine bedrohliche Note. (Diese bedrohliche Note ist vielleicht noch schriller, weil es einmal eine Zeit gab, als die meisten Menschen der Natur nahe genug waren, um sich ihr gewachsen zu fühlen. Um die Jahrhundertwende lebten zwei Drittel der US-amerikanischen Bevölkerung in Orten mit weniger als fünftausend Einwohnern, die zumeist ein Stück Land besaßen und wußten, wie man sein tägliches Brot anbaute – ein Wissen, das den meisten von uns, die wir im Informationszeitalter leben, nicht vermittelt wurde.)

Aber zuerst und vor allem wird mit dem Schwinden unseres Vertrauens eine bestimmte Vorstellung von der Welt von einer anderen verdrängt. Statt beispielsweise Vögel als fröhliche, unabhängige, sorglose, umherflatternde Geschöpfe zu betrachten, müssen wir uns vielleicht bald mit Bildern vertraut machen wie dem, das Mary Austin in ihrem Buch *The Land of Little Rain* schildert, das der kalifornischen Wüste gewidmet und 1903 erschienen ist. Im allgemeinen, schreibt sie, sind April, Mai und der frühe Juni die blühenden und lebendigen Wüstenmonate, nach dem Winter und vor der langen Hitzeperiode, aber bisweilen versagt auch die wohltätige Natur, und die Hitze bricht zu früh herein. »Die schnell länger werdenden Sonnentage gegen Frühlingsende überraschen manchmal die Vögel beim Nisten und führen zu einer Veränderung des normalen Brutverhaltens ... Während eines heißen, stickigen Frühlings in der Kleinen Antilopenwüste kam ich wiederholt am Nest eines Wiesenstärlingpärchens vorbei, das ziemlich ungünstig unter einem kümmerlichen Wiesenkraut angelegt war. Erst bei Einbruch der Abenddämmerung setzten sich die Eltern auf das Nest, während sie um die Mittagszeit auf seinem Rand hockten oder eigentlich mehr hingen, halb ohnmächtig, die Schnäbel mitleiderregend weit geöffnet, zwischen ihrem Schatz und der Sonne.« Manchmal, so fährt sie in der Schilderung fort, standen Vogelmutter und -vater dort zusammen und breiteten die Flügel aus, um dem Ei kostbaren Schatten zu spenden. Es ist ein passendes Bild für das Zeitalter, dem wir entgegengehen – für ein Zeitalter, in dem die *New York Times* eines Tages im Herbst 1988 auf der oberen Hälfte ihrer Titelseite Berichte über die Waldbrände im Yellowstone Park, die drohende Freisetzung von Radon in unseren Kühlschränken und die Verwüstungen durch den Hurrikan Gilbert brachte. Mary Austin baute übrigens ein kleines Sonnensegel, um das Nest zu beschatten. Ob auch uns irgend etwas zu Hilfe kommen wird, das ist freilich mehr als ungewiß.

Das Ausmaß dieser Ungewißheit ist so groß, daß manche sogar als Folge des Treibhauseffekts das Heraufziehen einer neuen Eiszeit befürchten. Diese Theorie, aufgestellt von John Hamaker, einem im Ruhestand lebenden Ingenieur im Mittleren Westen, die einige seiner Anhänger in Kalifornien mit Nachdruck verfechten, wird von den meisten Klimatologen verworfen, aber sie vermittelt eine interessante Vorstellung von der Anfälligkeit des Bestehenden.

Hamaker und seine Anhänger vermuten, daß die früheren Eiszeiten unseres Planeten auf Veränderungen des CO_2-Gehalts der Erdatmosphäre basieren, die ihrerseits durch Prozesse der »Mineralisierung« und »Entmineralisierung« des Bodens verursacht wurden. Im Verlauf mehrerer Jahrtausende werden dem

Boden die in ihm enthaltenen Mineralien entzogen – Pflanzen benötigen sie für ihr Wachstum, sie werden vom Regenwasser ausgewaschen und so fort. Wenn dieser Vorgang einen kritischen Punkt erreicht hat, beginnt die Pflanzendecke abzusterben, und dies führt aus bekannten Gründen zu einem deutlichen Anstieg des Kohlendioxids in der Atmosphäre. Anschließend wird durch den Treibhauseffekt der Äquatorgürtel aufgeheizt, so daß große Mengen Wasser aus den tropischen Meeren verdunsten. Die natürlichen Windströme der Erde führen die wassergesättigten Wolken nach Norden, wo sie abkühlen und sich als Schnee niederschlagen, und zwar in solchen Mengen, daß dieser während des Sommers nicht vollständig abschmilzt und sich die riesigen Gletscher der nächsten Eiszeit zu bilden beginnen. Während sich die Gletscher in den höheren Breiten vorarbeiten, zermahlen sie die Berge zu Gesteinsschutt und -staub und »remineralisieren« die Böden, so daß auf ihnen wieder Pflanzen wachsen können und der Kreislauf von vorn beginnt.

Nun trifft es zu, daß die sogenannten Warmzeiten zwischen den Eiszeiten seit langem ziemlich regelmäßig rund zehntausend Jahre gedauert haben, und da die gegenwärtige Warmzeit vor etwa zehntausend Jahren eingesetzt hat, läßt sich durchaus annehmen, daß uns eine neue Eiszeit bevorsteht. Obwohl wir keinen Gedanken daran verschwendet haben, war unsere klimatische Zukunft schon immer unsicher. Hamaker und die Anhänger seiner Theorie erklären, das durch die Industrielle Revolution zusätzlich freigesetzte CO_2 habe dem Klimawechsel quasi Starthilfe gegeben, und Hamaker behauptet sogar, die schlimmsten Auswirkungen dieser neuen Eiszeit würden sich spätestens bis zum Jahr 1995 bemerkbar machen. Die immer kälteren Winter »können wir noch ein paar Jahre lang überstehen«, schreibt er. »Was wir jedoch nicht überstehen können, ist der Umstand, daß sich die Winter bis in den Sommer erstrecken und Feldfrüchte und Bäume durch Frost und Eis vernichten.« Nach seiner Meinung ist es bereits zu spät, »um den Hungertod von Hunderten Millionen Menschen zu verhindern«, aber »es ist vielleicht noch nicht zu spät, um die Ausrottung der Zivilisation während einer weiteren Eiszeit von neunzigtausend Jahren Dauer zu verhindern«. Hamaker empfiehlt neben einem sofortigen Verbot der Nutzung fossiler Brennstoffe einen totalen Stopp der Brandrodung von Regenwäldern und ein Dringlichkeitsprogramm zur »Remineralisierung« der Böden – indem sämtliche verfügbaren Flugzeuge eingesetzt werden, um Millionen Tonnen von Steinmehl auf die Wälder der Erde abzuwerfen und auf diese Weise deren Wachstum zu fördern.

Obgleich die Hypothese einer unter bestimmten Umständen unvermittelt einsetzenden Eiszeit wissenschaftlich nicht von der Hand zu weisen ist (die National Academy of Sciences erklärte in den siebziger Jahren, innerhalb des kommenden Jahrhunderts könne eine neue Eiszeit anbrechen), galt in den letzten Jahren das Hauptaugenmerk der Wissenschaftler der Erwärmung der Erde. Hamaker verwirft dieses einseitige Forschungsinteresse als Irrtum und Vertuschung. Die US-Regierung ist nach seiner Meinung eher bereit, sich eines Problems anzunehmen, das fünfzig Jahre in der Zukunft liegt, als eines, das vor Ende dieses Jahrhunderts zu erwarten ist. Das möchte ich bezweifeln – alle Wissenschaftler, mit denen ich gesprochen habe, waren unstreitig aufrichtig. Die meisten Klimaforscher schreiben heute die Eiszeiten den sogenannten Milankovitch-Zyklen zu, in deren Verlauf sich aufgrund der Eigenbewegungen, der jeweiligen Neigung zur Sonne und der unterschiedlichen Umlaufbahn der Erde der Einfallswinkel der Sonnenstrahlung verändert. »Ich will nicht behaupten, daß sie unmöglich recht haben können«, sagt Stephen Schneider über die Verfechter der Eiszeittheorie, »aber die Wahrscheinlichkeit beträgt weniger als zehn Prozent.«

Daß sie jedoch überhaupt besteht, ist ein Beleg für unser unzureichendes Verständnis des Systems, das wir aus der Bahn geworfen haben, und für dessen enorme Macht. Manche werden in dieser Ungewißheit sicherlich einen Trost finden, so wie manche sich nach wie vor auf jene Wissenschaftler im Dienst der Zigarettenindustrie berufen, die behaupten, daß es für den Zusammenhang zwischen Zigarettenrauchen und Lungenkrebs keinen »Beweis« gebe. Das ist allerdings ein oberflächlicher Trost, ein Pfeifen im (sterbenden) Wald. Ungewißheit wird oft einer bitteren Gewißheit vorgezogen, weil wir als Menschen dazu neigen, den glücklichen Ausgang für den wahrscheinlichsten zu halten. Vielleicht brauchen wir überhaupt nichts zu unternehmen! Mehr als ein Jahrzehnt lang hat niemand etwas gegen den sauren Regen unternommen, weil einige Wissenschaftler gesagt haben, unsere Erkenntnisse seien unvollständig, wir seien noch nicht über alle chemischen Wechselwirkungen im Bilde und müßten erst weitere Untersuchungen anstellen, bevor die erforderlichen Summen zur Reinigung der offensichtlichen Giftquellen ausgegeben würden. Der Anstieg des CO_2-Gehalts der Luft hat dieselben Reaktionen ausgelöst und wird es weiterhin tun. Aber auch wenn die Ungewißheit beträchtlich und erschreckend ist, erwartet uns nichts Gutes. Wie sehr werden die Orkane an Zerstörungskraft zunehmen? Steht uns eine Hitze- oder eine Eiszeit bevor? Es ist eine alles andere als beruhigende Ungewißheit – es geht nicht um die Alternative zwischen der Lady und dem Tiger, sondern um die zwischen Löwe und Tiger.

Die Unsicherheiten, mit denen zu leben wir gelernt haben – »Ist das Haushaltsdefizit ein echtes Problem?« oder »Soll ich diese Stelle annehmen oder nicht?« –, beunruhigen uns nur deshalb nicht weiter, weil sie im Rahmen stabiler politischer und persönlicher Verhältnisse auftreten. Wir in der westlichen Welt leben im Wohlstand. Die meisten von uns zahlen Beiträge für die Rentenversicherung oder eine Pensionskasse oder haben ein Aktiendepot und hegen Zukunftspläne, und all das in der Erwartung, daß die Welt im großen und ganzen so weiterbesteht wie bisher. Die Welt um uns herum beruhigt uns: Wenn wir diese Stelle ausschlagen oder diese Frau nicht heiraten, wird sich irgendwann eine andere Gelegenheit bieten. Aber was geschieht, wenn der Kontext selbst uns unsicher werden läßt? Wenn die Welt um uns herum verrückt spielt? Ich stelle mir vor, daß es so ähnlich wie zu Kriegszeiten ist, wenn nur noch die elementarsten Vergewisserungen – zum Beispiel der Glaube, daß man in den Himmel kommt, wenn man stirbt – eine Rolle spielen.

Die meisten Auswirkungen, die mittlerweile von Wissenschaftlern vorhergesagt werden, rühren aus der Erwärmung der Erdoberfläche, jenem Anstieg der Durchschnittstemperatur um 1,5 bis 4 Grad Celsius, der nach einhelliger Meinung in naher Zukunft zu erwarten ist. Man braucht nicht viel Phantasie, um zu begreifen, *daß* dies unser Leben ändern wird, aber man braucht Höchstleistungscomputer, um auch nur die leiseste Ahnung zu erhalten, *wie* es geschehen wird. Und selbst die leistungsfähigsten Computer liefern einander widersprechende Ergebnisse. Die drei wichtigsten US-amerikanischen Modelle der Auswirkungen eines weltweiten Temperaturanstiegs (Hansens NASA-Prognosen, je ein an der Oregon State University und ein von der National Oceanic and Atmospheric Administration entwickeltes Programm) sagen für die Vereinigten Staaten gänzlich unterschiedliche Auswirkungen voraus. Nach der Prognose des NASA-Modells wären in der Region der Großen Seen im Sommer erhöhte Niederschläge zu erwarten, nach dem NOAA-Programm geringere Niederschläge, und nach den

Ergebnissen von Oregon soll sich in dieser Hinsicht überhaupt nichts ändern. Dafür gibt es eine Fülle von Szenarien. Die meistdiskutierte Einzelfolge ist vermutlich der erwartete Anstieg des Meeresspiegels aufgrund des Abschmelzens der Polkappen. Im Lauf der letzten Jahrtausende ist der Meeresspiegel »so langsam angestiegen, daß er für unsere Begriffe konstant geblieben ist«, sagt James Titus von der US-Umweltschutzbehörde. Infolgedessen haben die Menschen viele Küstengegenden extensiv besiedelt – nicht nur die Copa Cabana in Rio oder die Kanäle Venedigs, sondern auch das Hinterland aller wichtigen Häfen, in deren Umkreis die meisten Großstädte der Welt erbaut wurden. Auch die Meeresfauna und -flora hat sich die Konstanz des Meeresspiegels zunutze gemacht und riesige Lebensgemeinschaften aufgebaut. Aber all dieser Zuversicht zum Trotz ist die Höhe des Meeresspiegels keine unveränderliche Größe. Vor 100000 Jahren, während der letzten Zwischeneiszeit, lag er sechs Meter über dem heutigen Niveau; auf dem Höhepunkt der letzten Eiszeit, als ein Großteil des Wassers auf der Erde als Eis an den Polen konzentriert war, fiel er um neunzig Meter. Wissenschaftler schätzen, daß die noch existierende Eisschicht der Erde genug Wasser enthält, um bei einem völligen Abschmelzen den Meeresspiegel um fünfundsiebzig Meter ansteigen zu lassen. Diese potentielle Überschwemmung würde hauptsächlich verursacht durch das Grönlandeis (Anstieg des Meeresspiegels um sechs Meter), die Eisdecke der Westantarktis (weitere sechs Meter) sowie der Ostantarktis (knapp sechzig Meter) und die Gebirgsgletscher (ein halber Meter). (Ein Abschmelzen des Eises, das gegenwärtig als Treibeis auf dem Meer schwimmt, hätte keine Konsequenzen, wie auch ein schmelzender Eiswürfel in einem randvollen Glas Whisky-Soda das Glas nicht zum Überlaufen bringt). Da die Ostantarktis als sicher gilt, richteten sich die schlimmsten Befürchtungen auf die Westantarktis, nachdem 1968 eine Studie zu dem Ergebnis gelangt war, daß das Ross- und das Filchner-Schelfeis, das die Eisdecke der Westantarktis trägt, innerhalb der nächsten vierzig Jahre zerfallen könnte, was zu einer Anhebung des Meeresspiegels um sieben Meter führen würde. Spätere Untersuchungen haben jedoch offenbar ergeben, daß ein solcher Zerfall mindestens zwei, wahrscheinlich mehr als fünf Jahrhunderte dauern würde (obwohl etliche Forscher die Vermutung geäußert haben, ein solcher Abschmelzprozeß könnte innerhalb der nächsten hundert Jahre irreversibel werden).

Eine Rettung der Westantarktis bedeutet jedoch nicht die Rettung von Bangladesh oder auch nur von East Hampton. Und weitere Faktoren drohen ebenfalls den Meeresspiegel nennenswert anzuheben. Obwohl die Eismengen der Gebirgsgletscher im Vergleich zu denen der Polkappen kaum ins Gewicht fallen, sind sie doch nicht unbeträchtlich. So schmelzen zum Beispiel die Gletscher nahe dem Golf von Alaska seit Jahrzehnten und bilden eine Süßwasserquelle von der Größe des gesamten Unterlaufs des Mississippi. Selbst wenn kein Eis schmölze, würde der Meeresspiegel infolge der erhöhten Wassertemperatur ansteigen. Erwärmtes Wasser nimmt mehr Raum ein als kaltes – laut Hansen würde ein Temperaturanstieg um 1,5 bis 4,5 Grad Celsius den Meeresspiegel um dreißig Zentimeter steigen lassen. Zwei kanadische Forscher erklärten im Mai 1989, ihren an mehr als vierhundert Meßstationen erhobenen Daten zufolge steige der Meeresspiegel bereits alle zehn Jahre um 2,5 Zentimeter, und heute bestreitet niemand mehr, daß der Meeresspiegel in den kommenden Jahrzehnten erheblich ansteigen wird. Nach Schätzungen der US-Umweltschutzbehörde wird dieser Anstieg im Jahr 2100 zwischen 1,44 und 2,17 Metern liegen, unter ungünstigsten Umständen sogar bei 3,30 Metern. Die National Academy of Sciences war in ihren Prognosen vorsichtiger, andere Forscher haben noch erschreckendere Zahlen vorgelegt. Wie auch immer – selbst die günstigste Schätzung fast jeder Forschergruppe und fast aller Einzelforscher, die sich mit diesem Problem beschäftigt haben, veranschlagt den Anstieg des Meeresspiegels auf mindestens einen Meter.

Das klingt vielleicht nicht aufsehenerregend, aber es bedeutet, daß der Meeresspiegel eine Höhe erreichen würde, die in der gesamten bisherigen Geschichte der Zivilisation einmalig wäre. Die unmittelbaren Auswirkungen einer solchen Ausdehnung der Weltmeere lassen sich gut am Beispiel der Malediven verdeutlichen. Soweit wir wissen, ist dieses Archipel aus 1190 kleinen Inseln etwa vierhundert Meilen südlich von Sri Lanka ein wahres Paradies. Seine 187000 Bewohner hatten noch nie erlebt, daß auf Menschen geschossen wurde, bis ausländische Söldner 1988 einen Putschversuch unternahmen, dem kein dauerhafter Erfolg beschieden war. Den Verfall des Coirmarktes konnten sie verkraften (Coir ist Bast aus Kokosfaser); die Inseln sind reich an Brotfrucht-, Zitronen- und Feigenbäumen. Schwerverbrecher werden auf unbewohnte, abgelegene Inseln verbannt. Aber die meisten Angehörigen dieser glücklichen Nation leben nur zwei Meter über dem Meeresspiegel des Indischen Ozeans. Wenn dieser um einen Meter ansteigen sollte, würden die vom Sturm erzeugten Flutwellen zu einer enormen, fast tödlichen Gefahr; sollte er auf zwei Meter steigen – was in vielen Untersuchungen nicht ausgeschlossen wird –, würde das gesamte Archipel einfach verschwinden. Im Oktober 1987 wandte sich der Präsident der Malediven, Maumoon Abdul Gayoom, an die Vollversammlung der Vereinten Nationen. Er beschrieb sein Land als »gefährdete Nation«. »Die Malediven«, so betonte er, »haben zu der drohenden Katastrophe nicht beigetragen..., und allein können wir uns nicht retten.« Möglicherweise findet man in hundert Jahren die Malediven nur noch auf Seekarten als gefährliche Hindernisse für Schiffe.

Andere Nationen würden nicht unbedingt ausgerottet, aber furchtbar heimgesucht werden. Bei einem Anstieg des Meeresspiegels um zwei Meter würden zwanzig Prozent des Territoriums von Bangladesh überschwemmt, vor allem im Mündungsgebiet von Ganges und Brahmaputra. In Ägypten hätte ein solcher Anstieg zwar nur die Überschwemmung von einem Prozent des Bodens zur Folge, aber dazu würde der Großteil des Nildeltas zählen, wo die meisten Einwohner des Landes leben. In ganz Asien baut die Landbevölkerung in den niedriggelegenen Flußdeltas und Überschwemmungsgebieten Reis an. Da diese Bauern keine Mittel für den Bau von Deichen und Hafenmauern besitzen (und mancherorts – wie in Bangladesh – sind solche Schutzmaßnahmen aus praktischen Gründen nicht möglich), würden ihre Ernteerträge zwangsläufig sinken.

Aber die dritte Welt wäre keineswegs allein betroffen. Vor einigen Jahren gab die US-Umweltschutzbehörde einen Vordruck heraus, mit dessen Hilfe lokale Behörden den zukünftigen Meereswasserstand berechnen konnten. Die Überschwemmung von Land hätte unmittelbare Schäden zur Folge; in Massachusetts beispielsweise würde ein Küstenstreifen mit einer Fläche von 1200 bis 4000 Hektar und einem Wert von drei bis zehn Milliarden Dollar bis zum Jahr 2025 vom Meer überflutet sein – ohne jene Flächen zu berücksichtigen, die bei steigendem Wasserspiegel sumpfig werden oder Tümpel bilden. Die verheerendsten Schäden würden jedoch durch Sturmfluten angerichtet. Galveston in Texas besteht zu achtundneunzig Prozent aus einer flachen Ebene, die bei den schlimmsten zu befürchtenden Stürmen fast gänzlich überschwemmt würde. Solche Sturmfluten haben die Niederlande veranlaßt, Schutzdeiche zu bauen. Die ausgedehntesten Deichbauten wurden nach dem Winter von 1953 vorgenommen, als eine Sturmflut die vorhandenen Deiche an achtundneunzig Stellen entlang des Rhein-Maas-Schelde-Deltas durchbrach, wobei fast zweitausend Menschen und Zehntausende Stück Vieh umkamen. Danach beschloß die niederländische Regierung, über drei Milliarden Dollar für den Bau eines umfassenden Deichsystems, des sogenannten Deltawerks, auszugeben.

Wie das holländische Beispiel zeigt, läßt sich gegen einen Anstieg des Meeresspiegels einiges unternehmen. In zahlreichen Untersuchungen wurden die Kosten eines wirksamen Schutzes von Küstengebieten ermittelt. So hat man beispielsweise drei Alternativen zur Rettung von Long Beach Island erarbeitet, einer dreizehn Kilometer langen Inselnehrung vor der Küste New Jerseys. Man kann sie mit einer Schutzmauer umgeben, durch Sandaufschüttungen erhöhen oder landwärts »wandern« lassen, indem man an ihrer Landseite den Sand aufschüttet, der an der Seeseite vom Meer weggespült wird. Die Schutzmauer als billigste Lösung würde etwa achthundert Millionen Dollar kosten, aber das Geld müßte auf einmal aufgebracht werden. (»Außerdem«, bemerkte einer der beteiligten Forscher, »würde eine Schutzmauer den Blick aufs Meer versperren.«) Die Verlagerung der Insel landeinwärts würde die astronomische Summe von 7,7 *Milliarden* Dollar kosten, weil alle Verkehrswege und Versorgungsleitungen ständig neu verlegt werden müßten. Unter Berücksichtigung der Kapitalzinsen und sonstiger Zusatzkosten wäre es letztlich am billigsten, die Insel im Lauf mehrerer Jahre mit Sand aufzuschütten – was 1,706 Milliarden Dollar kosten würde.

Solche Zahlen vermitteln ein tröstliches, aber zweifellos trügerisches Gefühl der Sicherheit. Auch wenn jede dieser Untersuchungen auf Probleme wie die »Entwicklung der Sandkosten bei einer Verknappung des Angebots« hinweist, liegen die Kosten von Maßnahmen ab einer gewissen Größenordnung – selbst beim Bau einer Rakete, der immerhin unter kontrollierten Bedingungen erfolgt – grundsätzlich höher als veranschlagt. Zahlen sind bestenfalls Vermutungen und nur insofern sinnvoll, als sie zu verstehen geben, daß hier »große, sehr große Probleme« vorliegen. Nach bisherigen Schätzungen kostet allein der Schutz der bereits durch Strandwälle geschützten Küstengebiete der Vereinigten Staaten achtzig Milliarden Dollar; wenn man Maßnahmen bei den Inselnehrungen sowie Schutzbauten gegen einen Anstieg des Meeresspiegels um 1,80 Meter hinzurechnet, kommen leicht dreihundert Milliarden Dollar zusammen. In den Niederlanden werden heute bereits sechs Prozent des Bruttosozialprodukts für den Küstenschutz ausgegeben.

Bisher geht es jedoch nur um Geld, und wahrscheinlich sind unsere Küsten dieses Geld wert, vor allem wenn die Treibhaustemperaturen das Bedürfnis nach einem erfrischenden Bad im Meer erhöhen. (Auch zu diesem Zusammenhang gibt es selbstverständlich eine Studie. Ocean City in Maryland, so wurde festgestellt, bräuchte zur Finanzierung von Schutzbauten gegen einen Anstieg des Meeresspiegels um dreißig Zentimeter nur 25 Cents pro Besucher auszugeben, was kein Problem wäre, da durch das wärmere Wetter die Tourismuseinnahmen um ein Viertel steigen würden). Der Haken an der Sache ist nur der, daß durch Baumaßnahmen zum Küstenschutz ökologische Kosten entstehen würden, die sich zwar schwer beziffern, aber leicht nachvollziehen lassen.

Küstenmarschen oder Wattenmeere gibt es in einer nahezu ununterbrochenen Kette entlang der Atlantik- und der Golfküste der USA. Teils Land und teils Wasser, sind sie »biologisch produktiver« als das Meer und das Festland. Die Gezeiten fließen zu und wieder ab, führen Nahrung zu und spülen Abfälle ins offene Meer – ein Kreislauf, der schnelles Wachstum und schnellen Zerfall fördert. Vor den Meereswellen durch Nehrungen, Sanddünen und Strandwälle geschützt, werden diese friedlichen Habitate von einer unglaublich artenreichen Lebensgemeinschaft aus Vögeln, Fischen, Schalentieren und Pflanzen genutzt. »Alles organische Leben ist wunderbar und auf vielfältige Weise den Bedingungen seiner Umwelt angepaßt«, schrieb der Biologe James Morris, »aber es ist fraglich, ob in irgendeinem Bereich der organischen Welt diese Anpassung staunenswerter eingerichtet ist als in den Marschen der Meeresküste.« Dieser Umstand wurde nicht immer erkannt; die ersten Siedler – trotz rühmlicher Ausnahmen wie Bartram – hielten diese Marschen für »miasmatisch« (fieberträchtig) und legten sie häufig trocken oder füllten sie auf. Immerhin haben in den letzten Jahren bundes- und einzelstaatliche Behörden widerwillig begonnen, diese Gebiete zu schützen. Im Herbst 1988 forderte ein Gremium aus »Gouverneuren, Wirtschaftsfachleuten und Umweltschützern« unter dem Vorsitz des Gouverneurs von New Jersey, Thomas Kean, die Regierung auf, den anhaltenden Verlust von Wattland durch Neubausiedlungen zu stoppen und in Zukunft keinen »Nettoverlust« der noch verbliebenen Wattenmeere mehr zuzulassen. Wie jedoch das Beispiel von König Knut dem Großen zeigt, schert sich das Meer nicht um Regierungen und vermutlich auch nicht um ehrenwerte Kommissionen, und je höher sein Wasserspiegel steigt, desto mehr Marschen werden unter ihm verschwinden. Das ist nicht unumstößlich: Wenn die Marsch genügend Platz und Zeit hat, um langsam zurückzuweichen, dann kann das überschwemmte Watt durch ein neues ersetzt werden. Aber wie ein regierungsamtlicher Bericht im Juli 1988 hervorhob, »ist die Böschung oberhalb des Marschlandes in den meisten Fällen steiler als die Marsch, so daß bei einem Ansteigen des Meeresspiegels das gesamte Wattland verlorengeht« – mit anderen Worten, vielfach stößt das Marschland auf eine Klippe, die es nicht überwinden kann.

An manchen Stellen – etwa entlang der Küste von Maine – sind die Klippen natürlicher Art. An zahlreichen anderen Stellen können sie jedoch künstlich angelegt sein, zum Beispiel in Form von Stützwänden. Wenn ich ein Haus auf Cape Cod hätte und vor der Alternative stünde, eine Schutzmauer zu bauen oder zu warten, bis das Meerwasser in meinen Keller eindringt, würde ich wahrscheinlich die Mauer vorziehen. Die Folgen eines gestiegenen Meeresspiegels, der den Bau solcher Schutzmauern erforderlich machen würde, sind gar nicht auszudenken. Sollte der Anstieg einen Meter betragen, gingen mindestens die Hälfte der Wattenmeere der Vereinigten Staaten verloren. Doch nach Angaben der US-Umweltschutzbehörde »würden die meisten Küstenmarschen zumindest teilweise erhalten bleiben; der Küstenstreifen würde lediglich schmaler werden. Andererseits hätte ein Schutz der Festlandküste in der Regel zur Folge, daß die natürliche Küstenlinie durch Stützwände und Deiche ersetzt würde. Dieser Unterschied«, fügen die unerschütterlich praktisch denkenden Autoren hinzu, »ist deshalb wichtig, weil für viele Meerestiere die Länge der Küstenlinie eines Wattenmeeres wichtiger ist als dessen Gesamtfläche«. Er ist außerdem von Bedeutung, wenn Ihnen die Vorstellung liebgeworden ist, daß das Meer dem Land mit Leichtigkeit und Anmut begegnet, statt auf eine endlose Betonmauer aufzuprallen.

Es gibt aber noch andere Gründe, einen Anstieg des Meeresspiegels zu fürchten. Vor einigen Jahren verbrachte ich einen glücklichen Tag zusammen mit William Harkness, dem »Flußaufseher« des Delaware River. Er verfügt über ein Büro in Milford, Pennsylvania, und über einen kleinen Turm am Fluß, direkt an einer Flußbiegung, die sich hervorragend zum Angeln von Alsen eignet. Als Flußaufseher hat er hauptsächlich die Aufgabe, den Delaware, genauer gesagt dessen Wasserstand, zu beobachten. Wenn dieser eine bestimmte Marke unterschreitet, gibt er der Stadt New York, die am Oberlauf des Flusses mehrere große Wasserspeicher unterhält, eine Anweisung, kein Wasser mehr für die Stadt abzupumpen, sondern es in den Fluß zu leiten. Seine Tätigkeit ist das Ergebnis der Schlichtung einer jahrzehntelangen Auseinandersetzung zwischen der Stadt New York und den Gemeinden, vor allem Philadelphia, im Mündungsgebiet des Delaware. Im Rahmen eines Abkommens hat sich New York verpflichtet, dem Delaware genug Wasser zuzuführen, um die Salzwassergrenze nicht zu verschieben. Normalerweise drängt das Wasser eines Flusses an der Mündung das Meerwasser zurück, aber in Trockenzeiten senkt die verringerte Wassermenge des Flusses den Druck, so daß das Meerwasser vordringen kann. Während der Dürreperiode der sechziger Jahre, erzählte Harkness, erreichte das Meerwasser beinahe die Trinkwasserzuläufe Philadelphias. »Soweit kam es zwar nicht, aber man mußte es befürchten. Stell dir vor, in der ganzen Stadt drehen die Leute den Hahn auf, und es kommt Salzwasser heraus.«

Das einzige Problem bei diesem Abkommen besteht darin, daß während einer Dürreperiode, wenn New York große Wassermengen in den Delaware leiten muß, damit kein Meerwasser flußaufwärts fließt, die New Yorker Bevölkerung weiterhin duschen und sich die Hände waschen will. Während der letzten schweren Trockenperiode im Nordosten der USA im Sommer 1985 kompensierten die Behörden dies dadurch, daß sie Wasser direkt aus dem Hudson in die Stadt leiteten. Es funktionierte prima – das Wasser erwies sich als wesentlich sauberer, als man zu hoffen gewagt hatte –, aber damit war die Wassermenge des Hudson reduziert, und das Meer drohte in *diesen* Fluß hineinzuströmen, so daß die Stadtväter von Poughkeepsie sich ernsthaft um *ihr* Trinkwasser Sorgen zu machen begannen. Wenn nun die Erwärmung der Erdoberfläche durch den Treibhauseffekt einsetzt, so überlegte die US-Umweltschutzbehörde, können bis zu vierundzwanzig Prozent des Wassers aus den New Yorker Wasserspeichern verdunsten; außerdem würde nach einem Anstieg des Meeresspiegels um einen Meter Meerwasser in den Hudson strömen und in die Trinkwasserzuleitungen für New York gelangen. Alles in allem kann nach Schätzungen dieser Behörde »ein verdoppelter CO_2-Gehalt zu einer Verknappung des planmäßigen Trinkwasserzuflusses aus dem Hudsonbecken um 28 bis 42 Prozent führen«. Das wiederum macht *mir* Sorgen, da die Wasserbauingenieure der Stadt bereits die Adirondacks als weitere mögliche Wasserquelle ins Auge gefaßt haben, obwohl sie mehr als dreihundert Kilometer entfernt liegen. Als man zu Beginn unseres Jahrhunderts die Trinkwassertalsperren in den Catskill Mountains baute, wurden mehrere kleine Ortschaften und große Flächen Wildnis überflutet; dasselbe wird auch hier passieren, wenn hier Trinkwasserspeicher angelegt werden sollten. Wie gesagt, eine Komplikation führt zur nächsten – und vielleicht ruht mein Gemüsegarten schon bald auf dem Boden eines zwölf Meter tiefen Stausees.

Die voraussichtlichen Auswirkungen eines Anstiegs des Meeresspiegels illustrieren beispielhaft die zahlreichen Folgen einer Erwärmung der Erdoberfläche. Einerseits sind sie so weitreichend, daß wir sie buchstäblich nicht verstehen können. Wenn es zu einem Abschmelzen der Polkappen in nennenswertem Umfang kommt, verschiebt sich das Schwerkraftzentrum der Erde und verändert die Neigung des Erdballs auf eine Weise, daß der Meeresspiegel möglicherweise am Kap Hoorn und entlang der isländischen Küste sinkt – so entnahm ich einem neueren Bericht der US-Umweltschutzbehörde, und ich merkte, daß ich nicht wirklich verstand, was es heißt, die Neigung der Erde zu verändern, obgleich mir die Vorstellung einen heillosen Schrekken einjagte. Andererseits haben die Veränderungen letztlich ganz persönliche Konsequenzen. Soll ich vor meinem Haus eine Schutzwand errichten? Schmeckt dieses Wasser Ihrer Meinung nach salzig? Und was das Wichtigste ist, die menschliche Antwort auf diese Probleme, der ganz natürliche menschliche Versuch, die alte natürliche Lebensweise in dieser postnatürlichen Welt zu bewahren, zieht völlig neue Konsequenzen nach sich. Die Meere steigen; ich baue eine Mauer; die Marschen sterben und mit ihnen die Meerestiere.

Es kommt noch hinzu, daß viele Auswirkungen der Erwärmung sich überlagern. Wenn die Temperaturen steigen und ich öfter unter die Dusche gehe, muß mehr Wasser aus dem Fluß abgezweigt werden, so daß Meerwasser in die Flußmündung eindringen kann, und so weiter. Die Widersprüche vervielfachen sich fast endlos (mehr Klimatisierung bedeutet mehr Stromerzeugung, das bedeutet mehr abgezweigtes Flußwasser für die Kühltürme, und das bedeutet ... ad infinitum). Das sind nicht mehr die simplen Komplikationen des Sommers 1988, als die

Hitze die Bewohner der Ostküste scharenweise an die Strände trieb, wo sie nichts anderes fanden als im Wasser schwimmende Injektionsspritzen. Zu diesen Widersprüchen kommt es, weil alle Einzelsysteme gleichzeitig aus dem Gleichgewicht gebracht wurden, so daß keine der bewährten Selbstregulierungen der Natur mehr greifen kann.

Während beispielsweise der Meeresspiegel ansteigt, die erwärmte Luft mehr Wasserdampf aufnehmen kann und die gesamte Niederschlagsmenge sich wahrscheinlich erhöht, steigen gleichzeitig die Temperaturen. Das Ergebnis, so erfahren wir aus den Computermodellen, wird eine wesentlich höhere Verdunstungsrate sein und in vielen Teilen der Welt ein trockeneres Inlandsklima als »Ausgleich« für verregnetere Küstengebiete.

Es ist nicht einfach eine Frage der Wärme. Wenn die Temperatur steigt, verringert sich die Anzahl der Tage, an denen Schnee liegt. Wenn die Zeit der Schneeschmelze beendet ist, wird mehr Sonnenenergie vom Boden absorbiert und nicht mehr vom Schnee in die Atmosphäre reflektiert, so daß der Boden austrocknet. In der Treibhauswelt setzt dieser Prozeß früher ein als bisher. Damit verbunden sind natürlich Änderungen des Wetters. In manchen Regionen der Erde können sie der Verdunstung teilweise entgegenwirken – Roger Revelle, der Klimaforscher der Scripps Institution, hat einmal geschätzt, daß die Wassermengen des Niger, Senegal, Volta, des Blauen Nil, Mekong und des Brahmaputra zunehmen werden, in den beiden letzteren Fällen voraussichtlich mit katastrophalen Folgen, während die Wassermengen des Huangho, des Amu-Darja und Syr-Darja (welche die wichtigsten landwirtschaftlichen Gebiete der UdSSR durchfließen), des Euphrat und Tigris und des Sambesi sich wahrscheinlich verringern werden. Wie immer wurden die Verhältnisse in den Vereinigten Staaten am eingehendsten untersucht. Die USA sind mit ergiebigen Regenfällen gesegnet – außer in Alaska und Hawaii fallen im Tagesdurchschnitt sechzehn Milliarden Liter Regen. Der größte Teil verdunstet wieder, so daß täglich 5,45 Milliarden Liter zurückbleiben, von denen 1985 lediglich 1,3 Milliarden Liter vom Menschen genutzt wurden. Man könnte meinen, das sei mehr als genug. Wie man sich jedoch leicht denken kann, ist dieses Wasser nicht gleichmäßig verteilt. Ausgedehnte Gebiete im Westen sind Trockengebiete, aber nicht unbevölkert. In vierundzwanzig von dreiundfünfzig wasserreichen Regionen des Westens ist der Wasserverbrauch größer als der Zufluß, so daß das ohnehin immer knapper werdende Grundwasser angebohrt und Wasser aus anderen Gegenden bezogen werden muß. So wird ein Großteil des vom Colorado mitgeführten Wassers bereits im Oberlauf in Stauseen gespeichert, umgeleitet und von landwirtschaftlichen Bewässerungssystemen sowie von Millionen von Einzelhaushalten verbraucht, die auf einen grünen Rasen vor dem Haus Wert legen, für den es unter normalen Umständen zu trocken wäre.

Und die Lage kann sich weiter verschlechtern. Aufgrund von Messungen der Temperatur und der Wassermengen kamen Wissenschaftler zu dem Schluß, daß bei einem »vorsichtig geschätzten« Temperaturanstieg um zwei Grad Celsius die Wassermenge im Oberlauf des Colorado um knapp ein Drittel zurückgehen könnte. Wenn dann noch, wie einige Computermodelle vermuten lassen, als Folge von Wetterveränderungen im Südwesten die Niederschläge um zehn Prozent abnehmen sollten, dann könnte die Fließmenge im oberen Colorado sogar um bis zu vierzig Prozent reduziert werden; selbst bei einer Erhöhung der Niederschläge um zehn Prozent würde der Wasserverlust noch knapp ein Fünftel betragen. Überall im Westen zeigt sich ein ähnliches Bild – in den Bewässerungsregionen von Missouri, Arkansas, des Golfs von Texas und Kaliforniens kann sich der Wasserzufluß um vierzig Prozent und mehr verringern. In den Becken des Missouri, Rio Grande und Colorado könnte bei den erwarteten Klimaveränderungen der gegenwärtige Wasserbedarf nicht mehr aus dem Flußwasser gedeckt werden. »Ein Modell, das wir für relevant halten«, sagt der Leiter des Amtes für Landwirtschaft in Texas, Jim Hightower, »prognostiziert eine Erhöhung des Wasserbedarfs für Bewässerungszwecke um fünfundzwanzig Prozent«, der aus dem Ogallala-Grundwasserspeicher gedeckt werden soll, der bislang die Plains bewässert und heute bereits weitgehend erschöpft ist. »Aus einer versiegten Quelle kann man kein Wasser mehr pumpen.«

Selbst Regionen, die wir bereits für zerstört hielten, können auf neuartige und interessante Weise noch weiter zerstört werden. Der Eriesee und die Großen Seen überhaupt wurden in den siebziger Jahren zu Symbolen für die Umweltzerstörung. Seither haben sie sich etwas erholt, aber eine Klimaveränderung kann sie neuen und bislang beispiellosen Belastungen aussetzen (so, als würde man die ohnehin heruntergekommene South Bronx einem weiteren beispiellosen Verfall preisgeben). Nach den Modellen der US-Umweltschutzbehörde, die eine Verdoppelung des CO_2-Gehalts der Luft unterstellen, könnte der durchschnittliche Wasserspiegel des Oberen Sees um etwa fünfundvierzig Zentimeter fallen, was sich gar nicht so schlimm anhört, wenn man einmal davon absieht, daß die Schiffe, welche die Großen Seen befahren, so konstruiert sind, daß sie in den Schleusen und Kanälen noch ,mindestens dreißig Zentimeter Wasser unter dem Kiel haben müssen. Unter den veränderten Bedingungen können sie nicht mehr so schwer beladen werden und müssen öfter fahren (was ihren Treibstoffverbrauch erhöht, wodurch... wie gehabt). Erleichternd für die Schiffseigner mag sich auswirken, daß die Zeitspanne sich verlängert, in der die Seen während des Jahres befahren werden können. Das Zentralbecken des Eriesees ist gegenwärtig an dreiundachtzig Tagen jährlich von Eis bedeckt, aber bei steigenden Temperaturen werden nur noch die Küstengewässer zufrieren und auch nur noch für maximal drei Wochen. In diesem Fall wird freilich die Erosion entlang der Ufer, die bislang durch das Eis geschützt wurden, zunehmen, da die Winter dort sehr stürmisch sind. Und wenn die Schiffe im Winter möglichst lange fahren, wird das Volksliedgut um einige traurige Lieder bereichert werden – im Winter 1975 ging die *Edmund Fitzgerald* in einem Sturm mit der gesamten Besatzung von neunundzwanzig Mann unter.

Sinkende Wasserspiegel können die unterschiedlichsten Schäden zur Folge haben. Als der Michigansee in den sechziger Jahren während einer Dürreperiode abnahm, wurden die Landungsbrücken und Pfahlwerke Chicagos von der Trockenfäule befallen. Die Leistung von Flußkraftwerken geht mit sinkendem Wasserspiegel zurück, die Konzentration von Schadstoffen in Seen nimmt zu, und erhöhte Wassertemperaturen führen mit großer Wahrscheinlichkeit zu Algenblüten und zu jenem bedrohlichen Sauerstoffmangel, an dem der Eriesee schon einmal »gestorben« war. Diese »gesteigerte Eutrophierung könnte das Zentralbecken des Eriesees während des Sommers für Fische und Schalentiere unbewohnbar machen«, lautete das Fazit einer Studie der US-Umweltschutzbehörde.

Überall in der Welt läßt sich die übliche endlose Liste immer neuer Bedrohungen aufstellen. »Die Wasserqualität wird durch den verstärkten Einsatz von Pestiziden in der Landwirtschaft als Reaktion auf Klimaveränderungen wahrscheinlich leiden«, berichtete die US-Umweltschutzbehörde. Das Risiko von Waldbränden wie dem von 1988 im Yellowstone Park erhöht sich (»Der Hauptunterschied zwischen diesem Jahr und anderen Jahren ist der völlige Ausfall von Regen«, sagte der für den Natur-

127

schutzpark zuständige Ökologe Donald Despain nach dem Feuer). Wie immer weiß niemand genau, was passieren wird. Aber das von Syukuroa Manabe von der National Oceanic and Atmospheric Administration verwendete Computermodell sagt voraus, daß mit einer Wahrscheinlichkeit von über neunzig Prozent die Bodenfeuchtigkeit in Nordamerika, Westeuropa und Sibirien abnehmen wird.

Eine naheliegende Frage ist die, was das für die Landwirtschaft bedeutet (oder vielleicht eher, da die »Landwirtschaft« aus dem Alltagsleben in ähnlicher Weise verschwunden ist wie »das Militär«, für unsere Ernährung). Diese Frage läßt sich auf mehreren Ebenen beantworten, und die erste betrifft die einzelne Pflanze. Ganz abgesehen von Hitze und Trockenheit hat die bloße Erhöhung des CO_2-Gehalts der Atmosphäre Auswirkungen auf die Pflanzen. Neunzig Prozent des Trockengewichts einer Pflanze resultieren aus der Umwandlung von Kohlendioxid in Kohlehydrate durch Photosynthese. Wenn das Wachstum einer Pflanze ansonsten durch nichts behindert wird – wenn sie genügend Sonnenlicht, Wasser und Nährstoffe hat –, müßte ein erhöhter CO_2-Gehalt zu höheren Erträgen führen. Unter idealen Laborbedingungen ist genau das der Fall; deshalb haben sich auch einige Journalisten schwärmerisch über »Riesengurken« ausgelassen und konnten den drohenden Schatten der Treibhausgase noch andere helle Seiten abgewinnen. Andererseits: Wenn bestimmte Feldfrüchte schneller wachsen, müssen die Bauern unter Umständen mehr Düngemittel kaufen. Die Blätter enthalten vielleicht mehr Kohlenstoff und dafür weniger Stickstoff, was die Nahrungsmittelqualität nicht nur für den Menschen, sondern auch für die vom Stickstoff abhängigen Insektenlarven verringert, so daß diese mehr Blätter fressen müssen, um das benötigte Quantum aufzunehmen. Im besten Fall sind die unmittelbaren Auswirkungen eines erhöhten CO_2-Gehalts der Erdatmosphäre auf die landwirtschaftlichen Erträge wahrscheinlich gering: Die Jahreserträge von Getreide können bei guter Pflege unter ansonsten gleichbleibenden Bedingungen um fünf Prozent steigen, wenn der CO_2-Gehalt einen Wert von 100 ppm erreicht.

Leider werden die übrigen Bedingungen nicht die gleichen bleiben. Feuchtigkeit, Temperatur und Vegetationsdauer werden sich verändern. Es liegt zwar auf der Hand, aber es muß immer wieder betont werden: Alles, was wir essen, ausgenommen Meerestiere und geringe Gemüsemengen aus Treibhäusern, gedeiht an der frischen Luft und ist in den Worten des Biologen Paul Waggoner »dem alljährlichen Lotteriespiel des Wetters ausgesetzt«. Das tiefgekühlte Gemüse, das wir heute im Supermarkt kaufen, wuchs im letzten Jahr auf freiem Land, mußte sich gegen Schädlinge und Krankheiten behaupten und wuchs so schnell, wie es Sonnenlicht, Wasser und Nährstoffe erlaubten. Etwa 200000 Quadratkilometer der land- und weidewirtschaftlich genutzten Flächen in den USA werden künstlich bewässert, doch mittel- und langfristig hängen sie auch vom Wetter ab. Und unseren Weizen können wir nicht einfach unter Glas wachsen lassen.

Es läßt sich nicht ohne weiteres vorhersagen, welche Folgen eine Änderung des Wetters für die Landwirtschaft haben wird. Eine längere Vegetationsperiode – die frostfreie Zeit im Jahr – ist offensichtlich förderlich; mangelnde Bodenfeuchtigkeit ist offensichtlich schädlich. Wenn die Temperaturen relativ hoch bleiben, wachsen die Pflanzen, steigen sie zu sehr, verwelken die Pflanzen; eine längere Hitzeperiode von über 35 Grad Celsius führt dazu, daß das Getreide keine Frucht tragen wird. Die Klimamodelle sind zu grob, um mit Genauigkeit vorherzusagen, was in einer bestimmten Region passieren wird (obgleich die Wissenschaftler unverdrossen weiter an solchen Prognosen arbeiten). Auf meinem Schreibtisch liegen zwei dicke Bände des Umweltprogramms der Vereinten Nationen über die Folgen von Klimaveränderungen für die Landwirtschaft. Sechsundsiebzig Wissenschaftler aus siebzehn Nationen haben zu diesem Bericht beigetragen. Sollte in Saskatchewan wieder eine ähnlich schwere Dürre auftreten wie im Jahr 1936, dann würden die Farmer der gesamten Provinz, die dunkle Braunerdeböden bewirtschaften, 28000 Dollar für Schmieröl einsparen. Das Schlachtgewicht von Islandschafen vermindert sich bei einer Senkung der Jahresdurchschnittstemperatur pro Grad Celsius um 800 Gramm; dies wurde zumindest im Distrikt Arneshreppur beobachtet. Bei steigenden Durchschnittstemperaturen würden die Japaner einen »sehr schwer verkäuflichen Reisüberschuß« erwirtschaften, zumal die meisten übrigen Länder bei Reis die Sorte *indica* der Sorte *japonica* vorziehen, was die Exportmöglichkeiten in Grenzen hält. Die Stadt Ouricuri wird ihre Langbohnenerträge stärker steigern als fünf andere Städte Nordostbrasiliens, sofern die Niederschläge um zehn Prozent steigen und die Verdunstung um zehn Prozent zurückgeht. Wenn die absoluten Temperaturminima des Spätwinters um etwa 0,8 Grad Celsius steigen und damit das Frostrisiko senken sollten, dann würde die obere Anbaugrenze an den Hängen der ecuadorianischen Sierra um zweihundert Meter steigen und die Viertausend-Meter-Marke erreichen. Man hat ähnliche Untersuchungen für die Vereinigten Staaten durchgeführt. Die Singzikade, einer der Hauptschädlinge der Sojabohne, überwintert gegenwärtig innerhalb eines schmalen Gürtels entlang des Golfs von Mexiko, doch das Computermodell der US-Umweltschutzbehörde prognostiziert bei einem Anstieg der Temperaturen »eine Verdoppelung oder Verdreifachung der Überwinterungszone« und damit einen Anstieg der »Invasionspopulation in den nördlichen Staaten, bedingt durch ähnliche Faktoren«. Höhere Wintertemperaturen »können einen Rückgang der Erkrankungen der Atemwege beim Vieh nach sich ziehen«, aber wärmere Sommer werden so gut wie sicher »die Kosten von Klimaanlagen auf Geflügelfarmen erhöhen«. Die Hornfliege verursacht schon heute in der Rinder- und Milchviehwirtschaft jährliche Verluste in Höhe von 730 Millionen Dollar; bei einer Verlängerung der Sommerzeit um acht bis zehn Wochen könnte die Milcherzeugung empfindliche Einbußen erleiden.

Die Ungewißheit, vor der wir stehen, erstreckt sich mit anderen Worten auch auf die Felder und Weiden – auf unsere Nahrungsmittelquellen. Zu viele Unbekannte und zu viele Variablen erschweren selbst die allgemeinsten Voraussagen. Auch ein Rückblick auf die schweren Dürreschäden in den USA zu Beginn der dreißiger Jahre hilft uns da nicht weiter: Einerseits hat die technische Revolution in der Landwirtschaft seither die Hektarerträge verdreifacht, andererseits sind, wie die US-Umweltschutzbehörde feststellte, »die wirtschaftlich widerstandsfähigen unspezialisierten Farmen seit langem fast ganz von der Bildfläche verschwunden«, und deshalb »ist die gegenwärtige Anfälligkeit unseres landwirtschaftlichen Systems gegenüber klimatischen Veränderungen in mancher Hinsicht möglicherweise größer als in der Vergangenheit«.

Infolgedessen haben die meisten Experten mittlerweile einfach das Handtuch geworfen. Die Prognosen lauten meist, daß die nördlichen Regionen der Sowjetunion und Kanadas mehr Nahrungsmittel anbauen können werden als bisher und die Great Plains der USA weniger – nicht so wenig, daß die Vereinigten Staaten sich nicht mehr selbst ernähren könnten, aber immerhin so weit unterhalb der augenblicklichen Produktion, daß die Nahrungsmittelexporte der USA, die dem Land in einem guten Jahr bislang fünfunddreißig bis vierzig Milliarden Dollar einbringen, um siebzig Prozent zurückgehen könnten. »Man hat die Vermutung geäußert«, sagt Stephen Schneider vom National Center for Atmospheric Research im Sommer 1988 vor dem US-Kongreß, »daß eine Zukunft mit veränderter Bodenfeuchtigkeit dem Verlust des komparativen Vorteils der landwirtschaftlichen Erzeugnisse der USA auf dem Weltmarkt gleichkommt« – eine Aussage, die einem Wirtschaftswissenschaftler selbst an einem warmen Augusttag kalte Schauer über den Rücken jagen muß.

Wie üblich in einer solchen Situation, ist die Versuchung groß, sich an jeden Strohhalm zu klammern. Wenn die Modelle sagen, daß die Nahrungsmittel für uns reichen werden, na bitte! Aber wenn etwas so Komplexes wie die Landwirtschaft von Computermodellen simuliert werden soll, dann ist das Fehlerpotential erheblich (oder der Genauigkeitsspielraum sehr eng). Die Auswirkungen des heißen Sommers und der Dürre von 1988 straften die meisten der damaligen Computerprognosen innerhalb einiger weniger Wochen Lügen. Sie hatten besagt, eine Verdoppelung des CO_2-Gehalts – die noch einige Jahrzehnte auf sich warten lassen wird –, werde das Wetter so warm und trokken machen, daß die US-amerikanischen Getreide- und Sojabohnenernten eine Einbuße um siebenundzwanzig Prozent erfahren würden. Aber im Sommer 1988, als der Regen ausblieb, ging die US-amerikanische Getreideernte um mehr als fünfunddreißig Prozent zurück, nämlich um 2,6 *Milliarden* Scheffel. Mit dem Sommer 1988 verhielt es sich wie mit dem Ozonloch über der Antarktis: Keines der Computermodelle hatte mit so etwas gerechnet.

Aber selbst wenn (was wahrscheinlich ist) diese Hitzewelle wenig mit dem Treibhauseffekt zu tun hatte, haben wir dank ihrer wenigstens eine Vorstellung davon, was passiert, wenn dieser sich bemerkbar macht. Im Frühjahr 1989 betrugen die Getreidevorräte weltweit nur noch 250 Millionen Tonnen, mit denen man die Weltbevölkerung noch vierundfünfzig Tage lang hätte ernähren können – die niedrigste Menge seit 1973. Der weltweite Verbrauch an Getreide lag 1988 um 152 Millionen Tonnen über der Weltproduktion. Man kann ganz schön lange mit einem Defizit im Staatshaushalt leben, aber wenn die Lebensmittel zu Ende gehen, dann steht keine Zentralbank zur

Verfügung, die neue ausgibt. Ein weiteres Dürrejahr wäre in den Worten des Ministerialdirektors im US-Landwirtschaftsministerium »eine Katastrophe«. »Wenn wir wieder zu normalen Wetterverhältnissen zurückkehren, ist alles in Ordnung«, kommentierte Nelson Denlinger, geschäftsführender Vizepräsident der United States Wheat Association, die Lage.

Nur – es gibt keine normalen Wetterverhältnisse, zu denen wir zurückkehren könnten. Das Wetter der Zukunft läßt sich nicht aus dem Wetter der Vergangenheit prognostizieren, und seine Folgen erst recht nicht. Paul Waggoner kam in einem 1983 erschienenen Bericht der National Academy of Science zu dem Schluß: »Die sicherste Vorhersage, die wir überhaupt machen können, ist: Die Farmer werden sich einer Klimaveränderung anpassen und sie sich zunutze machen, so daß unsere Prognose sich als zu pessimistisch erweisen wird.« Aber die Farmer verlassen sich auf die Vergangenheit; darauf beruht ihr Können. Mit einemmal gleichen sie äthiopischen Nomaden, die Speere gegen italienische Panzer schleudern. Die Wahrscheinlichkeit von Überraschungen nimmt so schnell zu, wie das Wetter sich ändert. Als im Herbst 1988 die US-amerikanischen Farmer schließlich das Getreide einfuhren, das gereift war, stießen Beamte des Landwirtschaftsministeriums auf ein neues Problem: Getreideproben aus mindestens sieben Bundesstaaten – darunter Iowa, Illinois und Indiana, wo die Hälfte des in den USA produzierten Getreides angebaut wird – waren mit Aflatoxinen vergiftet, den Stoffwechselprodukten eines Pilzes, der normalerweise in der Ackerkrume vorkommt. Wenn zu warm gewordene Getreidekörner aufplatzen, dringen Schimmelpilze ein. Aflatoxine verursachen Krebs (vor allem Leberkrebs), und Getreide, das für den menschlichen Verzehr bestimmt ist, darf höchstens 0,02 ppm Aflatoxin enthalten, während die Obergrenze bei Getreide als Futtermittel für Mastschweine und Milchkühe maximal 0,1 beziehungsweise 0,3 ppm beträgt. Nach einem Bericht der *New York Times* stellte sich bei Ultraviolettuntersuchungen durch die staatliche Lebensmittelaufsicht heraus, daß auf siebzig Prozent der Felder in Nordosttexas die zulässigen Aflatoxinwerte überschritten waren und vierzig Molkereien ihre Milch in den Ausguß schütten mußten, weil das Futter der Kühe zu hohe Aflatoxinwerte aufwies. In manchen Fällen war es möglich, das befallene Getreide mit gesundem zu mischen, so daß es noch als Viehfutter verwendet werden konnte; dennoch sprach ein Mitarbeiter der Food Distribution

Administration von einem »ernsten Problem«. Und ich war bislang nie auf den Gedanken gekommen – vermutlich so wenig wie jeder andere, der nichts mit dem Anbau von Getreide zu tun hat –, daß so etwas passieren könnte.

Es sei immer wieder daran erinnert, daß die verschiedenen Veränderungen allesamt gleichzeitig eintreten können: Es wird wärmer, es wird trockener, der Meeresspiegel steigt so schnell wie die Lebensmittelpreise, die Hornfliege breitet sich aus, die Hurrikans nehmen an Stärke zu, und so weiter. Und nicht zu unterschätzen ist die schlichte Tatsache des täglichen Lebens in einem wärmeren Klima. Der nordamerikanische Sommer von 1988, in dem von nichts anderem geredet wurde als von der Hitze und wann sie aufhören würde, war nur ein bis zwei Grad wärmer, als wir es gewohnt waren. Aber nach den Prognosen der Klimamodelle liegen die sommerlichen Temperaturen in absehbarer Zeit um zwei bis vier Grad über den bisherigen, »normalen« Werten. Die Wissenschaft hat bislang keine Methoden entwickelt, die feststellen ließen, wie groß der Anteil der Personen ist, die sich an einem Augustnachmittag dann noch als menschliche Wesen fühlen, oder wieviel Arbeitsstunden für die dritte kalte Dusche am Tag verlorengehen – oder um den Verlust an Geist und Umgangsformen bei einer Bevölkerung abzuschätzen, die hauptsächlich damit beschäftigt ist, ständig ihre durchgeschwitzten Hemden und Blusen zu wechseln. Das sind keineswegs Nichtigkeiten, und eine Zukunft, die aus solchen Sommern besteht, sieht düster aus. Sommer, das wird künftig etwas anderes bedeuten – nicht mehr die sorglose Jahreszeit, sondern eine Zeit, in der man die Zähne zusammenbeißt und durchhält. Der Sommer bedeutet etwas Neues, wenn in Omaha die Temperaturen nicht mehr wie bislang an dreizehn, sondern an fünfzig Tagen im Jahr über 35 Grad liegen, und wenn sie in Memphis nicht mehr an zwanzig, sondern an neunzig Tagen im Jahr nachts nicht unter 24 Grad sinken. Natürlich können wir die Klimaanlage einschalten (obwohl dadurch die CO_2-Emissionen zunehmen und diese Anlagen häufig Fluorchlorkohlenwasserstoffe enthalten), und möglicherweise wird das die größte Auswirkung der neuen Natur sein. Vielleicht wird der Sommer die Jahreszeit, zu der niemand das Haus verläßt. Aber keiner, der in den USA den Sommer von 1988 miterlebt hat, wird es für wahrscheinlich halten, daß wir uns daran gewöhnen könnten.

Einige von denen, die sich nicht daran gewöhnen konnten,

sind daran gestorben. Statistiker haben den Zusammenhang zwischen Sterbehäufigkeit und vorherrschenden Temperaturen untersucht und festgestellt, daß bei sehr warmem Wetter sowohl die Zahl der Frühgeburten als auch die perinatale Mortalität zunehmen; Todesfälle aufgrund von Herzkrankheiten nehmen zu, und der Zustand bei Emphysemen verschlechtert sich. Nach Feststellungen der US-Umweltschutzbehörde ist zu erwarten, daß »bei einem Klimawechsel, der in manchen Gebieten zu einer Verdrängung der Waldflächen durch Grasland führt, der Pollenflug zunehmen wird«, was sich belastend auf alle auswirkt, die an Heuschnupfen oder Asthma leiden. Wenn die Anzahl der Tage im Jahr mit Temperaturen zwischen 15 und 35 Grad zunimmt, nehmen auch die Stechmückenpopulationen zu. Für die US-Umweltschutzbehörde heißt das, daß Malaria, Enzephalitis und Denguefieber in den USA ausbrechen können, außerdem möglicherweise Gelbfieber und (beim Vieh) Rifttalfieber. Unter den Folgen einer Malariaerkrankung kann ich mir wenig vorstellen, aber sehr viel unter Scharen von Stechmücken, die mich während der Gartenarbeit peinigen oder mir in der Nacht keine Ruhe lassen. Stechmücken sind an sich schon eine rechte Plage der Natur; wenn wir ihr massenhaftes Auftreten uns selbst zuschreiben müssen, dann könnten sie zu einem unerträglichen Sinnbild unserer Torheit werden – unserer zahlreichen Torheiten, denn es war natürlich der Wunsch, sie ein für allemal loszuwerden, der uns dazu bewog, die ganze Erde mit DDT zu verseuchen, und jetzt sorgen wir vielleicht unabsichtlich für ihre Verbreitung.

»Eine Vielzahl weiterer in den USA auftretender Krankheiten lassen Empfindlichkeit gegenüber Wetterveränderungen vermuten«, vermerkt die US-Umweltschutzbehörde EPA. »Erhöhte Feuchtigkeit kann das Auftreten und die Intensität von Haut- und Hefepilzerkrankungen (zum Beispiel Scherpilzflechte und Fußpilz; Candidiasis) begünstigen. Untersuchungen an Soldaten, die während des Vietnamkrieges in Vietnam stationiert waren, haben ergeben, daß ambulante Behandlungen von Hautkrankheiten (die häufigsten der damals in der Armee ambulant behandelten Krankheiten) unmittelbar mit einem Anstieg der Luftfeuchtigkeit korrelierten.« Das Interessante an diesem letzten Zitat aus einem offiziellen Bericht der EPA für den amerikanischen Kongreß ist weniger die angeführte Tatsache als deren Quelle – daß es für sinnvoll gehalten wird, die Verhältnisse in Vietnam zu studieren, um Informationen über das in den Ver-

134

einigten Staaten zu erwartende Wetter zu erhalten. Mit dem vietnamesischen Wetter ist alles in Ordnung, es ist weder »besser« noch »schlechter« als die verschiedenen Klimate in den USA oder als das Wetter in Großbritannien oder Kanada. Und es gab immer Menschen, die in ihrem Leben nacheinander in all diesen unterschiedlichen Klimazonen gelebt und sich ihren Verhältnissen angepaßt haben. Wir alle haben irgendwann einmal den Wunsch nach einem Klimawechsel verspürt – den vielleicht größten Anreiz zum Reisen. Aber jetzt ist es das Wetter, das reist. Nach einer von den Vereinten Nationen in Auftrag gegebenen Studie »ist zu erwarten, daß das Klima Finnlands sich dem Klima Norddeutschlands annähert, das von Saskatchewan dem von Nordnebraska, das Klima der Region um Leningrad dem Klima in der westlichen Ukraine, das des Mittleren Ural dem von Mittelnorwegen, das Hokkaidos dem von Nordhonsyû, das Klima Islands dem Klima Nordostschottlands«. Wenn wir auch in Zukunft das Wetter haben wollen, an das wir gewöhnt sind, dann müssen wir wegziehen, nach Norden, mit der Hitze auf unseren Fersen.

Die Versuchung, sich lange den Sonnenstrahlen auszusetzen, die durch die steigenden Temperaturen stark gemindert ist, erhält einen weiteren Dämpfer durch die Zerstörung der Ozonschicht, deren schädliche Auswirkungen auf die menschliche Gesundheit möglicherweise schlimmer sind als alle anderen Folgen der Klimaveränderung. Die ultraviolette Strahlung ist nicht in allen ihren Bereichen gefährlich für uns. Das sogenannte UV-A mit Wellenlängen über 315 nm (Nanometer) ist beispielsweise für die Bildung von Vitamin D erforderlich. Aber die Energie in einem UV-B-Photon (280–315 nm) ist weit höher als beim UV-A, so daß es Zellen zu beschädigen vermag. In dem Sonnenlicht, mit dem wir großgeworden sind, haben das Ozon und der Sauerstoff der Stratosphäre einen Großteil der Sonnenstrahlung mit Wellenlängen zwischen 280 und 315 nm herausgefiltert. Bereits unter heutigen Verhältnissen läßt das auf der Erdoberfläche auftreffende UV-B die menschliche Haut altern und kann Hautkrebs hervorrufen. Da der größte Teil der ultravioletten Strahlung von den obersten Zellschichten der Haut absorbiert wird, bekommt ein Lebewesen von der Größe etwa eines Menschen die Wirkungen überwiegend auf den ungeschützten Körperorganen – Haut und Augen – zu spüren. Die Strahlung wird hauptsächlich vom Melanin absorbiert, einem Hautpigment; sie kann jedoch je nach der vorhandenen Melaninmenge auch tiefere Hautschichten erreichen, Unterhaut- und Schuppenzellen in Mitleidenschaft ziehen und dort jene Mutationen auslösen, die schließlich zu Hautkrebs führen. Das bedeutet unter anderem, daß hellhäutige Menschen sieben- bis zehnmal anfälliger für bösartige Melanome sind als dunkelhäutige. Nach Untersuchungen, auf die sich das Environmental Policy Institute stützt, werden Menschen, die unter freiem Himmel arbeiten, von dieser Krankheit interessanterweise seltener befallen als Menschen, die ihrem Beruf in geschlossenen Räumen nachgehen. Zumeist sind Körperteile betroffen, die normalerweise nicht dem Sonnenlicht ausgesetzt sind (so der Rumpf), insbesondere als Folge des Sonnenbadens im Urlaub. Eine Verminderung der Ozonhülle um drei Prozent, wie sie aufgrund der bisherigen wissenschaftlichen Beobachtungen in absehbarer Zeit zu erwarten ist, wird voraussichtlich die Zahl der Hautkrebserkrankungen um 200 000 Fälle erhöhen, in der Hauptsache in Nordamerika, Europa, der Sowjetunion, Australien, Neuseeland und Japan.

Die ultraviolette Strahlung kann auch das menschliche Auge schädigen. Die Eskimos haben seit jeher Schlitzbrillen getragen, da Schnee achtzig bis neunzig Prozent des auftretenden UV-B zurückstrahlt, während eine Pflanzendecke es weitgehend absorbiert; infolge der Schneeblendung schwellen häufig die Augenlider zu. (Sand reflektiert etwa vierzig Prozent der einfallenden Sonnenstrahlung, so daß ein Urlaub auf Mauritius statt in St. Moritz in dieser Hinsicht wenig Abhilfe schafft.) Die Schneeblindheit wirkt sich wie ein Sonnenbrand auf der Netzhaut aus. Im allgemeinen heilt sie ohne Folgeschäden ab. Werden die Augen jedoch für längere Zeit der UV-Strahlung ungeschützt ausgesetzt, so kann dies zu grauem Star oder gar dauernder Erblindung führen. Der graue Star ist in den Vereinigten Staaten bereits heute ein ernstes Problem. Doch hier gibt es wenigstens Augenärzte. Nach Schätzungen des Environmental Policy Institute würde die Verringerung der Ozonhülle um drei Prozent jährlich zu rund 400 000 neuen Erkrankungen an grauem Star führen. Viele würden erblinden, vor allem in der dritten Welt, wo die Menschen im Freien arbeiten und wo Ärzte Mangelware sind. Auch hier sind wie so oft tausend winzige Interaktionen im Spiel. Wir haben bereits gesehen, daß wärmeres Wetter die Zahl der Frühgeburten erhöht. Und Schädigungen der Netzhaut, die bei Frühgeborenen zu Blindheit führen, gehen nach Meinung zahlreicher Fachleute auf UV-Strahlung zurück.

Der Fähigkeit der Bauern, sich den neuen Klimaverhältnissen anzupassen, wird möglicherweise durch die UV-Strahlung eine Grenze gesetzt, weil sie sich vor dem Sonnenlicht schützen müssen. Sollte sich die Zerstörung der Ozonhülle als schlimmer erweisen, als gegenwärtig vermutet wird (und in dieser Hinsicht waren sämtliche Modelle bislang zu optimistisch), werden nach Ansicht von Fachleuten in bestimmten Regionen die Rinder nur noch in der Dämmerung weiden können, weil ihre Augen sonst Schaden leiden, und die Bauern ihre maximal zulässige Arbeitszeit in der Sonne auf Minuten beschränken müssen – wie Arbeiter in einem Kernkraftwerk.

Die Erhöhung der UV-Strahlung kann unmittelbare Auswirkungen auf die Pflanzen haben und so viele der Probleme verschärfen, die durch die Erderwärmung hervorgerufen werden. Man hat in Versuchen mindestens zweihundert Pflanzenarten einer erhöhten UV-Strahlung ausgesetzt, und etwa zwei Drittel haben mehr oder weniger empfindlich darauf reagiert. Eine der Folgen war eine geringere Blattgröße, was eine geringere Aufnahme an Sonnenenergie bedeutet. Erbsen, Bohnen, Kürbisse, Melonen und Kohl wurden besonders in Mitleidenschaft gezogen; eine Untersuchung an Sojabohnen (eines der wichtigsten Nahrungsmittel der Erde) ergab, daß eine schwere Schädigung der Ozonschicht zu einer Ertragseinbuße von fünfundzwanzig bis fünfzig Prozent führen kann. Eine noch größere Bedrohung durch das Ozonloch ergibt sich für das tierische und pflanzliche Plankton der Weltmeere. Beide sind gegenüber einer erhöhten UV-Strahlung besonders empfindlich, weil sie so winzig klein sind; unsere Haut kann den größten Teil der erhöhten Strahlung absorbieren, aber diese Kleinorganismen sind ihr schutzlos preisgegeben. Es gibt Anzeichen, daß viele Planktonarten bereits die Grenzen ihrer Resistenz gegenüber der UV-Strahlung erreicht haben. »Sie werden heute durch die UV-Strahlung extrem stark belastet«, sagte der Marburger Wissenschaftler Donat Haber im März 1988 in der New York Times. »Die meisten sind unglaublich empfindlich. Wenn Sie eine Population dieser Organismen [einer erhöhten UV-Strahlung] aussetzen, geht sie innerhalb weniger Stunden ein.« Beim Zooplankton sinken die überlebenden Kleinlebewesen möglicherweise in tiefere Wasserschichten, wo die UV-Strahlung schwächer ist, aber auch weniger Sonnenlicht zur Verfügung steht. Bestimmte Zooplankter, darunter auch Krabben, wählen offenbar ihre Laichzeit so, daß die Eier nicht während des Sommers unter der Wasseroberfläche schwimmen, wenn die UV-Strahlung am stärksten ist; eine Verringerung der Ozonschicht um 7,5 Prozent kann die Laichperiode der Krabben um bis zu fünfzig Prozent verkürzen. Manche Wissenschaftler – insbesondere James Lovelock – vertreten die Ansicht, das Ozon sei für die Entstehung des Lebens auf der Erde nicht notwendig gewesen, und weisen auf bestimmte Algen hin, die selbst eine ungefilterte UV-Strahlung überleben können. Leider haben andere Untersuchungen ergeben, daß die Planktonarten, die eine übermäßig hohe UV-Strahlung überstehen können, weniger nahrhaft sind als die Arten, die daran eingehen. Das alles ist wichtig, weil die kleinen Zooplankter zu Krebsen und Sardellen und so weiter heranwachsen und die kleinen Phytoplankter von größeren Fischen (bis hin zu bestimmten Walen) gefressen werden. Rund die Hälfte des Proteins auf der Erde stammt von Meeresorganismen, und in Ländern der dritten Welt ist dieser Prozentsatz besonders hoch. Und schließlich darf nicht vergessen werden, daß das Phytoplankton eine entscheidende Rolle im Kohlenstoffkreislauf spielt und enorme Mengen Kohlendioxid aufnimmt. Wenn ein großer Prozentsatz der Algen in den Weltmeeren abstirbt, beschleunigt das den Treibhauseffekt.

Die Liste der unterschiedlichen Auswirkungen einer veränderten Atmosphäre ist im wahrsten Sinne des Wortes endlos: Alles verändert sich, wenn die Welt sich in solchem Ausmaß verändert. Man hat berechnet, daß der Außenanstrich von Häusern schneller verblaßt, durchsichtige Fensterscheiben schneller vergilben und Autodächer aus Polymer schneller »kreidig« aussehen, wenn die Ozonhülle abgebaut wird. Die UV-Strahlung greift Produkte aus PVC an, so daß diesem bei der Herstellung mehr Titanoxid (ein Lichtschutzmittel) zugesetzt werden muß. Dadurch könnten in den USA im Jahr 2075 bei der PVC-Produktion Zusatzkosten in Höhe von 4,7 Milliarden Dollar anfallen. In der Stadt New York verstärkte die sommerliche Hitze die Auswirkungen von Lecks in unterirdischen Dampfleitungen, weichte den Asphalt auf und verursachte Tausende von Teerbeulen im Straßenbelag. »Bei länger anhaltenden Temperaturen von mehr als 32 Grad im Schatten artet es zu einer kleinen Katastrophe aus«, meinte Lucius Ricco vom New Yorker Bureau of Highway Operations. Hundertsechzig Menschen wurden verletzt, als in Montana ein Zug entgleiste, nachdem sich die Schienen offensichtlich durch die Hitze verzogen hatten.

Neben den physikalischen Folgen sind endlose politische und finanzielle Auswirkungen zu erwarten. Wenn die höheren nördlichen Breiten im Winter um mindestens vier Grad Celsius wärmer würden als bisher, wie manche Modelle prognostizieren, wäre nach Meinung eines Forschers »die legendäre Nordwestpassage offen«. Dann »könnte man mit dem Schiff doppelt so schnell wie bisher von Tokio nach Europa reisen«. Die Politik könnte sich verändern; so erklärte Francis Bretherton vom National Center for Atmospheric Research gegenüber der *Time*, wenn die Great Plains zu einer Staubsavanne würden und viele ihrer Bewohner nach Norden ziehen würden, um in gewohnten Temperaturen zu leben, könnte Kanada zu einer ähnlichen Weltmacht aufsteigen, wie es die Sowjetunion ist.

Man kann dieses Spiel beliebig lange fortsetzen und sich die absurdesten Konsequenzen ausmalen. Man kann nicht einfach kategorisch behaupten, dieses oder jenes Ereignis sei unmöglich oder zumindest unwahrscheinlich; solche Prognosen stützen sich auf die Vergangenheit, und es gibt keine Vergangenheit mehr, die für Prognosen relevant wäre. Heute gleicht eine Beurteilung der Zukunft auf der Basis der Vergangenheit der Behauptung, ein Mann könne auf dem Mond ebenso weit springen wie auf der Erde. Diese Unsicherheit hat ganz handfeste Folgen: Wenn die Ingenieure nicht wissen, wie hoch der Meeresspiegel steigt oder wieviel Wasser von einem Fluß geführt wird, dann wissen sich auch nicht, wieviel Beton sie brauchen. Eine Gruppe von Wissenschaftlern, die 1985 in Österreich zusammenkam, gelangte zu dem Ergebnis: »Zahlreiche wichtige wirtschaftliche und gesellschaftspolitische Entscheidungen werden heute über große Bewässerungssysteme, Wasserkraftwerke und andere Wasserbauprojekte getroffen, über Dürrezeiten und landwirtschaftliche Bodennutzung, über Baukonstruktionen und Maßnahmen des Küstenschutzes sowie über Energieplanung, die allesamt auf Annahmen über das Klima der kommenden Jahrzehnte beruhen. Dabei wird in den meisten Fällen unterstellt, daß die klimatischen Gegebenheiten der Vergangenheit ohne Modifizierung verläßliche Prognosen für die Zukunft ermöglichen. Eine solche Annahme ist jedoch nicht mehr berechtigt.« Nach Ansicht von Jesse Ausubel, Projektleiter an der National Academy of Engineers, wird es schwierig sein, einen Standort für einen Staudamm, einen Flughafen, ein öffentliches Transportsystem oder irgend etwas anderes zu finden, das jahrzehntelang Dienst tun soll. Was tun wir, wenn die

Vergangenheit kein Wegweiser mehr für die Zukunft ist? Das Problem besteht darin, daß kein geeigneter Ersatz zur Verfügung steht – selbst die Autoren der globalen Klimamodelle räumen ein, daß ihre Prognosen im Weltmaßstab äußerst grob und in jedem kleineren Maßstab absolut unzuverlässig sind. Wir sitzen da mit einer Unzahl von »Vielleichts« und nur einer einzigen Gewißheit: Wir haben die Welt verändert, und deshalb kommt manches »Vielleicht« so gut wie sicher.

Selbstverständlich hat es schon immer Veränderungen gegeben, hat die Zukunft schon immer aus verschiedenen Möglichkeiten bestanden. Aber wir haben diesen Prozeß der Veränderung so sehr beschleunigt, daß der Unterschied qualitativer und nicht quantitativer Natur ist. Die Prognosen zur Erwärmung der Erdoberfläche während des kommenden Jahrhunderts – mit einem Anstieg der Durchschnittstemperatur um zwei bis sechs Grad Celsius – laufen darauf hinaus, daß das Klima sich um das Zehn- bis Sechzigfache seines natürlichen Tempos ändert, wie Stephen Schneider vom National Center for Atmospheric Research bemerkt hat. »Das Zehnfache ist der bestmögliche Fall«, sagte er vor kurzem in einem Interview. Doch selbst dieser Faktor bedeutet eine fast unvorstellbare Beschleunigung; es ist, als würden wir im Auto mit hundert Stundenkilometern auf einer Schnellstraße fahren, und plötzlich klemmt das Gaspedal, die Bremsen versagen, und wir fahren mit tausend Stundenkilometern. Da spielt der Unterschied zum sechzigfachen Tempo kaum noch eine Rolle – den Wagen bei sechstausend Stundenkilometern zu beherrschen, dürfte kaum unmöglicher sein, als es bei tausend Stundenkilometern zu versuchen. Der Unterschied würde sich bereits früher bemerkbar machen. Ich selbst bin schon mit hundertsechzig Stundenkilometern Auto gefahren, vielleicht sogar schneller; auf der Autobahn bringen es manche Modelle auf über zweihundert Stundenkilometer, und für einen Rennfahrer sind auch dreihundert Stundenkilometer noch kein ernstes Problem. Aber von da an wird es nicht schneller – es wird anders. Von da an kann man weder in die Kurve gehen noch bremsen oder auch nur erkennen, was links und rechts an einem vorbeihuscht. Die Fähigkeit, einen Wagen bei hundert Stundenkilometern zu beherrschen, sagt *überhaupt nichts* über die Fähigkeit aus, ihn mit tausend Stundenkilometern zu fahren. Ein solches Tempo ist auf einer Autobahn gar nicht mehr möglich, höchstens noch auf den Bonneville Salt Flats. In ähnlicher Weise sagt unsere Fähigkeit, Hitzewellen wie die von 1988 zu überstehen, mit knapperen Wasserreserven, zusammengeschmolzenen Getreidevorräten und so weiter, nichts darüber aus, ob wir das überleben können, was uns bevorsteht. Selbst die denkbaren Szenarien der künftigen Veränderungen – zum Beispiel das Abschmelzen der Polkappen – tragen zu unserer Beruhigung bei, weil sie uns zumindest in Ansätzen ermöglichen, uns das Leben in der neuen Welt vorzustellen. Wir können planen, wohin wir dann vielleicht umziehen, wir können über mögliche Verschiebungen im Wert unserer Besitztümer nachdenken und darüber, ob unser Arbeitsplatz noch existieren wird oder nicht. Aber eine derartige Beruhigung ist illusorisch. »Es ist ganz einfach so«, sagte Schneider vor dem US-Kongreß, »daß mit wachsender Schnelligkeit der Klimaveränderungen auch die Wahrscheinlichkeit unerwarteter Überraschungen zunimmt.«

Während die Vereinigten Staaten im Sommer 1988 in der Hitze schmorten, beendeten Wissenschaftler der US-Umweltschutzbehörde EPA die bislang umfangreichste Untersuchung über die möglichen Auswirkungen der Klimaveränderungen. Zwei Jahre zuvor hatte der Kongreß diese Studie angefordert. Obgleich die Autoren des Berichts ihre Schlußfolgerungen keineswegs zurückhaltend formulierten, sprachen sie mehrere Vorbehalte aus. »Wir haben keine Erfahrung mit einer Erwärmung der Erdoberfläche, wie sie für das kommende Jahrhundert prognostiziert wird. Wir können nicht unter Laborbedingungen simulieren, was auf dem gesamten nordamerikanischen Kontinent passieren wird«, heißt es in diesem Bericht. Und mit einer Bescheidenheit, die nichts Gutes verheißt, schrieben sie: »*Unsere Ergebnisse sind außerdem durch die Grenzen unserer eigenen Vorstellungskraft beschränkt.* Solange sich nichts so Schwerwiegendes ereignet wie die Dürre von 1988, erkennen wir den engen Zusammenhang zwischen unserer Gesellschaft, der Umwelt und dem Klima nicht. So sind wir beispielsweise in diesem Bericht nicht auf den Rückgang der Frachtschiffahrt auf Flüssen und Kanälen als Folge eines gesunkenen Wasserspiegels eingegangen und ebensowenig auf die erhöhte Gefahr von Waldbränden in Dürreperioden oder die Folgen für die Entenpopulationen durch den Rückgang von Wasserlöchern in den Prärien.«
Betrachten wir doch einmal »die Folgen für die Entenpopulationen« etwas näher; daraus können wir einiges über die neue,

künstliche Natur lernen. Wie wir wissen, haben alle vom Menschen verursachten Veränderungen andere Spezies beeinträchtigt – seit der erste Damm aufgeschüttet und das erste Feld gepflügt wurde. Je schneller die Veränderungen vor sich gingen, desto schneller traten die Schäden ein. Im Frühjahr 1988 machten sich nur noch neunundzwanzig Millionen Vögel auf den Weg quer über den amerikanischen Kontinent, während es dreiunddreißig Jahre zuvor, als der Fish and Wildlife Service erstmals eine Zählung vornahm, noch fünfundvierzig Millionen gewesen waren. In den letzten Jahren wurden allerdings Anstrengungen unternommen, um wenigstens soviel Natur zu retten, daß zumindest eine gewisse Zahl von Enten (und Bären und Elchen und Adlern) Zuflucht finden konnte, und bis zu einem gewissen Grad war man dabei erfolgreich. Als jedoch im Sommer 1988 die Enten nach Norden flogen, fanden sie wenig Wasser. Teile von Norddakota waren zu neunzig Prozent verdorrt, und nach einem Bericht von Penny Ward Moser in der *Sports Illustrated* ergab sich nach einer Luftinspektion der kanadischen Prärie, daß von insgesamt 330 Wasserlöchern nur sieben Wasser enthielten. Diese Wasserlöcher sind das Produkt langsamer natürlicher Veränderungen: Als die Gletscher sich vor zehntausend Jahren zurückzogen, hinterließen sie ihre Spuren auf den Ebenen in Form von Gletschertöpfen. Im Verlauf etwa der letzten hundert Jahre sind viele von ihnen vom Menschen trockengelegt worden. Und im Sommer 1988 tat die Dürre ein übriges. »Die kräftigsten unter den Erstankömmlingen steckten ihr Revier ab, paarten sich und versuchten, ihre Brut an immer kleiner werdenden Wasserpfützen großzuziehen, eingekreist von Raubtieren, die sich in der Nähe niedergelassen hatten und sich für den gesamten Sommer ein Festmahl versprachen«, schrieb Moser. Einige Enten entschlossen sich nach kurzer Prüfung, auf die Paarung zu verzichten; sie verbrachten den Sommer auf den größeren Seen. Wieder andere flogen noch weiter nach Norden, bis sie ein geeignetes Habitat erreichten, aber unterwegs erlitten sie zuviel Proteinmangel, um noch Eier legen zu können. Inzwischen wurden die Enten, die ein Wasserloch gefunden hatten, wo sie ein Nest bauen konnten, und den Raubtieren entgangen waren, von Botulismus befallen, der sich in dem warmen und seichten Wasser bald epidemisch ausbreitete. Andere – *viele* andere – Enten gingen ein, als das US-Landwirtschaftsministerium den von der Dürre heimgesuchten Farmern helfen wollte und 20 Millionen Hektar Naturschutzgebiet freigab. Als die

Traktoren dort einfielen, mähten sie nicht nur das Heu, sondern auch die Enten samt ihren Nestern. Im selben Jahr starben auch Millionen Fische, als die Temperaturen in Flüssen und Seen stiegen und die Konzentration von Pestiziden im Wasser stark zunahm. Moser befand sich zu dieser Zeit auf einer Farm in Nordillinois, wo sie aufgewachsen war, und berichtete von ihren Eindrücken: »Wir bekommen in diesem Sommer an unseren Flüssen keine der großen Blaureiher zu Gesicht. Es gibt ja kaum noch Flüsse. Die Unterwassergänge der Bisamratten liegen hoch in der Uferböschung über dem Wasserspiegel ... An einem Bachdurchlaß beobachten wir einige Aale, die sich durch schlammige Pfützen schlängeln und einen tieferen Tümpel suchen. Dann machen die Aale kehrt und winden sich wieder zurück durch den Schlamm, dorthin, woher sie gekommen waren. Es *war* der tiefere Tümpel.«

Das ist nicht das Elend eines einzigen Landes und auch nicht die Geschichte eines einzelnen Jahres. Für die Tiere und Pflanzen, die in Schutzgebieten überall auf der Welt leben, könnten sich ihre »Schongebiete« und »Reservate« schon bald als Fallen erweisen. Wenn die Wälder mit steigenden Temperaturen tatsächlich sterben, dann werden viele Tiere ihr Los teilen; der EPA-Bericht führt das Beispiel der Feigenwespe und des Feigenbaums an, die ohne einander nicht existieren können. Millionen jener kleinen Lebewesen, die die Korallenriffs bilden, sterben vielleicht schon jetzt, da wärmeres Wasser ihre hauptsächliche Nahrungsquelle, eine Braunalgenart, abtötet.

Doch selbst wenn es den Bäumen gelingen würde, abzuwandern – wenn das Ökosystem einem Kollaps entgehen würde –, wären die wildlebenden Tiere und die Wildpflanzen bedroht. Tiere wissen nicht, daß sie sich in einem Schutzgebiet befinden, und sie sind nicht so anpassungsfähig wie der Mensch. Wenn es wärmer wird, werden die Wapitis aus dem Yellowstone Park nach Norden wandern und mit ihnen die Bisons, die Grizzlys und die vielen anderen Tiere und Pflanzen, die in dem Park sicher waren. Sobald ein Bison die Grenze des Naturschutzparks überschreitet, ist er Freiwild für die Jäger, die zur Jagdzeit scharenweise hinter der Grenze lauern. Gewiß, man kann die Jagdgesetze ändern, aber Jäger sind nicht die einzige Gefahr, die den Tieren droht. Der Weg nach Norden wird durch Straßen und Zäune unterbrochen und von Automobilen gekreuzt. Montana ist nicht gerade dicht bevölkert, aber schon einige hundert Kilometer (beziehungsweise um einige Grade Celsius) nördlich vom

Yellowstone Lake ist man in Great Falls, was kein guter Ort für eine Bisonherde ist. Als in der Kalahariwüste Botswanas eine Viertelmillion Weißschwanzgnus während einer Dürre auf der Suche nach Wasser nordwärts wanderten, gingen zahllose Tiere entlang eines hundertfünfzig Kilometer langen Zauns ein, den man zum Schutz weidender Rinder errichtet hatte. Wir haben die Natur auf kleine Parzellen zurückgedrängt; die Klimaveränderung »führt dazu, daß Tausende von Tierarten von Weidezäunen und bewirtschafteten Feldern, von vierspurigen Schnellstraßen, Neubausiedlungen und anderen Hindernissen aufgehalten werden, wenn sie versuchen, in kühlere Gegenden zu fliehen«, schreibt Robert L. Peters vom World Wildlife Fund. »Es steht zu befürchten, daß die Auswirkungen auf die Natur denen der letzten Eiszeit in nichts nachstehen.«

Immer wieder muß ich an Mary Austins Vögel in der schattenlosen Wüste denken oder an die purpurroten Schwalbenjungen in der Nähe von Penny Mosers Farm in Illinois, die in der Sommerhitze von 1988 buchstäblich »zu Tode schmorten«. Es sind reale Ereignisse und zugleich Metaphern. Die Hitze wird die Eier der Vögel schmoren, und diese Zerstörung – und die Orkane und der steigende Meeresspiegel und die im wahrsten Sinne des Wortes blendende Sonne – wird uns das Gefühl der Geborgenheit nehmen. Es wird keinen Grund mehr geben, sich geborgen zu fühlen, weil es keine Geborgenheit mehr geben wird. Der alte Planet ist nicht mehr derselbe. Darauf, daß die Temperatur in Glenns Falls, der nächsten größeren Stadt in meiner Umgebung, nie über 37 Grad Celsius steigen würde, konnte man getrost einiges wetten, weil sie das noch nie getan hatte. Doch im Sommer 1988 war es soweit. Jetzt gibt es keinen Grund mehr zu glauben, sie könnte nicht 40 Grad erreichen. Wir leben in einer anderen Welt, und deshalb empfinden wir auch das Leben darin anders.

Eine Trotzreaktion

Im vergangenen Sommer paddelte ich in Begleitung eines Biologen im Staatsdienst über einen Adirondacksee, um einen Adlerhorst aufzusuchen. Dreißig Jahre zuvor hatten die Gemeinden der Umgebung zur Bekämpfung der Kriebelmücken große Mengen DDT in die Flüsse gekippt. Die Mücken überlebten diesen Anschlag (sie umschwärmten uns den ganzen Morgen in dichten Wolken), die Adler allerdings nicht. Die Chemikalie bewirkte, daß die Schalen ihrer Eier so dünn wurden, daß sie zerbrachen, wenn sich das Adlerweibchen auf sie setzte, um zu brüten.

Und im letzten Jahr kehrten drei Adlerpärchen in die Adirondacks zurück und bauten Horste. Die DDT-Konzentration in den Gewässern war inzwischen weit genug zurückgegangen. Wir saßen im Kanu und beobachteten einen großen Adler, der über uns seine Kreise zog: Es war der amerikanische Adler, wie wir ihn von der Dollarnote kennen – die Augen glänzten vor verhaltener Erregung, die Federn auf dem Kopf waren gesträubt. Das Weibchen saß im Horst, dem wir zu nahe gekommen waren. Wir traten den Rückzug an, und er stieg mit ein, zwei Schlägen seiner Schwingen mit einer Spannweite von fast zwei Metern hoch hinauf und flog zum Horst. Dort spreizte er noch einmal die Flügel, hielt einen Augenblick inne und ließ sich langsam nieder.

Diesen großartigen Anblick habe ich Rachel Carson zu verdanken; hätte sie damals nicht die Gefahren des DDT beschrieben, wäre die Bedrohung möglicherweise erst zu spät erkannt worden. Sie benannte das Problem, sie bot eine Lösung an, und die Welt änderte ihren Kurs.

145

Das müßte ich mir auch für mein Buch wünschen. Während ich an meinem Manuskript arbeite, mehren sich die Anzeichen, daß der Treibhauseffekt als wichtiges politisches Problem, vielleicht als *das* politische Problem der Gegenwart erkannt wird. US-Präsident Bush hat für Herbst 1989 eine Konferenz von Wissenschaftlern aus aller Welt zu diesem Thema einberufen; es ist die Rede von einem internationalen Abkommen zur Verhinderung der Klimakatastrophe, das analog den Abkommen zur Einstellung der Produktion von FCKWs gestaltet werden soll. All das klingt verheißungsvoll und vernünftig. Es *muß* eine Lösung geben; wir müssen unsere Abgeordneten darauf ansprechen, sie müssen Maßnahmen ergreifen, und dann können wir alle weiterleben. Wir müssen vernünftige Vorschläge machen, einen Plan vorlegen, einen Katalog von Maßnahmen, ein Sieben-Punkte-Programm, um das Problem des Treibhauseffekts zu lösen. Das ist die moderne Art, an Sachen heranzugehen. Das ist unsere Reaktion.

Es gibt jedoch Gründe – wirtschaftliche und demographische, aber auch chemische und physikalische Gründe –, die befürchten lassen, daß ein solches Vorgehen in diesem Fall nicht ohne weiteres zum Erfolg führt, daß eine »Lösung« schwierig oder fast unmöglich sein könnte.

Bei den Anhörungen von 1988 vor dem US-Kongreß hatten die Wissenschaftler, die erklärten, daß die Erdoberfläche wärmer wurde, kaum ausgesprochen, als die Senatoren wie aus einem Mund nach Kernkraftwerken riefen; es war wie ein Reflex. Senator Wendell Ford sagte zu den Wissenschaftlern: »Also, ich möchte fast wetten, daß die Hälfte von Ihnen noch vor einigen Jahren gegen das Plutonium war ... Und jetzt erleben wir eine Kehrtwendung um 180 Grad.« Und Senator Frank Murkowski aus Alaska fragte: »Ist es tatsächlich so, daß wir uns energischer auf die Kernenergie konzentrieren müssen? Ich sehe nicht, daß die Öffentlichkeit eine Senkung des Strombedarfs verlangen würde, daß unsere Klimaanlagen abgeschaltet würden oder unser Lebensstandard vermindert würde.« Das ist die Stimme des praktisch denkenden Mannes. Nicht einmal der Senator aus Alaska kann sich ein Leben ohne Klimaanlagen vorstellen, und deshalb *müssen* wir eine Lösung finden, und zwar schnell.

Aber ist die Kernkraft wirklich eine Lösung? Lassen wir die Frage der Sicherheit und der Endlagerung atomarer Abfälle beiseite (auch wenn die Vernachlässigung solcher Fragen ein

Beweis dafür ist, wie abhängig wir bereits sind). Die Atomkraft ist gegenwärtig und auf absehbare Zeit zur Stromerzeugung benutzbar, aber nicht dazu, beispielsweise meine Honda zu betreiben. Allein um die dreißig Prozent Kohlendioxid aufzufangen, die durch die Stromerzeugung anfallen (und vergessen wir nicht, daß das Kohlendioxid nur zur Hälfte für den Treibhauseffekt verantwortlich ist), müßten wir unzählige Kernkraftwerke in Betrieb nehmen – ein Unterfangen, das Jahrzehnte dauern würde. Oder wir müßten auf potentielle Energiequellen wie die Kernfusion warten, was nach Meinung eines Chemikers »zwischen zwanzig Jahren und ewig« dauern kann. Aber wir haben keine Zeit: Ein Aufschieben um zwanzig, dreißig oder gar vierzig Jahre führt zu weiteren 30, 40 oder 60 ppm CO_2 in der Atmosphäre.

Gewiß könnte man die Energieausnutzung verbessern und Energiesparmaßnahmen ergreifen. Während den Konservativen sofort mehr Kernkraftwerke einfallen, reagieren die Liberalen spontan mit Vorschlägen zur Einsparung von Energie. So berät der US-Kongreß zur Zeit (1989) eine Gesetzesvorlage zur Senkung des Kraftstoffverbrauchs von Pkws und leichten Lkws und weitere Maßnahmen: Das Ganze wird als Gesetzesvorlage zur »Verhinderung der Erdaufheizung« bezeichnet.

Es wird von niemandem ernsthaft bestritten, daß Energie verschwendet wird – sogar fünfzehn Jahre nach der Ölkrise. Um nur ein kleines Beispiel zu nennen: Der größte Teil des von der Industrie verbrauchten Stroms dient dazu, Motoren anzutreiben. In Erwartung künftiger Produktionssteigerungen neigen die Unternehmen dazu, größere Motoren zu installieren, als sie brauchen; Großmotoren sind aber nicht effizient, wenn sie nicht mit ihrer optimalen Drehzahl laufen. Wenn jeder in der US-Industrie betriebene Motor mit einem Drehzahlregler neuester Bauart ausgerüstet wäre, würde nach einer Schätzung des jüngsten Jahrbuchs des World Resources Institute der gesamte Stromverbrauch der Vereinigten Staaten um sieben Prozent zurückgehen. Die typischen Heißwassergeräte in US-Haushalten verbrauchen nach Berechnungen des National Resources Defense Council jährlich 4500 bis 6000 Kilowattstunden, während bei neuesten Geräten der Jahresverbrauch lediglich 800 bis 1200 Kilowattstunden beträgt.

Diese Verschwendung muß ein Ende haben, je früher, desto besser. Aber kann man mit solchen Maßnahmen das Problem *lösen?* Betrachten wir kurz einige Zahlen, die Irving Mintzer

147

vom World Resources Institute nennt. Sie sind vielleicht ein bißchen verwirrend, aber sie illustrieren sehr gut unser Dilemma. Mintzer entwickelt ein »Ausgangsszenario«, dessen »Annahmen zu technischem Wandel, wirtschaftlichem Wachstum und der Entwicklung des globalen Energiesystems auf herkömmlichen Denkschemata beruhen«. In diesem Modell unternehmen die Regierungen der einzelnen Länder nichts, um die CO_2-Emissionen zu reduzieren, und geben nur geringe Anreize zu einer Verbesserung der Energienutzung oder der Forschung und Entwicklung auf dem Gebiet der Sonnenenergie, verringern jedoch die Produktion von FCKWs. Dieses Modell würde bedeuten, daß sich die Erdoberfläche bis zum Jahr 2000 durchschnittlich um 0,9 bis 2,5 und bis zum Jahr 2030 um 1,5 bis 4,5 Grad Celsius erwärmen würde. Das ist nach Mintzer »keineswegs das schlechteste denkbare Ergebnis«. Würde die Verbrennung von Kohle und anderen fossilen Brennstoffen gefördert und das Abholzen der tropischen Regenwälder zunehmen, dann würde der bis zum Jahr 2030 zu erwartende Temperaturanstieg 2,2 bis 7,0 Grad Celsius betragen – was Konsequenzen hätte, die wir uns gar nicht ausdenken können. (Nach diesem Szenario kann sich die Erde bis zum Jahr 2070 sogar um 16 Grad Celsius aufgeheizt haben, was unsere Vorstellungskraft erst recht übersteigt.)

Die gute Nachricht, wenn wir sie so nennen wollen, stellt Mintzers »Szenario des langsamen Temperaturanstiegs« dar. Es setzt massive, weltweite Anstrengungen zur Verringerung der Treibhausgas-Emissionen voraus, um eine »Stabilisierung der Zusammensetzung der Erdatmosphäre« zu erreichen. Kohle-, Erdgas- und Erdölpreise werden drastisch erhöht, in den Industrieländern wird der Pro-Kopf-Energieverbrauch gesenkt, und die Regierungen fördern die Entwicklung und den Einsatz von Sonnenenergie. Die tropischen Länder roden nicht nur keine Regenwälder mehr, sondern betreiben auch »umfassende« Maßnahmen zur Wiederaufforstung. Hätte man all diese heroischen Anstrengungen seit 1980 unternommen, dann würde die Erwärmung der Erde laut Mintzers Modell im Jahr 2075 zwischen 1,3 und 4,2 Grad Celsius betragen. Das ist immer noch »eine größere Temperaturzunahme, als sie jemals in der Menschheitsgeschichte aufgetreten ist«. Anders ausgedrückt: Selbst wenn bereits vor zehn Jahren alle Liberalen und Konservativen in allen Ländern der Erde die drastischsten für sie vorstellbaren Maßnahmen ergriffen hätten, wäre es immer noch zuwenig gewesen, um uns furchtbare Konsequenzen zu ersparen.

Warum? Warum läßt sich das Problem nicht auf dieselbe Weise lösen wie beispielsweise das Problem des DDT? Vor allem deshalb, weil dieses Problem nicht nur quantitativ, sondern auch qualitativ ein völlig anderes ist. Kohlendioxid und die anderen Treibhausgase kommen von *überallher*; man kann ihnen nur beikommen, wenn man alles ändert. Ersatzmittel und Behelfslösungen lassen sich nicht aus dem Ärmel schütteln. Viele Kongreßabgeordnete befürworten zum Beispiel die Entwicklung von methanolgetriebenen Automotoren, die weniger Schadstoffe wie Stickoxid an die Umwelt abgeben. Aber Methanol wird überwiegend aus Kohle hergestellt, so daß der CO_2-Gehalt der Atmosphäre drastisch *erhöht* würde.

Umfang und Komplexität des industriellen Systems, das wir errichtet haben, erschweren die naheliegendsten und unmittelbarsten Änderungen. So wird häufig vorgeschlagen, zur Reduzierung des CO_2-Gehalts mehr Bäume anzupflanzen. Das sollten wir tun − aber eine Studie hat gezeigt, daß ein Platanenwald, der das Kohlendioxid von fünfzig Jahren Verbrennen fossiler Brennstoffe binden soll, eine Fläche von der Größe Europas bedecken würde. Eine ungenutzte Fläche dieser Größe gibt es auf der ganzen Erde nicht. Außerdem würde es gar nicht genug Phosphat-, Stickstoff- und Kalidünger für diesen Wald geben. Und obendrein sterben unsere Bäume am sauren Regen. Und da es in den kommenden Jahrzehnten aufgrund der gegenwärtigen CO_2-Emissionen wärmer werden wird, werden voraussichtlich große Waldflächen absterben. Und wenn wir große Wälder auf brachliegenden Flächen anlegen, dann ändern wir möglicherweise den Reflexionsgrad der Erde. Das ist umstritten, aber manche Wissenschaftler behaupten, die dunkelgrünen Wälder würden weniger Sonnenlicht reflektieren als die helleren Grassteppen, deren Platz sie einnehmen würden. (Eine Studie gelangte sogar zu dem Ergebnis, daß eine ausgedehnte Neuanpflanzung von Wäldern den Reflexionsgrad der Erde um zwanzig Prozent verringern könnte, wodurch sich die Erdtemperaturen ähnlich erhöhen würden wie infolge der CO_2-Emissionen aus sieben Jahren.) Ein anderer immer wieder geäußerter Vorschlag ist der, einen Großteil der bisher als Brennstoff genutzten Kohle- und Erdölmengen durch Erdgas zu ersetzen, da bei dessen Verbrennung nur halb soviel Kohlendioxid anfällt. Aber wenn Erdgas − Methan − *vor* seiner

Verbrennung in die Erdatmosphäre gelangt, absorbiert es zwanzigmal soviel Sonnenstrahlung wie das Kohlendioxid. Und Erdgas tritt überall aus – aus Bohrlöchern, Pipelines und Geräten. Nach Meinung von Dean Abrahamson von der University of Minnesota lassen die bislang verfügbaren Daten vermuten, daß zwei bis drei Prozent des in den USA geförderten Erdgases unverbrannt in die Atmosphäre entweichen. Somit würde eine Umstellung von Kohle und Erdöl auf Erdgas den Treibhauseffekt nicht eindämmen, sondern eher noch verstärken.

Das unermeßlich große industrielle System strebt mit ungeheurer Dynamik nach weiterem Wachstum. Auf der einfachsten Ebene, der der Bevölkerung, hält das Wachstum zwar nicht unvermindert, aber kaum vermindert an. In manchen Entwicklungsländern sind bis zu siebenunddreißig Prozent der Bevölkerung unter fünfzehn Jahre alt; in Afrika stellt diese Altersgruppe sogar bis zu fünfundvierzig Prozent der Bevölkerung. Nach demographischen Berechnungen soll die Zunahme der Weltbevölkerung um die Mitte des 21. Jahrhunderts zum Stillstand kommen; bis dahin jedoch wird sich die Menschheit, die heute schon kaum ernährt werden kann, verdoppeln oder sogar fast verdreifachen. Ohne Stabilisierung dieses Faktors sind selbst die naheliegendsten Ziele wie Verringerung des Holzeinschlags und des Verbrauchs fossiler Brennstoffe Zukunftsmusik. Wenn wir die Energieeffizienz verdoppeln und gleichzeitig die Zahl der Energieverbraucher verdoppeln – eine unerfreuliche Rechnung!

Im Verlauf des letzten Jahrhunderts ist der Mensch zu einer Maschine geworden, die Benzin verbrennt. Zumindest im Westen ist das System, das überschüssiges CO_2 produziert, nicht nur riesig und weiterhin im Wachstum begriffen, sondern auch *psychologisch* allumfassend. Es hat keinen Sinn, über Automobile und Kraftwerke zu reden, als wären sie etwas von unserem Leben Abgetrenntes – sie *sind* unser Leben. George Orwell schrieb vor dem Zweiten Weltkrieg, als diese Abhängigkeit sich noch im Anfangsstadium befand: »Im Stoffwechsel der westlichen Welt ist nur noch der Mann, der die Erde pflügt, wichtiger als der Bergmann. Er ist eine Art rußige Karyatide, auf deren Schultern fast alles ruht, was *nicht* rußig ist.« Heute, da die Landwirtschaft so sehr von fossilen Brennstoffen abhängig ist, hat sich sogar diese Reihenfolge umgekehrt.

Angesichts solcher gewaltigen Kräfte gleichen unsere traditionellen Reaktionen der Kriegsbemalung der Indianer, von der die Medizinmänner behaupteten, sie werde sie unverletzlich machen. Im besten – und schlimmsten – Fall vermitteln sie ein falsches Gefühl der Sicherheit. Nehmen wir beispielsweise die weitverbreitete Vorstellung, der »freie Markt« sei in der Lage, alles selbsttätig zu regeln. Der Preis des Erdöls ist zur Zeit niedrig und wird es allem Anschein nach noch eine Weile bleiben; sinkt er unter 25 Dollar pro Barrell, dann, so sagen die Wirtschaftswissenschaftler, besteht kaum noch ein Anreiz, nach alternativen Energiequellen zu suchen. Die bequemsten – und billigsten – Verschwendungsmethoden wurden während der Energiekrise unterbunden. Die Regierungen haben inzwischen Bemühungen, »die viele von ihnen für heroisch halten«, unternommen, um den Ölverbrauch einzuschränken, heißt es in einem Bericht der National Academy of Sciences. Unser vertracktes Problem besteht im Überfluß an Ressourcen und dem Mangel an überzeugenden ökonomischen Gründen, von ihnen keinen Gebrauch zu machen.

Aber die unmißverständliche Alternative – koordinierte Maßnahmen der Staaten auf internationaler Ebene – ist fast ebenso schwer zu verwirklichen. Um etwas zu bewirken, müssen wir nicht nur als Individuen und Nationen, sondern als eine Gemeinschaft von Nationen aktiv werden. »Solange nicht alle gemeinsam handeln«, warnte das Worldwatch Institute, »gibt es kaum Anlaß, individuelle Maßnahmen zu ergreifen.« Eines der Probleme besteht darin, daß manche Länder darauf hoffen können, von einer Klimaveränderung zu profitieren; so könnten die Sowjets der Ansicht sein, daß höhere Ernteerträge infolge einer längeren Vegetationszeit das Risiko einer Erderwärmung wert seien. Und da die Sowjetunion, die Vereinigten Staaten und die Volksrepublik China über rund neunzig Prozent der Kohlevorkommen der Erde verfügen, kann jeder dieser Staaten eine Einigung torpedieren. Daneben sind unzählige weitere Konflikte denkbar – reiche Nationen gegen arme Nationen zum Beispiel. Jedes Land muß seine eigenen Plünderungsmethoden verteidigen; so holzen die Kanadier, die sich unentwegt über den sauren Regen aus den USA beklagen, die Urwälder von British Columbia mit der halben Geschwindigkeit der Brasilianer ab. Und die Tatsache, daß heute Entscheidungen für spätere Jahrzehnte getroffen werden müssen, bedeutet in den Worten des Stellvertretenden US-Ministers für

Umwelt, Gesundheit und natürliche Ressourcen, Richard Benedick, daß »die politischen Führer, Regierungsbeamten und Haushaltsplaner sich an eine neue Denkweise gewöhnen müssen«. Unter den aufgezählten weltfremden Vorschlägen schießt dieser wohl den Vogel ab.

Das soll nicht heißen, daß wir am besten die Hände in den Schoß legen. Wir müssen handeln, auf jede mögliche Weise und sofort. Wir müssen Ersatzprodukte finden, sparen, Bäume pflanzen, vielleicht sogar unsere Bedenken hintanstellen und Kernkraftwerke bauen. Wir befinden uns am Ende einer Ära – der hundert Jahre langen Verschwendung von Erdöl, Erdgas und Kohle, der wir sowohl den Komfort als auch das Dilemma unserer Zeit verdanken. Nach Aussage von George Woodwell, einem Meeresbiologen von Woods Hole, der zur Zeit die Wälder der Erde untersucht, um festzustellen, wie schnell sie sterben, steht uns eine Erwärmung der Erde um mehrere Grad bevor, doch wenn wir die Emissionen an CO_2 und anderen Treibhausgasen nicht drastisch reduzieren, wird die Atmosphäre nie einen stabilen Zustand erreichen, und »es gibt praktisch keine Maßnahme, die ein Fortbestehen der natürlichen Lebensgemeinschaften ermöglichen könnte«. Selbst Länder, die einen Temperaturanstieg von ein, zwei Grad um einer längeren Vegetationsperiode willen befürworten würden, können eine ununterbrochene Aufheizung der Erde nicht überstehen. Für Woodwell steht außer Zweifel, »daß wir das Ende des Zeitalters der fossilen Brennstoffe erreicht haben«. Die Wahlmöglichkeit, nichts zu unternehmen – das heißt, immer größere Mengen Öl und Kohle zu verbrennen –, ist gar keine. Sie führt uns vielleicht nicht geradewegs in die Hölle, aber an einen Ort mit ähnlichen Temperaturen.

Es besteht eine geringe Wahrscheinlichkeit, daß es bereits zu spät ist, diesem Schicksal zu entgehen. Wenn die Bedingungen sich schnell genug ändern – wenn die Wissenschaftler den Treibhauseffekt ebenso unterschätzen, wie sie die Zerstörung der Ozonhülle unterschätzt haben, wenn es zu einer plötzlichen Treibhauseiszeit kommt oder zu sechs heißen Sommern wie dem von 1988 hintereinander –, dann könnte die Zivilisation zerbrechen. Der Zukunftsforscher Lester Brown hat einen »Dominoeffekt« untersucht: Die Klimakatastrophe führt zu steigenden Nahrungsmittelpreisen, die wiederum zu politischen Unruhen führen. Solche Bedingungen wären ein idealer

Nährboden für Fanatismus und religiöses Eiferertum. Als ich zuletzt die Fifth Avenue entlangging, drückte mir jemand ein Traktat in die Hand und erklärte, der Klimawechsel sei ein Zeichen der bevorstehenden »Auffahrt in den Himmel«, und ein anderer gab mir ein Flugblatt, das die Erklärung des Treibhauseffekts in der Kabbala ansiedelte. Die Natur selbst bot schon immer die beste Immunisierung gegen diese Art der Wahrsagerei. »Die Vertrautheit mit den Wegen des Ewigen, wie sie im physikalischen Universum offenbart werden, trägt zweifellos dazu bei, daß ein Mensch gesund und nüchtern bleibt, und schützt ihn vor den wunderlichen Einfällen und Halbwahrheiten, die durch unsere Glaubensvorstellungen und unser künstliches Leben im Haus ausgebrütet werden«, schrieb John Burroughs. »Man denke nur an die fixe Idee eines plötzlichen ›Weltendes‹, die so oft von ganzen Gemeinden Besitz ergriffen hat, als ob eine Welt, die seit einer Ewigkeit herangereift ist, an einem Tag oder mit dem Schlag einer Uhr vergehen könnte.« Wenn diese Sicherheit vor Zwangsvorstellungen zerbröckelt, wenn die Erde nicht mehr für Beständigkeit steht, sondern für plötzliche, unerwartete und verheerende Veränderungen, dann wird die Zahl der Menschen, die Erklärungen in okkultistischen Schriften, spiritistischen Sitzungen oder der Weltverschwörung des Bolschewismus suchen, zweifellos zunehmen. Das zufällige Zusammentreffen der erwarteten Klimakatastrophe mit der bevorstehenden Jahrtausendwende dürfte die Endzeitpropheten in hellen Scharen auf die Straße treiben.

Eine solche Welt – eine Welt, in der sich die Menschen wegen eines Brotlaibs erschießen –, ist nicht unvorstellbar. Science-fiction-Autoren, Überlebenskämpfer oder Goldspekulanten haben sie sich nie anders vorgestellt. Manchmal ertappe ich mich bei Überlegungen, wo ich ein Lebensmittelvorratslager für ein Jahr anlegen könnte oder ob ich mir einen Revolver zulegen soll. Aber wenn es mit der Welt tatsächlich so schnell bergab geht, dann können wir nicht viel ausrichten.

Wesentlich wahrscheinlicher ist, daß wir sowohl die Zeit als auch den Wunsch haben werden, *etwas* zu tun. Es fragt sich nur: *Was?* Einige Antworten liegen auf der Hand. Die Zerstörung der Ozonschicht beispielsweise läßt sich dadurch stoppen, daß wir die chemischen Stoffe, von denen sie zerstört wird, nicht länger produzieren. FCKWs und Halone sind keine unverzichtbaren Grundlagen unserer Industrie; die US-Umweltschutzbehörde unter Reagan forderte ein totales Verbot dieser Substanzen, und die westeuropäischen Nationen haben sich bereit erklärt, ihre Produktion bis zum Ende dieses Jahrhunderts einzustellen. Diese Maßnahmen werden das Problem zwar nicht auf einen Schlag beseitigen – die chemischen Substanzen, die wir bereits in die Erdatmosphäre entlassen haben, werden dort noch mindestens hundert Jahre existieren –, aber auf die Dauer tragen sie zu seiner Lösung bei. Und auch wenn sich die internationalen Verhandlungen schwierig gestalten, sind diese Maßnahmen doch so einfach, daß sie zweifellos ergriffen werden. Die nächste Kühlschrankgeneration kostet vielleicht hundert Dollar mehr – wenn man es sich richtig überlegt, ist das ein gutes Geschäft. Dasselbe gilt für den sauren Regen: Man muß alle Schornsteine mit Filteranlagen nachrüsten. Sicher kostet das Geld, aber was ist letztlich teurer? Im Grunde genommen ist es ähnlich wie mit der Drosselung der DDT-Produktion oder dem Verzicht auf jedes zweite Frühstücksei, um den Cholesterinspiegel zu senken.

Aber das wirklich große Problem – die Eindämmung des Treibhauseffekts – ist so nicht zu lösen. Wir können die Produktion und den Verbrauch von Benzin nicht in derselben Weise reduzieren wie bei Freon 12, wir können nicht ähnlich mühelos aufhören, mit Öl zu heizen oder mit Gas zu kochen, wie wir aufgehört haben, DDT zu versprühen. Im Frühjahr 1989 schlug die US-Umweltschutzbehörde eine Reihe von »mutigen Maßnahmen« zur Bekämpfung des Treibhauseffekts vor: drastische Senkungen des Benzinverbrauchs von Pkw-Motoren, deutliche Reduzierung des Stromverbrauchs in Haushalten, Steuern auf fossile Brennstoffe. Sie räumte aber zugleich ein, daß dies die Akkumulation der Treibhausgase lediglich verzögern, aber nicht zum Stillstand bringen könne.

Wie Mintzers Zahlen zeigen, können wir durch drastische Maßnahmen die Lage auf einem halbwegs erschreckenden Niveau »stabilisieren«, aber wir können dem Problem nicht abhelfen – wir können dafür sorgen, daß die Temperaturen um ein bis zwei Grad statt um acht oder gar fünfzehn Grad steigen. Und Mintzer steht mit diesen Annahmen nicht allein da. Andere Prognosen fallen noch düsterer aus. So kam die erste Untersuchung zu diesem Thema, die 1983 von Stephen Seidel und Dale Keyes von der EPA durchgeführt wurde, zu dem Schluß, daß das Einsetzen des Treibhauseffekts durch umweltpolitische Maßnahmen nicht nennenswert verzögert werden könne. Eine weltweite Steuer auf fossile Brennstoffe von dreihundert Prozent ihres Preises würde eine Erwärmung um zwei Grad Celsius lediglich um *fünf Jahre* später eintreten lassen; statt im Jahr 2040 erst im Jahr 2045; ein im Jahr 2000 erlassenes weltweites Verbot, Kohle zu verfeuern, würde einen Zeitgewinn von weiteren zehn Jahren bedeuten. »Diese Ergebnisse belegen die ungeheure Stoßkraft, die hinter Temperaturtrends wirksam ist«, erklärten die Autoren. Deshalb war für sie die wichtigste Schlußfolgerung, wir müßten »beschleunigt und in größerem Umfang als bisher untersuchen, wie wir uns am besten auf ein wärmeres Klima einstellen können«. Sie sahen die Entwicklung äußerst pessimistisch, möglicherweise etwas pessimistischer, als es neuere Messungen nahelegen. Und wir haben Fortschritte gemacht; das vorgeschlagene Verbot der Produktion von FCKWs wird wesentlich zur Bekämpfung des Treibhauseffekts und des Abbaus der Ozonhülle beitragen. Aber selbst jene Wissenschaftler, die am lautesten Emissionskontrollen fordern, sagen, daß sich damit lediglich das *Tempo* der Erwärmung der Erde drosseln läßt, so daß noch Zeit für uns bleibt, uns anzupassen. »Erfolgt die Änderung langsam genug«, sagt Stephen Schneider, »dann können wir die Probleme untersuchen, können die regionalen Auswirkungen abschätzen und Maßnahmen zur Anpassung vornehmen.«

Diese Anpassung ist alles, was jetzt noch zu erörtern bleibt. Es steht außer Frage, daß wir uns am Ende der Ära der fossilen Brennstoffe befinden. Wir haben eine hundertjährige Sauftour hinter uns, und jetzt sagt uns der Arzt, daß wir mit dem Trinken aufhören müssen – unsere Leber hält es einfach nicht mehr aus.

Wäre es nur das Trinken, dann könnten wir aufhören; auch wenn die Sucht nach Alkohol eine große Macht ausübt, gibt es genug Trinker, die die Abkehr geschafft haben. Aber hier geht es nicht um einen Luxus, sondern um fast unsere ganze Lebensweise. Jede einzelne Annehmlichkeit – insbesondere die Befreiung von körperlicher Arbeit, die viele von uns tatsächlich als Befreiung empfinden – gründet auf dieser Droge. Das Erdöl war es, das uns letztlich ermöglicht hat, über die Erde zu herrschen, statt von der Erde beherrscht zu werden. Und deshalb werden wir versuchen, Ersatzdrogen zu finden, die uns dasselbe Hochgefühl geben, ohne unsere Leber weiter zu schädigen – Ersatzbrennstoffe, die kein Kohlendioxid produzieren. Aber Kern- und Solarenergie und so weiter können die Klimakatastrophe nicht abwenden – das ist die Bedeutung der Zahlen, die uns vorliegen. Wir haben bereits zuviel getan; es gibt zu viele von uns; selbst wenn wir kein CO_2 mehr produzieren, stinken wir immer noch nach Methan.

Wir müssen uns also auch noch auf andere Weise »anpassen«. Aber wie? Wir könnten vielleicht eine Möglichkeit ausknobeln, um unsere Lebensweise und unsere Anzahl zurechtzustutzen. Aber unwillkürlich werden wir bemüht sein, nicht uns selbst, sondern die Erde anzupassen. Wir werden wahrscheinlich mit allen Mitteln versuchen, unsere Herrschaft und damit auch unsere liebgewordene Lebensweise, unsere Hoffnungen für unsere Kinder aufrechtzuerhalten. Dieser Trotz ist unsere unwillkürliche Reaktion. Wir werden versucht sein, die warnenden Stimmen zu mißachten und unerschrocken in eine neue Welt vorpreschen.

Auch wenn die gegenwärtig angewandten *Methoden* offenkundig nicht mehr funktionieren – noch einige Jahrzehnte des unkontrollierten Verbrauchs fossiler Brennstoffe, und wir verbrennen, schlicht gesagt –, so heißt das noch lange nicht, daß wir keine anderen Mittel und Wege finden könnten. Um eine emotionsgeladene Analogie heranzuziehen: Nach dem nordamerikanischen Bürgerkrieg war die Sklaverei für weiße US-Bürger keine akzeptable Methode der Herrschaft über die schwarzen Amerikaner mehr. Aber statt sich zu neuen Idealen der Gleichheit und der Brüderlichkeit zu bekehren, erfanden die weißen Amerikaner die Rassentrennung und erließen diskriminierende Gesetze, um sicherzustellen, daß das alte Verhältnis ohne größere Abstriche in neuem Gewand weiterbestand. Und es ist wichtig, sich klarzumachen, daß jetzt, da die alten Methoden zur Herrschaft über die Welt undurchführbar geworden sind, ein neuer Satz Werkzeuge ins Blickfeld gerät, die es uns möglicherweise erlauben, diese Herrschaft mit anderen, erweiterten und zudem zerstörerischeren Mitteln fortzusetzen – das heißt, wir finden möglicherweise einen Weg, nicht an unserem Kuchen zu ersticken, aber dafür bleibt uns später der Zuckerguß im Hals stecken.

Das wichtigste dieser neuen Werkzeuge ist die Genmanipulation oder Gentechnologie, eine erstaunliche Entwicklung, auf die wir etwas näher eingehen werden. Aber wir müssen uns zuerst bewußt machen, daß alle diese neuen Werkzeuge – genau wie die alten, die Öltürme und die Kettensägen – im Dienst einer Ideologie, einer Weltanschauung angewendet werden. Diese Ideologie besagt, der Mensch stehe im Mittelpunkt der Schöpfung und deshalb habe er ein Recht darauf, alles zu tun, was ihm gefällt. Diese Vorstellung ist tiefverwurzelt – wir alle handeln Tag für Tag danach. Man findet sie nur selten explizit formuliert, aber eines Tages kam mir in der Bibliothek ein schmales Bändchen eines Professors von der Stanford University, William F. Baxter, in die Hände, der sie in aller wünschenswerten Deutlichkeit und Klarheit vertritt. Sein Buch war als Antwort auf Rachel Carson und andere Umweltschützer gedacht. »Vor einiger Zeit«, schreibt er, »haben uns die Wissenschaftler darüber belehrt, daß der Einsatz von DDT beim Anbau von Nahrungsmittelpflanzen Schäden für den Pinguinbestand zur Folge hat. Nehmen wir einmal an, diese Behauptung sei eine unbestrittene wissenschaftliche Tatsache. Diese wissenschaftliche Tatsache wird häufig so vorgetragen, als würde sich die Folgerung, daß wir kein DDT mehr in der Landwirtschaft einsetzen dürfen, allein aus dem Sachverhalt der Pinguinschädigung ergeben. Aber das ist keineswegs der Fall, wenn man meine Kriterien anwendet.«

Zu seinen Kriterien gehört die Annahme, daß »jedermann die Freiheit haben muß, sich so zu verhalten, wie es ihm gefällt, solange sein Tun nicht mit den Interessen anderer Menschenwesen in Konflikt gerät«, und daß keine unserer »Ressourcen, Anstrengungen oder Fertigkeiten verschwendet, das heißt so eingesetzt werden dürfen, daß ihr Nutzen für den Menschen geringer ist, als er sein könnte«. Diese Kriterien sind, euphemistisch ausgedrückt, »an Menschen orientiert, nicht an Pinguinen. Schäden an Pinguinen, Riesenkiefern oder Naturdenkmälern sind völlig irrelevant. Nach meinen Kriterien muß man noch weiter gehen und sagen: Pinguine sind wichtig, weil es Menschen Freude macht, sie zu betrachten; außerdem würde das Wohlbefinden der Menschen durch ein DDT-Verbot weniger beeinträchtigt als durch ein Aussterben der Pinguine … Ich kann nicht daran interessiert sein, Pinguine um ihrer selbst willen zu schützen«.

Es ist »zweifelsohne selbstsüchtig«, räumt er ein, »so zu handeln, als ob jede Person eine Bedeutungseinheit darstellte und es sonst nichts von Bedeutung gäbe«. Trotzdem, so erklärt er, sei das die »einzige stichhaltige« Annahme. Er zählt eine Reihe von Gründen auf; so würde ein anderes Denkmodell deshalb nicht funktionieren, weil niemand Pinguine vertreten könne. (»Pinguine können keinen Stimmzettel abgeben und werden wohl auch kaum jemals das Wahlrecht erhalten – Kiefern vermutlich noch weniger.«) Während mich dieses Argument wenig überzeugt – man braucht kaum mehr Phantasie, um sich vorzustellen, wie Pinguine über DDT abstimmen würden, als um zu erraten, wie die schwarzen Südafrikaner über die Apartheid abstimmen würden –, ist Professor Baxters Hauptargument, um den Menschen zum Maß aller Dinge zu machen, völlig einleuchtend. »Nur diese Position entspricht der Art und Weise, wie fast alle Menschen wirklich denken und handeln – das heißt, sie entspricht der Realität.« Das trifft genau den Kern des Problems. Es ist eine extreme Sicht der Dinge, aber im Grunde unseres Herzens denken wir genauso, auch wenn wir noch so viele Petitionen für den Umweltschutz unterschreiben. Anders gesagt: Wir können beschließen, die Pinguine zu retten, aber wenn die Alternative wirklich lauten würde »sie oder wir« – oder auch nur »sie oder ein Zwanzigstel unseres Komforts« –, dann wäre die Antarktis eine kahle Eisfläche.

In der Tat rührten die wenigen kleinen Risse in diesem riesigen Gefüge menschlicher Überzeugungen nicht aus moralischen Skrupeln, sondern aus praktischen Befürchtungen her. Als uns zum Beispiel die Ölkrise überraschte, fragten sich plötzlich alle Leute, ob unsere Lebensweise vielleicht unerträglich sei. Schon bald machten Umweltschützer düstere Prognosen zu allem, vom Aluminium bis zum Zink, und meinten, wir müßten lernen, mit weniger auszukommen; eine Zeitlang wurde dies fast zur gängigen Meinung.

Aber schnell bildete sich eine Gegenströmung, die sich für einen Ellbogen-Industrialismus im Rahmen der bestehenden Verhältnisse aussprach. Der Zukunftsforscher Julian Simon schrieb ein Buch, *The Ultimate Resource*, das die Umweltfreunde mit der Prognose auf die Barrikaden trieb, bevor irgendein wichtiger Rohstoff knapp zu werden drohe, werde die Wissenschaft neue Mittel und Wege finden, ihn zu produzieren. Falls beispielsweise die Kupfervorkommen der Erde erschöpft würden, hätten wir längst neue Verfahren entwickelt, um Kupfer »aus anderen Metallen« herzustellen. Mit »Wissen, Phantasie und Unternehmungsgeist können wir uns aus der Erde alle mineralischen Rohstoffe beschaffen, die wir benötigen und wünschen, und zwar zu Preisen, die im Vergleich zu anderen Preisen und unserem Gesamteinkommen langsamer wachsen. Kurzum, unser Füllhorn sind Geist und Herz des Menschen«.

Das ist selbstverständlich keine wissenschaftliche Argumentation – Simon kann kein Verfahren anbieten, um Kupfer aus anderen Metallen herzustellen. Es ist trotz seines zuversichtlichen Rückgriffs auf »langfristige Wirtschaftsindikatoren« und ähnliches eine religiöse Argumentation, ein Glaubensartikel, ein typisches Beispiel für unser Trotzverhalten. »Der eigentliche Brennstoff für den Antrieb unseres Fortschritts ist unser angesammeltes Wissen, und gebremst wird er nur durch unseren Mangel an Phantasie«, schreibt Simon. »Wenn wir mehr Kinder in die Welt setzen, dann heißt das auch, daß es mehr Menschen geben wird, die Möglichkeiten entdecken können, eine Katastrophe abzuwenden.«

Die Religiosität dieser Auffassung (die wegen ihrer Vergötzung des Menschen allerdings Idolatrie ist), läßt sich leicht nachweisen in Büchern wie *The Hopeful Future*, dessen Autor G. Harry Stine, »einer der führenden Wissenschaftsautoren Amerikas«, die Meinung vertritt, Prognosen auf der Basis gegenwärtiger Wachstums- und Fortschrittsraten seien absurd. Selbst eine Kurve, bei der angenommen wird, daß sich das Tempo des menschlichen Fortschritts noch über seine heute bereits atemberaubende Geschwindigkeit hinaus steigern lasse, sei zu pessimistisch. Allein seine »Kurve E«, »eine mit der dritten Potenz ansteigende Kurve, die immer steiler nach oben verläuft, ohne daß eine Abschwächung der Steigung abzusehen wäre«, stellt in seinen Augen eine sinnvolle Prognose dar. »Das bedeutet, daß wir innerhalb der nächsten fünfzig Jahre achtmal soviel Fortschritt erleben werden, wie wir in den vergangenen fünfzig Jahren erlebt haben.« Wie Stine selbst einräumt, klingt das »phantastisch, unmöglich und unglaublich. Die Dinge können sich gar nicht so entwickeln«. Aber »sie haben sich in der Vergangenheit so entwickelt, und es spricht alles dafür, daß es auch in Zukunft so sein wird«. Das ist zwar kein blinder Glaube im strengen Sinne, da die Optimisten Gründe anführen können, aber trotzdem ist es ein *Glaube*. Der Glaube an etwas »Phantastisches, Unmögliches und Unglaubliches« ist ebensosehr Ausdruck der Hoffnung wie der Vernunft. Und er ist mit anderen religiösen Begleiterscheinungen verbunden – beispielsweise dem Anschwärzen Andersdenkender. (»Einige der Zukunftsforscher mit pessimistischen Prognosen mögen andere Menschen nicht. Das bedeutet, daß sie sich selbst auch nicht mögen«, prangert Stine an – etwas Negativeres läßt sich im ausgehenden 20. Jahrhundert von anderen wohl kaum behaupten.) Außerdem bietet er die Vision eines nicht allzu fernen Utopia an. Im 21. Jahrhundert, schreibt Stine, wenn riesige Satelliten »für jedermann genügend Energie für alles mögliche« zur Erde strahlen, dann besteht unser Hauptproblem nur noch in der Langeweile.

Fast alle von uns hegen intuitiv diese Vorstellung von unbegrenztem Fortschritt, die wir bereits mit der Babynahrung durch den sterilisierten Gummischnuller eingesogen haben. Und möglicherweise haben wir sogar recht. Wir werden neue Werkzeuge erfinden. So ist die Genmanipulation, auf die ich noch zurückkomme, eine unermeßlich leistungsfähige Technologie, vergleichbar der Entdeckung des Feuers. Sie und andere neue Technologien können uns durchaus ermöglichen, unseren Hochseilakt fortzusetzen, uns auf dem Planeten am Leben zu erhalten, Mittel und Wege zu finden, unsere Herrschaft so auszudehnen, daß nichts, nicht einmal die degenerierte Natur, die wir unfreiwillig in unserem letzten Jahrhundert des Fortschritts geschaffen haben, ihr entrinnen kann. Vielleicht ist es zu spät, und die verschiedenen Rückkoppelungen, die wir in den Wäldern und Methansümpfen auslösen, werden uns vernichten. Doch die trotzigen Optimisten wie Simon und Stine können ebensogut recht haben mit ihrer Behauptung, daß wir eines Tages eine »makroverwaltete« Welt haben werden – eine Welt, in der »Menschen und Dinge in Projekten verwaltet werden, die sehr umfangreich, sehr komplex und sehr zeitraubend sind«. Eine solche Welt mag es uns ermöglichen, sogar angesichts der bevorstehenden Klimakatastrophe unsere Lebensweise beizubehalten. Vielleicht ist sie ein Ausweg. Sie würde unsere gewalttätige Herrschaft über die Erde durch eine raffiniertere, noch umfassendere Herrschaft ersetzen.

Es scheint mir fast unausweichlich, daß wir zumindest versuchen werden, eine solche Zukunft zu schaffen. Denn es sind nicht nur und nicht hauptsächlich die Genußmenschen unter uns, die darauf hoffen, die gegenwärtige Herrschaft fortzusetzen. (Wahre Hedonisten denken nicht weiter als bis zur nächsten Orgie im Whirlpool). In den meisten Fällen sind es Menschen mit aufrichtigen und »fortschrittlichen« Hoffnungen für die Menschheit. Buckminster Fuller bietet hierfür vermutlich ein ausgezeichnetes Beispiel. Fuller war ein Symbol, ein Guru mit einer ergebenen Anhängerschaft, und bei der einzigen seiner Veranstaltungen, die ich besucht habe, wurde mir der

Grund klar. Im Verlauf von zwei Stunden sprach er (in dieser Reihenfolge) über die Ostindische Kompanie, Thomas Malthus, königliches Geblüt, die Entdeckung der Röntgenstrahlen, Elektrizität als unsichtbare Wirklichkeit, kilometerlange Radiowellen, neue Metallegierungen, die Kiemen von Fischen, die Flügel von Vögeln, Johannes Kepler, das Zeitliche im Gegensatz zum Ewigen, den großen Prozentsatz des menschlichen Körpers, der nur aus Wasser besteht, die enormen Belastungen, denen Schiffe auf hoher See ausgesetzt sind, warum es im Universum Menschen gibt, Stadien des Patentverfahrens, die Verfinsterung der Jupitermonde, das Flugzeugmodell DC-4, die Richtung, in die ein Baum fällt, und Alexander den Großen. Jeder Versuch, das Denken eines solchen Menschen zusammenzufassen, ist zum Scheitern verurteilt, aber man kann immerhin sagen, daß Fuller überzeugt war, daß der Mensch seine Möglichkeiten nicht verwirkliche und daß nur technische Verbesserungen diesem Mangel abhelfen könnten.

Fuller war kein Feind der Umwelt; seine geodätischen Hallen [in Schalenbauweise erstellt; A. d. Ü.] sind genauso stabil wie herkömmliche Bauwerke, sparen jedoch siebenundneunzig Prozent Gewicht ein. Würden wir alle in solchen Hallen wohnen, könnte so mancher Wald noch stehen. Aber in erster Linie trat Fuller für den Menschen ein. »Wir sind immer davon ausgegangen, daß der Mensch eine Fehlkonstruktion wäre«, sagte er vor zwanzig Jahren zu einer Zuhörermenge. »Ich behaupte, daß der Mensch offenkundig so ist wie das Wasserstoffatom: zum Erfolg bestimmt. Er ist eine phantastische Konstruktion.« Aber um Erfolg zu haben, mußte der Mensch wissenschaftliche Fortschritte machen. Die protestierenden Studenten der sechziger Jahre gingen Fullers Ansicht nach von der falschen Voraussetzung aus, das politische System sei reformbedürftig, während »nur die Revolution in den Ingenieurwissenschaften für die Lösung des Problems in Frage kommt«. Wir müssen »unser Raumschiff Erde« als Maschine behandeln, »weil es nichts anderes ist«. Wenn die Ingenieure die Gesamteffizienz unserer Ausrüstung von vier auf zwölf Prozent steigern würden, dann, so Fuller, »können wir die ganze Menschheit versorgen«. Und so ging es immer weiter. Ich glaube nicht, daß er dem Ende der Natur mit Besorgnis entgegengesehen hätte, denn er war nie der Ansicht, daß wir dazu bestimmt seien, uns länger in der Umgebung aufzuhalten, an die wir gewöhnt waren. Mit uns verhielt es sich vielmehr wie mit dem Küken im Ei. Die Eierschale enthielt gerade genug Nahrung – Kohle, Öl, Sauerstoff und so weiter –, um unsere Entwicklung bis zu einem bestimmten Punkt zu ermöglichen. »Doch dann, ganz nach Plan, ist der Nährstoff zur selben Zeit erschöpft, zu dem das Küken groß genug ist, um sich auf eigenen Beinen fortzubewegen. Und wenn das Küken an die Schale pickt, um neue Nahrung zu suchen, zerbricht es sie unbeabsichtigt.« Diese Analogie klingt vielleicht ein wenig selbstsüchtig. (Daß in der Schale auch andere Spezies wohnen, ist ihm anscheinend nicht in den Sinn gekommen.) Aber sie kann zutreffen. Möglicherweise können wir der Klimakatastrophe trotzen und weiter voranpreschen.

Diese Vorstellung einer makroverwalteten Welt hat in den letzten Jahren sogar von seiten nicht weniger umweltbewußter oder quasi-umweltbewußter Denker Unterstützung gefunden. In den siebziger Jahren formulierte James Lovelock, der, wie bereits erwähnt, als erster die Ausbreitung der FCKWs in der Atmosphäre feststellte, die sogenannte »Gaia-Hypothese«. Sie unterstellt, der Planet Erde sei nicht einfach eine »Umwelt« für »Leben«, sondern selbst ein lebender Organismus, ein sich selbst erhaltendes System, ein System, das seine Umwelt so modifiziert, daß es darin überlebt. »Die Atmosphäre, die Meere, das Klima und die Kruste der Erde werden *aufgrund* des Verhaltens lebender Organismen in einem für das Leben angenehmen Zustand reguliert.«

Das ist eine verblüffende Argumentation – denn wir pflegen unseren Planeten als einen Felsbrocken zu betrachten, der durch ein göttliches oder chemisches Wunder von einer dünnen Schicht Leben bedeckt ist. Die Vertreter der Gaia-Hypothese führen als Gegenbeispiel den Mammutbaum an: »Der Baum ist zweifellos lebendig, aber vierundneunzig Prozent seiner Masse sind tot«, da das Innere des Stamms eine Spirale aus altem Lignin und Zellulose ist, die die äußerste, lebendige Schicht umhüllt. Aber die Gaia-Hypothese verblüfft uns auch aus einem gewichtigeren Grund; sie scheint zu implizieren, daß es eine Instanz gibt, die über den Planeten wacht und ihn erhält. Lovelock bemüht sich nach Kräften um den Nachweis, daß die Selbstregulierung des Planeten automatisch vor sich geht und ohne bewußte Steuerung, ohne Bakterienparlament auskommt. Seinem Modell für diesen Beweis hat er die Bezeichnung »Daisyworld« [»Gänseblümchenwelt«] gegeben. In der vereinfachten Version ist es das Computermodell eines Planeten von etwa derselben Größe und in derselben Entfernung zur Sonne wie die Erde, auf dem ausschließlich Gänseblümchen wachsen. Diese Gänseblümchen gibt es in drei Farben: Weiß, Schwarz und Grau. Wie bei unserer Erde nimmt die Sonnenwärme im Lauf der Jahrmilliarden immer mehr zu. In der Gänseblümchenwelt gibt es keine Wolken; deshalb wird ihre Temperatur durch den Reflexionsgrad der Oberfläche bestimmt, der wiederum vom anteiligen Verhältnis der weißen, grauen und schwarzen Gänseblümchen abhängt. Anfangs, wenn die Temperaturen auf der Erde noch relativ niedrig sind, wachsen die schwarzen Blumen schneller, weil sie einen größeren Anteil der Sonnenwärme absorbieren. Aber die Ausbreitung der schwarzen Gänseblümchen unter diesen günstigen Bedingungen führt zu einer Erwärmung der Atmosphäre, und schließlich wird es so warm, daß die weißen Gänseblümchen, die das Sonnenlicht weit stärker reflektieren und sich deshalb weniger erwärmen, nunmehr im Vorteil sind, sich stärker ausbreiten und die Atmosphäre wieder abkühlen.

Dieser Mechanismus erfordert natürlich nicht mehr bewußte Steuerung als ein Heizofen, der an einen Thermostat angeschlossen ist. Wahrscheinlich hat sich auf unserer Erde etwas diesem Prozeß sehr Ähnliches abgespielt. Während sich die Sonnenenergie, die auf die Erde auftrifft, im Lauf der letzten drei Milliarden Jahre um mehr als ein Viertel erhöht hat, hat sich das Kohlendioxid, das einen Teil der Sonnenwärme absorbiert, verringert (natürlich nur, bis sich die Menschen vor etwa zweihundert Jahren massiv einzumischen begannen), etwa so, wie sich der Ventilator an der Decke meiner Dachstube einschaltet, sobald sich sommerliche Temperaturen einstellen. Zugleich hat das Leben fast den gesamten Sauerstoff in der Erdatmosphäre erzeugt, und seit Hunderten von Jahrmillionen hat sich dessen Konzentration in der Atmosphäre konstant bei 21 Prozent gehalten. Läge sie bei 15 Prozent, könnte kein Feuer entstehen; läge sie bei über 25 Prozent, wäre selbst das feuchte Holz der Regenwälder schon längst in Flammen aufgegangen.

Flüchtig besehen scheint die Gaia-Hypothese zu besagen, daß die Lage vielleicht gar nicht so verzweifelt sei, daß das Leben auf dem Planeten unabhängig von unserem Tun weitergehen werde. [So lautet der Untertitel der deutschen Ausgabe »Eine optimistische Ökologie«; A.d.Ü.] Für Lovelock stellt es sich so dar – der Planet wird die erforderlichen Anpassungen vornehmen. Die Erde ist schon mit schlimmeren Situationen als der von uns verursachten fertiggeworden – so haben Meteoritenschauer bei mindestens zehn Anlässen Schäden auf der Erde verursacht, die in ihrer Schwere »Verbrennungen am menschlichen Körper vergleichbar sind, bei denen sechzig Prozent der Haut in Mitleidenschaft gezogen werden«, und selbst die Folgen eines Atomkriegs würde der Planet mit Leichtigkeit überstehen. Lovelock hält die Annahme, daß die Zerstörung der irdischen Ozonhülle fast alles Leben vernichten werde, für einen Irrtum. »Der ›zerbrechliche Schild der Erde‹ ist ein Mythos«, schreibt er. »Zweifellos gibt es heute eine Ozonschicht, aber es ist reine Phantasie, anzunehmen, daß ihre Existenz Voraussetzung für das Leben sei.«

Bei dieser Argumentation muß man sich freilich vor Augen halten, daß Lovelock von »Leben« und nicht von »menschlichem Leben« spricht. Gaia, der lebende Organismus, macht keinen Unterschied zwischen irgendwelchen wimmelnden Einzellern und dem mächtigen Menschen. »Auch wenn Gaia gegen die Verschrobenheiten von unberechenbaren Arten wie der unsrigen gefeit sein mag..., so heißt das nicht, daß wir als Spezies ebenfalls vor den Folgen unseres kollektiven Wahnsinns geschützt wären«, schreibt Lovelock. »Gaia ist weder eine gluckenhafte Mutter noch ein verzagtes junges Mädchen. Sie ist eine zählebige Jungfrau, dreieinhalb Milliarden Jahre alt. Wenn eine Spezies versagt, dann löscht sie sie mit der Sensibilität des Mikrogehirns in einer Interkontinentalrakete aus.« Wenn die Welt durch unser Handeln aus dem Gleichgewicht gebracht wird, ist nicht damit zu rechnen, daß Gaia Mittel und Wege findet, um die Temperatur zu senken, damit wir weiterhin in dicken Autos herumfahren können; es ist weitaus wahrscheinlicher, daß sich innerhalb kurzer Zeit ein neuer stabiler Zustand herausbildet, und »es ist so gut wie sicher, daß dieser für den Menschen weniger vorteilhaft sein wird als der, dessen wir uns jetzt erfreuen«.

Theorien wie diese sollten uns logischerweise von einer trotzigen, den Menschen in den Mittelpunkt stellenden Haltung Abstand nehmen lassen und Ehrfurcht und Verantwortung gegenüber der übrigen Schöpfung fördern. Was die Welt braucht, das sind nach Ansicht Lovelocks weniger Kettensägen, Mastrinder und Automobile. »Es liegt an uns, persönlich auf konstruktive Weise zu handeln«, sagt er, und er führt ein ökologisch vernünftiges Leben auf einer Farm in Cornwall, wo er Bäume pflanzt und gegen »die degenerierten landwirtschaftlichen Monokulturen von heute mit ihren scheußlichen Batterien zur Geflügel- und Stallviehhaltung, ihren häßlichen Wellblechgebäuden und ihren lärmenden, stinkenden Maschinen« polemisiert.

Manche haben allerdings den Grundgedanken dieser Theorie mißverstanden; sie entnehmen ihr, daß wir uns keine allzu großen Sorgen wegen des zunehmenden CO_2-Gehalts oder anderer Umweltschäden zu machen brauchten – mit anderen Worten: daß die Erde ein riesiger selbstreinigender Herd sei. (Dabei übersehen sie Lovelocks Argument, daß möglicherweise *wir* der angebackene Schmutz sind.) Eine größere Gruppe hat diese Idee von der Erde als einem einzigen lebenden Organismus wörtlicher und trotziger aufgenommen und meint, wenn dies zutreffe, dann müßten wir die Funktion des Gehirns übernehmen; wenn es einen Thermostaten gebe, dann müßten wir ihn einstellen und überhaupt mehr und mehr in die natürlichen Vorgänge der Umwelt eingreifen.

Nehmen wir als relativ harmloses Beispiel für diese Auffassung ein vor kurzem erschienenes Buch, herausgegeben von Norman Myers: *Gaia – An Atlas of Planetary Management* [deutsch: *Gaia – Der Öko-Atlas unserer Erde*]. Myers scheint von der augenblicklichen Lage der Dinge geradezu begeistert zu sein. Gewiß, die Erde hat zahlreiche Krisen vor sich, aber sie stellen unsere »evolutionäre Abschlußprüfung« dar. Wir müssen uns der Lage gewachsen zeigen, die Prüfung bestehen. Und das werden wir auch: »Die Menschheit ist ›erwachsen‹. Sie hat die Macht über Leben und Tod unseres Planeten und die meisten seiner Bewohner erlangt... Satelliten ermöglichen uns nicht nur, alle Ressourcen unseres Planeten – Böden, Wälder, Flüsse, Ozeane, Mineralien – bis ins letzte Detail kartographisch zu erfassen, sondern auch einer genauen Untersuchung zu unterwerfen hinsichtlich der Verschmutzung, der Erosion und der Dürren, der Veränderungen bei der Albedo [Albedo: veraltet für Reflexionsgrad; A. d. Ü.] oder der Feuchtigkeit ... der Bewegung von laichenden Fischen oder Wandertieren«. – »Wir sind in der Lage, diese Daten mit höchster Geschwindigkeit zu verarbeiten... und sie in Sekundenschnelle rund um die Welt zu senden.« Und wir können Gegenmaßnahmen ergreifen. »Es ist Zeit, daß die Menschheit diese Macht endlich nutzt«, daß sie einen guten Gebrauch von ihr macht. Die Idee der Macht ist berauschend, zumindest für Norman Myers. »Die Griechen der Antike, die Menschen der Renaissance, die

Eroberer Amerikas, die Pioniere der Gründerzeit – sie alle sahen sich nicht einer so großen Herausforderung gegenüber wie wir: der Rettung unserer Erde!« Am Ende des Buchs steht ein Zitat des bekannten Physikers Lewis Thomas: »Wenn wir dabei [beim Erwachsenwerden, d. Ü.] Erfolg haben, könnten wir für die Erde eine Art kollektiver Geist werden.«

Das ist eine Trotzhaltung, ein Festhalten an der Herrschaft, fadenscheinig als ökologisches New-Age-Denken verbrämt. Die meisten Vorschläge dieser »Planetenverwalter« sind vernünftig, es sind dieselben Vorschläge wie die der Umweltschützer. Und in der Welt, die wir geschaffen haben, mögen sie unverzichtbar sein, das Beste, auf das wir hoffen können. Aber obwohl diese Makroverwalter Tannen lieben und aufkeimende Saaten, gilt ihre Ehrfurcht dem Menschen. Sie haben erkannt, daß die gegenwärtigen Herrschaftsmethoden den Planeten überhitzen werden, aber sie bieten neue und bessere Methoden an. In ihren Wäldern der Zukunft werden geklonte Douglastannen und Platanen »wie Pilze aus dem Boden schießen«, geradwüchsiger sein und einen »dichteren Wald« abgeben. Fischer haben seit alters her mit Hilfe überlieferter Fertigkeiten und Kenntnisse sowie ihrer Intuition zu erahnen versucht, wo die Fischschwärme stehen; aber jetzt sind wir auf dieses altmodische und wenig effiziente Wissen nicht mehr angewiesen; wir können es durch »kontrollierte Zuchten von ursprünglich wilden Meerestieren« ersetzen. Tatsächlich können fast alle wilden Arten auf Farmen gezüchtet werden, so daß »Naturschutz und Wirtschaftlichkeit Hand in Hand gehen«.

Doch selbst die ausgefeilteste Makrobewirtschaftung bleibt eine ziemlich ungenaue Methode – man kann zwar unter Umständen den Weg der Fischschwärme über Satellit verfolgen, aber deshalb sind sie noch immer wilde Kreaturen, die im eigenen Rhythmus aufwachsen. Der nächste Schritt – der Schritt, den wir zu tun im Begriff stehen – hat einschneidendere Konsequenzen.

Als ich zum erstenmal ernsthaft mit Bio- und Gentechnik oder Genmanipulation zu tun bekam, war ich ein junger Reporter und berichtete über die wöchentlichen Zusammenkünfte des Stadtrats von Cambridge, Massachusetts. Seit Jahren debattierten die Stadträte darüber, welche Vorschriften im Hinblick auf die gentechnischen Forschungsarbeiten erlassen werden sollten, die damals an der Harvard University und am Massachusetts Institute of Technology betrieben wurden. Woche für Woche kamen Nobelpreisträger und brillante junge Forscher und stellten sich kritischen Fragen; waren die liberalen Stadtväter aus den reicheren Wohnvierteln den Wissenschaftlern gegenüber schon recht skeptisch, so war der skeptischste Kritiker Alfred E. Vellucci aus dem überwiegend von Italienern und Portugiesen bewohnten East Cambridge, der schon längst selbst einen Nobelpreis bekommen hätte, wenn es einen solchen für Lokalpolitiker gäbe. Begabt mit einer starken Phantasie, beschwor Vellucci immer wieder neue mögliche Szenarien für den Fall, daß »diese Bazillen«, die von den Wissenschaftlern zusammengebrauten, umprogrammierten Organismen, irrtümlich aus den Labors in die Umwelt gelangten. Konnten sie durch die Abwasserleitungen entkommen? Durch die Klimaanlage? An den Schuhsohlen der Mitarbeiter? Schließlich und trotz der Proteste der Universitäten erließ die Stadt ziemlich strenge Vorschriften im Hinblick auf die »Eindämmung« dieser Organismen – für die Dicke der Türen und so weiter. Ich weiß noch, daß ich damals dachte, die Genmanipulation sei etwas Ähnliches wie die Kernkraft, möglicherweise nützlich, aber riskant. Es kam mir nicht in den Sinn, weiter darüber nachzudenken, weder über den Zweck noch über die Mittel.

Kernreaktoren sind ein neuartiges Verfahren zur Stromerzeugung. Aber die Genmanipulation ist das erste Verfahren zur Erzeugung neuen Lebens. Es ist eine phantastische und beängstigende Idee – »der zweite Urknall«, wie ein Biologe sich ausgedrückt hat. In physikalischer und kommerzieller Hinsicht gehört die Gentechnik zu den wichtigsten wissenschaftlichen Fortschritten – sie ist die Methode, die die meisten Aussichten verspricht, daß wir auch in den Krallen des Treibhauseffekts unsere Lebensweise, unser Wirtschaftswachstum fortsetzen können werden. Sie verheißt uns Nutzpflanzen, die mit wenig Wasser auskommen und denen höhere Temperaturen nichts anhaben; sie verspricht uns Heilmittel für die neuen Leiden, die wir schaffen, und für die alten, die wir noch nicht behoben haben; sie verspricht uns das Überleben in fast jeder Umwelt, die wir möglicherweise erzeugen. Sie verspricht uns die totale Herrschaft.

Und aus diesem Grund ist sie in begrifflicher und moralischer Hinsicht der fraglos wichtigste wissenschaftliche Fortschritt. Wenn ich »moralisch« sage, denke ich nicht primär an die Zwecke, für die diese Technik eingesetzt werden könnte –

etwa die Eugenik. Ich denke an den bloßen Sachverhalt dieser Technik. Jeremy Rifkin, mittlerweile einer der wenigen wirklich entschiedenen Gegner dieser Forschungsrichtung (der zu diesem Thema zwei lesenswerte Bücher geschrieben hat – *Algeny* und *Declaration of a Heretic*), vertritt die Ansicht, daß die Menschheit jahrtausendelang »pyrotechnisch« gelebt habe, indem sie unbelebte Stoffe wie Kohle oder Eisen verbrannt, geschmolzen und vermischt hat. Wir haben von außen nach innen gewirkt, um unsere Umwelt zu verändern. Jetzt fangen wir an, von innen nach außen zu wirken, und das ändert alles – alles bis auf die treibende Kraft, das unaufhörliche Streben, unseren Planeten zu beherrschen. Für den britischen Autor Brian Stableford (in seinem Loblied auf den Menschen mit dem Titel *Future Man*) wird die Genmanipulation »uns schließlich in den Stand versetzen, die Funktionsweise aller Lebewesen auf der Erde – der gesamten Biosphäre – zum speziellen Vorteil unserer eigenen Gattung umzupolen«. Eine klarere und knappere Definition dessen, was ich als »Trotzhaltung« bezeichnet habe, wird sich kaum finden lassen.

Watson und Crick beschrieben 1953 die Doppelhelix. Genau zwanzig Jahre später nahmen zwei US-amerikanische Naturwissenschaftler, Stanley Cohen von der Stanford University und Herbert Boyer von der University of California zwei nicht verwandte Organismen – Organismen, die sich in der Natur nicht paaren können und deren Schicksal deshalb nie ein gemeinsames hätte sein können –, schnitten aus ihnen jeweils ein Stück DNS aus und nähten die beiden Stücke aneinander. Als sie damit fertig waren, hatten sie eine neue Lebensform, einen Organismus, den es fünf Minuten vorher nicht gegeben hatte, den es erst gab, nachdem zwei Männer ihn zusammengebraut hatten.

Die nächste entscheidende Entwicklung war das Werk des Obersten Gerichtshofs der USA, der 1980 den Fall Ananda Chakrabartys verhandelte, eines Forschers bei General Electric. Chakrabarty hatte einen Bakterienstamm gezüchtet, der vier der Hauptbestandteile von Rohöl abbauen konnte; wenn bei der Havarie eines Tankers Öl ausliefe, könnten diese Bakterien es unschädlich machen. Mit fünf gegen vier Stimmen gelangte das Gericht zu dem Urteil, ein künstlich hergestellter Mikroorganismus sei nach geltendem Recht patentfähig. Damit war es dem Menschen möglich, nicht nur Leben zu erzeugen, sondern auch Geld damit zu machen.

Unter diesem Antrieb beschleunigte sich die Forschung erst recht. 1981 übertrugen Wissenschaftler des Jackson Laboratory in Bar Harbor und von der University of Ohio ein Gen, das die Produktion eines Bestandteils des Hämoglobins von Kaninchen steuert, auf einen Mäuseembryo, der ausgetragen wurde. Die Maus war keine richtige Maus; sie besaß ein funktionstüchtiges Kaninchen-Gen, das sie ihren Nachkommen vererbte. Diesem Beweis für die Möglichkeit der Kreuzung von Tierarten, die verschiedenen Spezies entstammen, folgten bald weitere. So kreuzten englische Forscher eine Ziege mit einem Schaf – zwei Tiere, die nicht einmal im Traum daran dächten, sich auf dem Scheunenhof zu paaren (und wenn sie es täten, hätte der Traum keine Folgen). Einem Professor von der University of Pennsylvania gelang es, menschliche Wachstumsgene einem Mäuseembryo einzupflanzen. Nachdem sie das Licht der Welt erblickt hatte, wuchs die Maus doppelt so schnell und wurde doppelt so groß wie jede andere Maus. Da sie das Gen ihrer Nachkommenschaft vererbte, sorgte sie dafür, daß die Frage »Bist du eine Maus oder ein Mensch?« für immer eine Streitfrage bleibt. Sie war zugleich beides und keins von beiden.

Laut einer von der *New York Times* veröffentlichten Aufstellung gab es Ende 1987 mehr als tausend verschiedene Stämme solcher »transgener« Mäuse, außerdem zwölf Schweinezüchtungen, verschiedene Varietäten von Kaninchen und Fischen, »mindestens zwei Rattenstämme und mindestens eine transgene Kuh, während eine weitere unterwegs war«. Das waren zumeist Experimente; doch dann gelang es im Frühjahr 1988 zwei Forschern von der Harvard University, eine weitere neuartige Maus zu züchten, die man durch Genmanipulation krebsanfällig gemacht hatte, so daß Onkologen an ihr neue Behandlungsmethoden erproben konnten. Im Unterschied zu den früheren Erfindungen war diese Maus kommerziell auswertbar und erhielt das erste Tierpatent der Vereinigten Staaten. Vergeben wurde es an die Firma du Pont, und die Mäuse gelangten im Frühjahr 1989 in den Verkauf. Der Preis betrug fünfzig Dollar pro Stück, und der Markenname lautet »Onco-Mouse«. Bis Ende 1989 werden zwei weitere Mäusemarken auf dem Markt sein.

Allerdings wird man auch diese Mäuse in Laboratorien halten (solange sie nicht entwischen). Ein größeres Hindernis fiel vermutlich im April 1987, als Rifkin und andere Gegner der Gentechnik alle juristischen Möglichkeiten ausgeschöpft hatten und Arbeiter der Firma Advanced Genetic Sciences erstmals genmanipulierte Bakterien in Gottes freier Natur auf einem Erdbeerfeld in Brentwood in Kalifornien aussetzten. Die Bakterien mit der Markenbezeichnung »Frostban« – modifizierte Formen von *Pseudomonas syringae* und *Pseudomonas fluorescens* – sollten Ernteverluste durch Frostschäden verhindern. Militante Umweltschützer rissen zahlreiche Erdbeerpflanzen aus dem Boden, aber das war nur eine Geste der Hilflosigkeit. Einige Tage später sprühte Steven Lindow, der Mann, der das »Eis-Minus-Gen« entdeckt hatte, Frostban ungehindert auf einen Kartoffelacker in Tule Lake in Kalifornien.

Die Geschwindigkeit, mit der diese Revolution sich vollzieht, nimmt ständig zu. Obgleich es sich kostspieliger gestaltet hat, als ursprünglich erwartet, bestimmte Pharmazeutika auf den Markt zu bringen, versuchen allein in den USA über dreihundert kleinere Unternehmen, solche Produkte zu entwickeln und zu verkaufen; bislang wurden etwa vierhundert Gene »geklont«. Etliche der Ideen, die ich erwähnt habe – zum Beispiel genetisch »veredelte« Bäume –, sind bereits verwirklicht. Ein Unternehmen in Seattle selektiert »Elite«-Riesenkiefern aus dem Wald im Hinblick auf Eigenschaften wie Geradwüchsigkeit, Höhe, Dichte des Holzes und »richtiger Anstellwinkel der Zweige«. Anschließend werden die Samen dieser Wunderbäume geklont und ausgesät. Mit den Jahren verschwinden dann die knorrigen, schiefwüchsigen Bäume aus dem Bestand. Die klassischen Methoden zur Veredelung der Sämlinge »erfüllen nur unzureichend die Kriterien der baldigen Verfügbarkeit von Bäumen hervorragender Qualität«, erklärte ein Forscher. Baumschulen, die Christbäume züchten und die ihr Gewerbe durch das Aufkommen künstlicher Bäume bedroht sehen, klonen inzwischen Bäume, deren Zweige exakt im Winkel von 45 Grad nach oben ragen und »dicke Nadeln [tragen], die nicht abfallen und somit auch nicht den Wohnzimmerboden verunreinigen«. Eine Firma des Namens Calgene hat eine Gen entwickelt, das Tabakpflanzen eine gewisse Resistenz gegen das Herbizid Glyphosphat verleiht. Das Herbizid wirkt normalerweise dadurch, daß es in Pflanzen die Synthese von aromatischen Aminosäuren unterbindet; nachdem die Tabakpflanzen jedoch genetisch umprogrammiert wurden, konnte man die Felder getrost mit dem Gift besprühen, ohne um den Tabak fürchten zu müssen. (Dieses Beispiel erscheint mir bezeichnend – wir bringen es fertig, nicht nur die Menge des angebauten Tabaks, sondern auch die des versprühten Giftes zu erhöhen.) »Genmanipulationen an Seetang befinden sich gerade erst im Anfangsstadium«, erklärt ein Forscher aus Florida. Man hat bereits Wachstumshormone in Lachsen und Forellen geklont – die Forellen im Mill Creek, der draußen vorbeifließt, werden zweifellos über kurz oder lang Arnold-Schwarzenegger-Forellen sein.

Und das ist nur der Stand von heute. Die Zukunft, die absehbare Zukunft, hält noch ganz andere Sachen für uns bereit, zumindest in den phantastischeren Versionen. So verspricht uns beispielsweise Brian Stableford , daß »die Batteriehühner der Zukunft«, ob sie zur »Eier- oder Fleischerzeugung« gehalten werden, völlig anders aussehen werden als heute. Tatsächlich sehen sie auf der dem Text beigegebenen Abbildung aus wie – na ja, wie Fleischlappen. Das liegt daran, daß wir dank der Gentechnik Hühner ohne überflüssige Köpfe, Flügel und Schwänze entwerfen können. »Die Nahrung wird über Schläuche in den Körper hinein- und nach der Verdauung durch andere Schläuche wieder herausgepumpt.« Vielleicht können wir, so verheißt Stableford, eines Tages Lammkoteletts an einer langen Fertigungsstraße »züchten«, »mit rotem Fleisch, das von einer weißen Fettschicht umgeben ist und an einem immer länger werdenden Knochen hängt«. Eines Tages werden vielleicht alle Pflanzen überflüssig und durch künstliche Blätter ersetzt sein, die keinen Anteil des Sonnenlichts für so unnötigen Luxus wie Wurzeln »verschwenden«, sondern »die gesamte absorbierte Energie für die Produktion von Dingen einsetzen, die für uns von Nutzen sind«.

Die »Biokosmetik« steht vor der Tür, verspricht uns Harry Stine – sie soll es ermöglichen, »das physische Erscheinungsbild einer Person so zu verändern, daß alle unattraktiven Züge oder Kennzeichen beseitigt werden und die Erscheinung dem gegenwärtig kulturell akzeptierten Schönheitsideal besser entspricht«. Und wie steht es mit Nachtsicht oder gar Sonar (obgleich dies in den Worten Stablefords »bedeuten würde, daß der Kopf um völlig neuartige anatomische Bestandteile erweitert werden müßte«, Bestandteile, die nicht unbedingt dem gegenwärtig kulturell akzeptierten Schönheitsideal entsprechen müssen) oder mit doppelt verglasten Augen, um im Weltraum existieren zu können, oder mit jener »geringfügigen Modifikation«, die uns die Verdauung von Zellulose erlauben würde? Hühner ohne Köpfe, Menschen, die sich von Holz ernähren – die Verwirklichung solcher Vorstellungen liegt noch in weiter Ferne (wie ich vermute, in weiterer Ferne, als ihre Autoren prognostizieren). Aber prinzipiell unterscheiden sich diese Vorhaben nicht von dem, was wir in den letzten zwanzig Jahren zu tun begonnen und in den beiden letzten Jahren in großem Stil in Angriff genommen haben, nämlich das Leben auf seiner fundamentalsten Ebene zu verändern. Die Grenze liegt nicht in der Zukunft, sie existiert hier und jetzt; wir haben bereits begonnen, sie zu überschreiten, und wir werden uns nur allzubald auf der anderen Seite wiederfinden, sofern wir nicht schon dort angekommen sind.

Na, dann können wir uns ja auf die Schulter klopfen! Vermöge unserer hochentwickelten Geistesgaben (der Geistesgaben bestimmter Leute am Massachusetts Institute of Technology, an der University of Oxford, in Japan oder sonstwo) finden wir vielleicht doch noch einen Ausweg. Gerade noch rechtzeitig – genau dann, wenn die CO_2-Wolken die Atmosphäre aufzuheizen drohen und uns möglicherweise dem Hungertod preisgeben – tüfteln wir eine neue Methode zur Beherrschung der Erde aus, eine gründlichere und deshalb aussichtsreichere Methode als die Verbrennung von Kohle, Öl und Erdgas. Es ist noch nicht sicher, ob die Gentechnik und die Makroverwaltung der irdischen Ressourcen ein neues Füllhorn darstellen, aber es scheint sehr wahrscheinlich zu sein. Wir sind eine begabte Spezies.

Warum klingt es dann so bedrückend? Nun – weil es das zweite Ende der Natur bedeutet. Wir haben bereits – eher zufällig – die Atmosphäre so irreversibel verändert, daß es mit der Natur, wie wir sie bisher kannten, vorbei ist. Aber diesmal wird es kein Zufall sein, sondern Absicht. Ich meine nicht, daß wir der Natur ein Ende machen, wenn etwas schiefgeht – wenn etwa ein Bakterienstamm, der Zellulose aufspalten soll, außer Kontrolle gerät und alle Bäume und Sträucher in der näheren Umgebung auffrißt. Und ich meine auch nicht, daß wir sofort aufhören sollten, um die furchterregenden und unheimlichen Möglichkeiten nicht real werden zu lassen – den Sonarmenschen oder die künstlichen Blätter. Sie sind lediglich neuartige mögliche Konsequenzen einer tiefgreifenderen Entscheidung. Es ist der schlichte Akt des Schaffens neuer Lebensformen, der die Welt verändert und uns für immer zu Göttern macht. Wir werden niemals wieder Wesen der Schöpfung sein – wir werden selbst Schöpfer sein. Wie Rifkin bemerkt, betrachtet der Gentechniker Organismen nicht als »separate Einheiten«, sondern als eine Anordnung von Befehlen innerhalb des Computerprogramms mit der Bezeichnung DNS. Es ist unmöglich, gegenüber einer solchen Anordnung Ehrfurcht zu empfinden: Sie kann immer wieder neu geordnet werden. Und in den Augen der Forscher *müssen* die Befehle ständig neu geordnet, immer weiter verbessert werden, bis sie einen Zustand höchster Effizienz erreicht haben. Das einzig mögliche Maß für diese Effizienz ist natürlich das Ermessen des Menschen (und wenn das Leben patentiert und verkauft werden kann, ist das einzige wirkliche Maß für das menschliche Ermessen der Mechanismus des Marktes). Vom Standpunkt eines Huhns aus können zur vollkommenen Effizienz ein Kopf, Flügel und Federn gehören; sie mögen auch das sein, was das Wesen des Huhns ausmacht. Aber Hühner können den Wissenschaftlern keine Schutzgelder zahlen; wenn die Menschen in Gestalt Frank Perdues beschließen, es sei besser, effizienter – das heißt billigeres – Hühnerfleisch zu haben, auch wenn es von einem an Schläuche angeschlossenen Rumpf stammt: bitte sehr. Wir werden am Ende aller Zeiten in einem Einkaufszentrum leben, in dem alles so gestaltet ist, daß es uns ein Wohlgefallen ist.

Wir haben gesehen, daß wir durch CO_2-Emissionen die Vegetationszeit künstlich verlängert haben; ebenso verhält es sich, wenn wir Erdbeerfelder mit Frostban besprühen und die Vegetationszeit verlängern – in beiden Fällen üben wir Kontrolle aus, wo wir früher mit dem zurechtkommen mußten, was uns vorgegeben war. Muir hat einmal die »unerschöpflichen Seiten der Natur« beschrieben, »die unzählige Male immer neu überschrieben wurden, in Buchstaben jeder Farbe und Größe, mit Sätzen, die aus Sätzen zusammengesetzt sind, wo jeder Teil eines Buchstabens selbst ein Satz ist«; folglich »sind unsere begrenzten Fähigkeiten... verwirrt und überfordert«, wenn wir versuchen, sie zu entziffern. Das kann jetzt anders werden. Zugegeben: Vielleicht werden wir niemals das verworrene Gespinst der natürlichen Welt mit seinen vielfältigen Verschachtelungen verstehen. Aber das wird gar nicht nötig sein. Die einzelnen Alphabete können alle auf kartierte DNS-Stränge reduziert werden. Und diese Klarheit und Organisation ist nicht nur von Effizienz, sondern auch von einer gewissen Schönheit erfüllt, so wie ein Musikstück. Aber steckt in der Kakophonie der Natur, in der »kosmischen Symphonie«, nicht doch mehr Schönheit? Oder in den Worten des britischen Philosophen Leslie Reid: Ist der Geist Gottes nicht sogar dem Geist eines Beethoven unendlich überlegen?

Der Öko-Atlas von Myers, den ich erwähnte, fordert einen »neuen Zugang zur Natur, der auf vernünftiger Nutzung und nicht auf willkürlicher Ausbeutung basiert« – das heißt die Haltung von Wapitis in Reservaten und die Züchtung von Alligatoren auf Farmen. Doch nach einigen Jahren der »vernünftigen Nutzung« werden die Tiere nichts Wildes mehr an sich haben. Diese Leute kommen mir vor wie der PR-Beauftragte eines Staatsforstes in Oregon, der hartnäckig behauptete, der Forstdienst sei vor allem deshalb dagegen, ein ausgegrenztes Stück naturbelassener Wildnis zu schützen, weil dann die Forstbehörde keine Möglichkeit hätte, das Wildhabitat zu »verbessern«. Als Beweis führte er an: »Sie können dort, wo jetzt ein Wasserfall ist, ein gleichmäßigeres Gefälle herstellen, indem Sie den Wasserfall wegsprengen, so daß die Fische stromaufwärts gelangen.« Ich will nicht behaupten, daß er unrecht hat (obgleich sich die Fische vermutlich auch schon vor der Erfindung von Dynamit zu helfen wußten). Nur gelten seine Bemühungen einer Sache, die zwar viel Ähnlichkeit mit der Natur hat, aber trotzdem keine ist.

Vor jedem wichtigen, aber schwierigen Scheideweg neigen wir dazu, uns einzureden, er sei in Wirklichkeit gar nicht da. Wir beruhigen uns gern mit der Vorstellung, wir hätten eine Brücke bereits überquert oder seien noch nicht bei ihr angekommen. Manche Leute machen sich keine großen Sorgen über die Gentechnik, weil sie glauben, es handle sich dabei um die Erweiterung einer traditionellen Praxis wie etwa die selektive Züchtung. Doch die Natur hat diesem Vorgehen enge Grenzen gesetzt: Mendel konnte zwar eine Bohne mit einer Bohne kreuzen, aber nicht eine Bohne mit einer Melone und noch weniger mit einer Abalone oder gar einem Bretonen. Wir können Hühner in grauenhaften Batterien einpferchen, aber bis jetzt hatten sie wenigstens noch Köpfe. Es gab Einschränkungen, mit anderen Worten: Grenzen. Und unser Verständnis von der Beschaffenheit dieser Grenzen half uns, die Natur zu definieren. Ein solches Denken wird sehr bald nur noch belächelt werden. Die Idee, daß die Natur – daß überhaupt *irgend etwas* – sich definieren läßt, wird bald überholt sein – weil sich alles verändern läßt. Ein Kaninchen mag vorläufig ein Kaninchen sein, aber schon morgen wird »Kaninchen« keine Bedeutung mehr haben. »Kaninchen«, das sind ein paar Zeilen eines Codes, nicht wichtiger als ein Packen Konstruktionszeichnungen für einen Ford, Baujahr 1940. Warum sollte man ein Kaninchen nicht wie eine Ente oder einen Esel aussehen lassen – oder was uns gerade gefällt? »Unsere Kinder«, schreibt Rifkin, »werden der Überzeugung sein, daß ihre Schöpfungen weit höher stehen als jene, die ihnen Modell gestanden haben... Sie werden die ganze Natur als eine berechenbare Sphäre betrachten. Sie werden alles Lebendige als temporäre Programme umdefinieren, die zensiert, überarbeitet und umgeschrieben werden können.«

In einer solchen Welt – unbeständig, ohne Verantwortung oder moralische Instanz, einsam – wird alles möglich sein, am Ende vielleicht sogar die Unsterblichkeit. Warum sterben? Was für Gründe gibt es überhaupt dafür? Warum alt werden? Warum nicht mit hundert immer noch verspielt sein und zum interplanetarischen Fußballturnier gehen? Das muß der Grund sein, warum wir so bemüht waren, diese Richtung einzuschlagen. Ob das ewige Leben irgendeinen Sinn haben wird, ist eine andere Frage. »Eines Tages«, meint Stableford, »wird es vielleicht keinen Unterschied mehr zwischen dem Belebten und dem Unbelebten geben – die Grenzen werden verwischt sein und von Systemen ausgefüllt, die sowohl mit den Mechanismen des Lebens als auch mit den Mechanismen aus Metall, Kunststoff und Glas arbeiten.«

Manche dieser Aussagen sind zweifellos Spekulationen; niemand kann nur annähernd wissen, was genau die Folgen einer so beunruhigenden Entwicklung wie der Gentechnik sein werden. Doch wenn diese Technologie versagt, wird eine andere an ihre Stelle treten. Das ist die logische Konsequenz unserer trotzigen Überzeugung, daß wir auf immer die Welt zu unserem Nutzen beherrschen müssen, so wie wir sie in den letzten hundert Jahren beherrscht haben. Wenn wir die Weltbevölkerung weiter vermehren, mehr Besitztümer anhäufen, mehr Ressourcen verbrauchen wollen, dann müssen wir neue Wege finden, und Genmanipulation und »Makroverwaltung« scheinen sich als ausssichtsreichste Verfahren anzubieten.

Das Problem besteht mit anderen Worten nicht einfach darin, daß bei der Verbrennung von Erdöl Kohlendioxid freigesetzt wird, das aufgrund seiner Molekularstruktur zufälligerweise Sonnenwärme absorbiert. Das Problem besteht darin, daß die Natur, die unabhängige Gewalt, die uns seit unseren frühesten Tagen umgeben hat, mit unserer Anzahl und unseren Gewohnheiten nicht koexistieren kann. Es ist durchaus vorstellbar, daß wir eine Welt schaffen, die sowohl unsere Anzahl als auch unsere Gewohnheiten verkraften kann, aber sie wird eine künstliche Welt sein, eine Raumstation.

Oder aber – nur als Möglichkeit – wir ändern unsere Gewohnheiten.

Ein Weg des größeren Widerstandes

Vor einigen Jahren warf Jim Stolz an der Grenze zwischen Mexiko und den USA seinen Rucksack über die Schultern und wanderte rund vierzehnhundert Kilometer nach Norden in die Berge von Idaho, um sich dort mit einer kleinen Gruppe von Umweltschützern zu treffen.

Das war für ihn nichts Ungewöhnliches, erzählte er mir drei Monate später, als wir zusammen an einem Fluß saßen. Jahre zuvor war er über den Appalachian Trail von Georgia nach Maine gewandert. »In den beiden folgenden Jahren durchwanderte ich die USA von Küste zu Küste. Ich nahm die nördliche Route – ich brauchte Monate, um auf Schneeschuhen Minnesota und Wisconsin zu durchqueren.« Er bekam den Pazifik erst zu Gesicht, als er ihn auf eigenen Beinen erreichte. Danach wanderte er den Continental Divide Trail entlang, und dann begann er mit den Vorbereitungen für eine weitere beschwerliche Wanderung – den Grand West Trail, wie er ihn nennt. Er verläuft nördlich und südlich zwischen dem Pacific Crest Trail und dem Continental Divide Trail, überquert den Grand Canyon und die Lavaebenen und verläuft quer über die Sawtooth Mountains. Das einzige, was es nicht gab, waren andere Menschen. »Neuneinhalb Tage lang habe ich auf dieser Strecke nicht eine einzige Menschenseele getroffen«, erzählte Stolz. »Im Durchschnitt begegne ich alle vier Tage jemandem.«

Im Lauf seiner langen Wanderungen war er zwölfmal auf Grizzlybären gestoßen, die größten Säugetiere des Kontinents, die heutzutage in den achtundvierzig südlicheren Bundesstaaten kaum noch anzutreffen sind. »Der letzte stand auf seinen Hinterbeinen, knackte mit den Kiefern und knurrte dreimal.

Ich war ihm zu nahe gekommen, und das wollte er mir zu verstehen geben. Ein anderer umkreiste mich in einem Abstand von etwa zwölf Metern und wollte mir nicht in die Augen sehen. Bei einer so geringen Entfernung wird einem plötzlich klar, daß man ein Glied in der Nahrungskette ist. Wenn wir ins Land der Grizzlys gehen, betreten wir *ihr* Gebiet. Wir sind die Eindringlinge. Wir sind daran gewöhnt, das Sagen zu haben. Aber im Grizzlyland sind wir nur ein Glied in der Nahrungskette.«

Diese Idee kam mir recht radikal vor – die Idee, daß wir nicht unbedingt und überall den Ton angeben. Als ich später darüber nachdachte, erschien es mir als eine gute Möglichkeit, eine Philosophie zu beschreiben, die das Gegenteil des trotzigen, verschwenderischen Kurses ist, den wir in der Vergangenheit verfolgt haben. Was würde es für unseren Lebensstil bedeuten, für unsere Bevölkerungsentwicklung, unsere Wirtschaft, unseren Ausstoß an Kohlendioxid und Methan, wenn wir beginnen würden, ernsthaft und aus tiefstem Innersten heraus uns selbst als eine Spezies unter vielen zu sehen?

Die Logik unseres gegenwärtigen Denkens – daß wir uns weiter vermehren müssen und noch mehr Wohlstand und Komfort erreichen müssen – führt unerbittlich in die Richtung einer verwalteten Welt. Wir bewegen uns, wie ein paar Rebellen behauptet haben, in ausgefahrenen Gleisen, wir sind in unseren Denkschemata befangen. Als Thoreau erklärte, die Masse der Menschheit lebe ein Leben in stiller Verzweiflung, meinte er diesen Trott. Er ging zum Waldensee, um dort zu leben und zu demonstrieren, wie wenig der Mensch zum Überleben benötigt – 61 Dollar und 99 3/4 Cents in acht Monaten, einschließlich der Kosten für sein Haus.

Doch die meisten von uns haben in diesem Trott weitergelebt, ohne zu rebellieren. Einige wenige haben – häufig unter Thoreaus Einfluß – ihr zweites Collegejahr geschmissen, um in einem Zelt an einem unberührten See zu leben, aber selbst sie kehrten in der Mehrzahl in die normale Gesellschaft zurück. Thoreaus Erklärung – daß wir glauben, keine Wahl zu haben – mag zum Verständnis dieser Tatsache beitragen. Aber die schreckliche Wahrheit ist die, daß die meisten von uns diesen Trott eigentlich mögen. Wir haben es gern, immer neue Dinge zu erwerben; sie machen uns glücklich, ungeachtet der Aphoristiker. Wir lieben das bequeme Leben. Vor nicht allzu langer Zeit fiel mir eine alte Ausgabe des *New Yorker* in die Hände;

darin fand sich eine Anzeige der guten alten Esso Company aus dem Jahr 1949, die unser Jahrhundert auf den Begriff brachte: »Je besser Sie leben«, tönte es da, »desto mehr Öl verbrauchen Sie.« Und wir leben gut. Die Welt, wie die meisten von uns im Westen sie im ausgehenden 20. Jahrhundert erleben, ist ein ziemlich freundlicher Ort. Deshalb zelten auch nur so wenige Hippies am See. Wir zelten zwar gern, aber nur am Wochenende.

Der einzige Haken an der Sache ist, daß diese Denkschemata, dieser angenehme Trott *den Planeten* anscheinend nicht glücklich machen. Die Erdatmosphäre und die Wälder sind weniger zufrieden als wir. Tatsächlich sind sie nicht mehr dieselben, und sie sterben. Und diese Veränderungen wirken sich auch auf uns aus, auf Leib und Seele. Das Ende der Natur vergällt mir alle materiellen Freuden. Die Aussicht auf ein Leben in einer genmanipulierten Welt macht mich krank. Und dennoch ist es diese Welt, auf die wir durch unseren Glauben an die Notwendigkeit unaufhörlichen materiellen Fortschritts zusteuern.

Solange uns dieses Verlangen antreibt, gibt es keine Möglichkeit, Grenzen zu setzen. Wir arbeiten nicht an der Genmanipulation, um Krankheiten auszurotten, aber keinesfalls absolut effiziente Hühnchen zu basteln; es gibt nichts in der Logik unserer eingewurzelten Überzeugungen, das uns dazu bewegen könnte, eine solche Grenze zu ziehen. Lenken wir unsere Überzeugungen in einen neuen Fluß, wird er in kurzer Zeit ein ebenso reißender Strom wie der gegenwärtige sein: Wenn wir die Kohle durch Kernkraft ersetzen, werden wir unverdrossen weiter unserer Lieblingsbeschäftigung nachgehen, der Anhäufung von Besitztümern mit all ihren Folgen für die natürliche Welt. Wenn es eine Idee gibt, auf die praktisch jeder Politiker dieser Erde, der Erfolg haben will, eingeschworen ist – sei er Sozialist, Faschist oder Kapitalist –, dann ist es die, daß »wirtschaftliches Wachstum« gut, notwendig und das eigentliche Ziel aller organisierten menschlichen Tätigkeit ist. Aber wo endet das wirtschaftliche Wachstum? Es endet in der genmanipulierten toten Welt, wie sie die Optimisten voraussagen – oder zumindest verläuft es geradewegs durch sie hindurch, vorausgesetzt, es gelingt uns, unsere gegenwärtigen Umweltprobleme zu lösen.

Diese Probleme geben uns jedoch die Chance, unser Denken zu ändern. Was wäre, wenn sie uns einen praktischen – und nicht einen moralischen oder ästhetischen – Grund böten, unser ausgefahrenes Gleis zu verlassen und eines zu suchen, das in eine andere Richtung führt? Einen Grund, der mehr mit der Chemie der Atmosphäre als mit östlicher Spiritualität zu tun hat? Das war es, was mich bei den Worten von Stolz aufhorchen ließ, bei seinem Gedanken, daß wir nicht wichtiger sind als alles andere auch. Sollte eine neue Idee – eine *demütige* Idee im Gegensatz zu der herkömmlichen Trotzhaltung – aus dem Trümmerhaufen entstehen, zu dem wir die Welt gemacht haben, dann muß sie aus diesem Gefühl, aus diesem Impuls kommen.

Der Gedanke, daß die übrige Schöpfung genauso zählt wie wir, ist selbst den meisten Umweltschützern auffallend fremd. Die Ökologiebewegung hatte schon immer ihre größten Erfolge, wenn sie die Bevölkerung davon überzeugen konnte, daß wir von irgendwelchen schemenhaften Gefahren bedroht waren – oder, falls nicht wir unmittelbar bedroht waren, dann eine Tierart, die uns besonders am Herzen lag, etwa Robben, Wale oder Singvögel. Die tropischen Regenwälder müssen gerettet werden, weil sie Millionen von Pflanzenarten enthalten, die für medizinische Zwecke genutzt werden könnten: Das war das verbreitetste Argument gegen die Abholzung der Regenwälder, bevor der Treibhauseffekt entdeckt wurde. Selbst die in den USA entstandene Wildnisbewegung, in mancher Hinsicht eine radikale Kampagne, hat sich hauptsächlich für wilde Areale als Stätten für den Menschen ausgesprochen – groß genug, daß Rucksacktouristen sich dort verlieren und gestreßte Großstadtbewohner sich dort wiederfinden können.

Aber was wäre, wenn wir anfingen, an den Regenwald *um seiner selbst willen* zu glauben? Diese Einstellung hat in den letzten Jahren sehr zögernd in den Vereinigten Staaten und in anderen Ländern Fuß gefaßt, nachdem die Folgen der Herrschaft des Menschen über die Natur deutlicher sichtbar geworden sind. Einige Autoren haben zwei Weltsichten einander gegenübergestellt: die traditionelle, »anthropozentrische«, bei der der Mensch im Mittelpunkt steht, und die »biozentrische«, bei der die Menschen ebenso nur Teil der Welt sind wie etwa die Bären.

Viele Anhänger der biozentrischen Weltsicht sind natürlich sonderbare Heilige von jener Sorte, die lieber dreitausend Kilometer zu Fuß geht, als ein Flugzeug zu nehmen. (Propheten, falsche wie wahre, sind zwangsläufig sonderbare Heilige. An Propheten, die sich im Einklang mit ihrer Gesellschaft befinden, herrscht kein großer Bedarf.) Und sie vertreten zweifellos eine radikale, beinahe unrealistische Idee. Sie geht an die Wurzeln unserer Identität. Aber wir leben in einer radikalen, unrealistischen Zeit. Wir erleben das Ende der Natur, jenen Augenblick, da der Charakter der Welt, wie wir sie kennen, seit wir aufgehört haben, uns von Ast zu Ast zu schwingen, sich plötzlich gänzlich verändert. Ich fühle mich innerlich nicht von radikalen Ideen angezogen. Ich habe ein Haus und ein Bankkonto, und wenn im übrigen alles bleibt, wie es ist, dann möchte ich mein Leben gern so weiterleben wie bisher. Es bleibt aber nicht alles, wie es ist – wir leben zu einem merkwürdigen Zeitpunkt in der Geschichte der Menschheit, an dem sich die fundamentalsten Elemente unseres Lebens verändern. Ich liebe die Bäume vor meinem Fenster; sie gehören zu meinem Leben. Ich möchte sie weder in der Hitze verwelken sehen, noch sollen sie als perfekt geklonte Einheitsbäume in schnurgeraden Reihen stehen. Der Schaden, den wir dem Planeten zugefügt haben, und der Schaden, den wir in einer genmanipulierten, nach unserem Ermessen gestalteten Zukunft anzurichten drohen, weckt in mir die Frage, ob es nicht eine andere Möglichkeit gibt, ob es nicht eine bescheidenere Alternative gibt – eine, die uns dem näher bringt, was von der Natur übriggeblieben ist, und die der Natur erlaubt, sich zu regenerieren, soweit sie das noch kann, eine Alternative, die nicht nur ein anderes Tun, sondern auch ein anderes Denken des Menschen voraussetzt.

Solche Ideen sind keineswegs umwerfend neu. Seit die Menschen sich zu Gemeinschaften zusammengeschlossen haben, gibt es Berichte von Asketen und Eremiten. Thoreau verdünnte die Religion dieser Denkweise und injizierte die Lösung in den Blutkreislauf der neuzeitlichen Gesellschaft, aber wie wir gesehen haben, ging er in die Wälder, um den Menschen und nicht die Natur zu erlösen. (Es ist auffällig, wie wenig Naturbeschreibungen sein berühmtes Buch *Walden* enthält.) Seine Tagebuchnotizen sind ein durch und durch anthropozentrischer Bericht – die Entweihung der Natur durch den Menschen kümmerte ihn weniger als die Entweihung des Menschen durch sich selbst. Die Natur spielte eine Rolle, aber nur als wunderbarer Text. »Laßt uns einmal einen Tag ebenso besonnen verbringen wie die Natur«, sagt er, »und nicht durch eine jede Nußschale oder einen Mückenflügel, der auf unseren Pfad herabfällt, aus dem Geleise kommen. Laßt uns früh aufstehen und fasten oder frühstücken in aller Ruhe und Gelassenheit.« Die Natur war ein Bibeltext zur Erbauung.

Der entscheidende nächste Schritt in der Entwicklung dieser demütigen Philosophie – die Idee, daß die übrige Schöpfung um ihrer selbst willen von Bedeutung und der Mensch nicht gar so bedeutend war – blieb anderen Autoren vorbehalten. Implizit ist diese Idee in allen Büchern von John Muir enthalten, an manchen Stellen sogar explizit. Im Tagebuch seiner eintausendsechshundert Kilometer langen Wanderung zum Golf von Mexiko findet sich eine Passage, die in völligem Gegensatz zu Professor Baxters Behauptung steht, daß es allein auf den Menschen und auf die Pinguine überhaupt nicht ankomme. Muir schreibt über Alligatoren, Tiere, die nach unseren Maßstäben nicht besonders anziehend sind. Er räumt ein, daß man Alligatoren »nicht gerade als Freunde des Menschen bezeichnen kann« (obgleich er von »einem großen Exemplar« gehört hatte, »das man jung eingefangen, bis zu einem gewissen Grad gezähmt und als Zugtier dressiert hatte«). Aber darum geht es ihm nicht. »Viele wohlmeinende Menschen glauben, Alligatoren seien vom Teufel geschaffen, und erklären sich so ihre enorme Gefräßigkeit und ihr häßliches Aussehen. Und doch sind diese Kreaturen zweifellos glücklich und füllen den Platz aus, den ihnen unser aller Schöpfer zugewiesen hat. Wild und grausam erscheinen sie uns, aber schön vor Gottes Angesicht.« Das ist mehr als eine ökologische, darwinsche Betrachtungsweise; sie ist moralisch: »Wie beschränkt sind wir eigensüchtigen, selbstgefälligen Geschöpfe in unseren Vorlieben! Wie blind für die Rechte der ganzen übrigen Schöpfung!... Obgleich Alligatoren, Schlangen und so weiter in uns einen natürlichen Abscheu hervorrufen, so sind sie doch keine geheimnisvollen Übel. Sie leben glücklich in dieser blumenreichen Wildnis, sind Teil von Gottes Familie, ohne Sünde, unverdorben und Gegenstand derselben göttlichen Fürsorge, wie sie den Engeln im Himmel oder den Heiligen auf Erden zuteil wird.« Muir beendet seine »Sumpfpredigt« mit einem Segenswunsch, der diese bescheidenere Denkweise zusammenfaßt: »Ehrenwerte Abkömmlinge der großen Saurier einer älteren Schöpfung, erfreut euch noch lange an Wasserlilien und Binsen, und seid von Zeit zu Zeit mit einem Happen Fleisch von einem schreckgelähmten Menschen gesegnet, der euch zum Leckerbissen gereiche!«

182

Unter den zahlreichen Nachfahren dieser philosophischen Tradition war Edward Abbey wohl die auffälligste Erscheinung. Abbey, ein geistreicher, packender Romancier und begabter Kritiker, war vor allem Fürsprecher einer Gegend – der Wüste im Südwesten der USA, wo er lange Zeit gelebt hat. Abbey, der im Frühjahr 1989 gestorben ist, hauste lange Zeit als Staatsangestellter in Feuerwachttürmen und Rangerhütten – ein extrem einsames Leben, um so einsamer in jenem Teil der Natur – der Wüste –, der am unwirtlichsten erscheint, am stärksten ein Gefühl des Unvertrautseins hervorruft. Abbey liebte die Schönheit der Wüste, aber er erkannte auch ihre überwältigende Fremdheit. In seinem ersten Essayband schreibt er an einer Stelle: »Die Wüste sagt nichts. Vollkommen passiv, Objekt des Handelns anderer, doch niemals selbst handelnd, liegt die Wüste da wie das nackte Skelett des Daseins, kärglich, spärlich, dürftig, völlig wertlos, nicht Liebe, sondern Kontemplation heischend. In ihrer Einfachheit und Ordnung erinnert sie an die Klassiker, nur daß *die Wüste eine Sphäre jenseits des Menschen ist* und daß nach der klassischen Auffassung der Mensch allein als bedeutend gilt oder überhaupt als wirklich angesehen wird.«

Der Gedanke einer »Sphäre jenseits des Menschen« und dennoch hier auf Erden steht im Widerspruch zu unseren tiefsten Überzeugungen, zu unserem Gefühl, daß alle Schöpfung uns persönlich untertan sei. Es ist kein Zufall, daß Abbey mit der Wüste vor Augen geschrieben hat. Wenn man in einem Garten Eden oder auch nur in Fort Lauderdale lebt, dann kann man schon eher auf den Gedanken verfallen, daß die Erde für den Menschen und zu seinem Genuß da sei, aber nicht, wenn man in der Wüste im Südwesten der USA lebt. Wenn die Wüste für den Menschen gemacht wurde, warum gibt es dann so wenig Wasser in ihr? Es ist unendlich einleuchtender zu vermuten, daß die Wüste für die Geier gemacht wurde.

Es verwundert nicht, daß die Wüste des amerikanischen Südwestens eine der letzten unberührten Stätten der Erde war. Goldsucher waren gekommen und wieder gegangen, und ihre Spuren konnte man noch im Sand erkennen, doch als Abbey kam, war der größte Teil dieser Landschaft wieder im Naturzustand. In der Folgezeit mußte er miterleben, daß Stadtplaner, Erzschürfer und Straßenbauer das Land zu erobern versuchten. Abbey schrieb einen Roman, *The Monkey Wrench Gang* [Die Schraubenschlüsselbande], der von seinem Zorn über die

Uranbergwerke und die Kupferhütten, die die saubere Luft verpesteten, und über den nicht enden wollenden Bau von Straßen und Flußdämmen kündet. Eigentlich ein »Action-Roman«, die Schilderung eines Sabotagefeldzugs gegen Bulldozer und Staudämme, erfaßt er in einer einzigen Szene den Unterschied zwischen unserer herkömmlichen, trotzig herausfordernden und der biozentrischen Weltsicht.

Zu Anfang des Buches beschließt Hayduke, der Held, den Bau einer Straße zu sabotieren, deren Trasse durch die Wüste von Arizona führen soll. Während er der geplanten Strecke folgt und dabei die orangefarbenen Fähnchen des Vermessungsingenieurs aus dem Boden zieht, gelangt er an die felsige Kante eines schmalen Cañons. Auf der anderen Seite sieht er in etwa hundert Meter Entfernung, wie die Reihe der Stangen mit ihren Fähnchen sich fortsetzt. »Über diesen Cañon sollte also eine Brücke gebaut werden. Es war nur ein kleiner und sicherlich wenig bekannter Cañon mit einem schmalen Bach tief unten in seinem Bett, der sich träge von einer Krümmung zur nächsten über den Sand wälzte, sich in Gumpen unter dem lichtgrünen Laubwerk der Pappeln räkelte und über Vorsprünge aus Stein ins nächst tiefere Becken platschte, kaum genug Wasser, nicht einmal im Frühling, für eine Lebensgemeinschaft aus gesprenkelten Kröten, rotflügeligen Libellen, ein bis zwei Schlangen und ein paar Zaunkönigen: nichts Besonderes. Aber dennoch zögerte Hayduke; er wollte keine Brücke hier, niemals; er mochte diesen kleinen Cañon, den er noch nie zuvor gesehen hatte, von dem er nicht einmal den Namen wußte, einfach so, wie er war. Hayduke kniete nieder und schrieb eine Botschaft an alle Straßenbauunternehmer in den Sand: ›Geht nach Hause‹.« Dieser Cañon ist kein Yosemite-Tal und schon gar kein Hetch-Hetchy-Aquädukt – es gibt keine Möglichkeit, zu seinem Schutz eine Menschenmenge zu mobilisieren, weil er einen prächtigen Anblick oder Freizeitmöglichkeiten bietet. Er ist für den Menschen ohne Nutzen. Ohne die Straße würde sich niemals ein Mensch hierher verirren. Dieser Cañon kann nur von einer Brücke überspannt werden oder so gelassen werden, wie er ist. Der Radikalismus Abbeys bestand darin, daß er letzteres vorzog.

Die europäischen Grünen Parteien, die kalifornischen Versionen fernöstlicher Religionen und die Tierschutzbewegung haben alle in den letzten Jahren Teile dieses Ideengutes über-

nommen. Aber sie haben sie meist mit anderen Ideen verknüpft – etwa mit dem Sozialismus oder der Aufklärung.
Zumindest ihrer Philosophie nach bietet die kleine, aber schnell
anwachsende US-amerikanische Umweltschutzgruppe Earth
First! eines der unverfälschtesten Beispiele für eine Haltung,
die die übrige Schöpfung rein menschlichen Interessen voran-
stellt.

Noch vor zehn Jahren, Anfang 1980, trug Dave Foreman
einen Anzug mit Hemd und Krawatte und war in Washington
als Cheflobbyist für die Wilderness Society tätig. Sein Denken
entwickelte sich jedoch in dieselbe Richtung wie das von
Abbey. »Während der ganzen Zeit in Washington war ich phi-
losophisch radikal – ich glaubte an die Wildnis um ihrer selbst
willen. Aber lange Zeit glaubte ich, der beste Weg, um mehr
Naturschutzgebiete zu bekommen, bestehe darin, vernünftig
zu sein und republikanische Senatoren zum Essen einzuladen.«
Die sogenannte »Sagebrush Rebellion« – der Ende der siebziger
Jahre aufkommende Protest von Bergwerksbesitzern, Ranchern
und reichen Holzhändlern im Westen unter der Führung von
Männern wie James Watt, die behaupteten, selbst die kleinen
Errungenschaften der Umweltschützer seien zuviel – belehrte
ihn eines Besseren. »Da begriff ich, daß wir um die Brosamen
unter dem Tisch kämpften. Ich glaube, ich kam zu der Einsicht,
daß das industrielle Imperium ein Krebsgeschwür auf der Erde
ist und daß es mit der Rettung von ein paar unbedeutenden
Freizeitgebieten nicht getan sein kann: Daß wir die westliche
Zivilisation als solche herausfordern mußten.«

Earth First!, die Bewegung, die Foreman mit ein paar Freun-
den gründete, nachdem er Washington und der Wilderness
Society den Rücken gekehrt hatte, ist einer der wenigen Ver-
suche, den philosophischen Radikalismus eines John Muir oder
Edward Abbey in Aktionen umzusetzen. Der Leitspruch dieser
Gruppe lautet: »Keine Kompromisse beim Schutz von Mutter
Erde!«, und ihr Wahrzeichen ist ein Universalschraubenschlüs-
sel. [In Anlehnung an den bereits erwähnten Roman von E.
Abbey; A. d. Ü.] Im Westen der Vereinigten Staaten hat die
Gruppe rasch Zulauf gefunden, zum Teil wegen ihres drauf-
gängerischen Images. Ihre Zeitung enthält unter anderem Tips
für Sabotageakte (»ecodefense«), hilfreiche Hinweise, die weit
über Haydukes Fachkenntnisse hinausreichen. Um schweres
Gerät unschädlich zu machen, greifen sie längst nicht mehr zur
Zuckertüte. Schleifsand, im Verhältnis eins zu vier mit

Motoröl vermischt, wirkt wesentlich besser. Oder nehmen wir an, die Regierung hat irgendwo mitten in der Wildnis einen unbefestigten Flugplatz angelegt: Dann kann man nachts die Landebahn großzügig mit Salz bestreuen und hat gute Chancen, daß Elche, Wapitis und Rotwild kommen, um es herauszuscharren, und dabei große Löcher in den Boden machen.

Solche »Ökotageakte« hatten stellenweise Erfolg und sind ab und zu auch fehlgeschlagen. Konventionelle Umweltschützer waren nicht immer erfreut über sie. (Foreman wurde im Spätfrühling 1989 unter der Beschuldigung der Mitgliedschaft in einer kriminellen Vereinigung zum Umlegen von Strommasten verhaftet. Offenbar hatte ein Informant des FBI die Gruppe infiltriert.) Zweifellos hat die auf Konfrontation angelegte Taktik von Earth First! der Gruppe weit mehr Publizität eingetragen, als sie sonst je erreicht hätte. Doch in dem Trubel um ihre Methoden ging ihre Botschaft häufig unter, die nicht weniger radikal ist. Sie fordert eine andere Welt, in der Straßen wieder aufgerissen und beseitigt werden, um riesige neue Naturschutzgebiete zu schaffen, wo Neubauten nur begrenzt erlaubt sind und wo die Spuren des Menschen auf der Erde mit der Zeit getilgt werden. Earth First! und ein paar andere Gruppen verfolgen ein Ziel: den Schutz alles Wilden, Natürlichen, all dessen, was nichts mit dem Menschen zu tun hat.

Ich erlebte Foreman zum erstenmal in einem Kirchenraum in Sacramento, Kalifornien. Als erstes knöpfte er sein modisches Hemd auf, und darunter kam ein schwarzes T-Shirt mit dem Wahrzeichen von Earth First!, dem Universalschraubenschlüssel, zum Vorschein. Er erzählte von seiner Zeit in Washington: »Aufgrund meiner Erfahrungen mit der Wilderness Society begann ich mich zu fragen, warum man überhaupt eine Region unter Naturschutz stellen soll. Weil es eine schöne Gegend ist, in der man sich gut entspannen kann? Weil man dort schöne Fotos und daraus schöne Bildbände machen kann? Um ein Flußeinzugsgebiet zu schützen? Nein. Man schützt einen Fluß, weil er ein Fluß ist. Um seinetwillen. Weil er ein Recht darauf hat, als Fluß zu existieren. Der Grizzly im Yellowstone Park hat ebensoviel Recht auf sein Leben wie jeder von uns. Jeder von euch ist ein Lebewesen, und ihr solltet stolz darauf sein.«

»Letzten Endes geht es um grundsätzliche philosophische Fragen«, betont Foreman. Die meisten Umweltgruppen diskutieren die Notwendigkeit, »anhaltendes wirtschaftliches Wachstum« mit dem »Schutz unseres natürlichen Erbes für zukünftige Generationen zu vereinbaren«. Foreman sieht das skeptisch: »Ich habe viel darüber nachgedacht und mich bemüht, Anzeichen zu erkennen, daß Reformen tatsächlich Abhilfe schaffen. Und ich bin zu der Überzeugung gelangt, daß der Fehler so grundsätzlicher Art ist, daß Reformen sinnlos sind. Wir können große Wildreservate einrichten, und wir können ausgerottete Arten neu aussetzen; aber solange man nicht der Tatsache Rechnung trägt, daß die Erde von viel zu vielen Menschen bevölkert ist und als Ressource zu unserem Nutzen dient, und solange die Menschen nicht den Weg zurück finden, so lange bleiben die Probleme ungelöst.«

Foreman und seine Mitstreiter bezeichnen diese Idee – daß die Menschen wieder »den Weg zurück« finden müssen – als »tiefe Ökologie«. Im Gegensatz zur konventionellen oder »seichten« Ökologie, die prinzipiell die anthropozentrische Weltanschauung der Industrienationen akzeptiert und diese lediglich reformieren, daß heißt die Menschen zu besseren Verwaltern machen will, gehen die »tiefen Ökologen« dem Problem wirklich auf den Grund und stellen Fragen wie diese: »Woher kommen wir? In welcher Beziehung stehen wir zur übrigen Welt? Befinden wir uns wirklich auf dem Gipfelpunkt der Evolution?« Ihre Antworten auf diese Fragen und nicht der in die Benzintanks von Bulldozern geschüttete Sand stellen »die fundamentale Herausforderung an die westliche Zivilisation« dar.

Und da wir alle Produkte und Nutznießer dieser Zivilisation sind, bedeuten derartige Ideen selbst für jene von uns, die sich als Umweltschützer verstehen, eine radikale Herausforderung. Als die Zeitschrift *Nation* einen Artikel brachte, in dem einige Ziele der »tiefen Ökologie« umrissen wurden, handelte sie sich zahlreiche empörte Leserbriefe ein. Die »tiefe Ökologie« ergreife »Partei für die Natur und gegen die Kultur«, ereiferte sich eine »Ökofeministin« namens Ynestra King in einer langen Philippika, und damit ignoriere sie »die tief in der Gesellschaft verwurzelten wirtschaftlichen und politischen Machtstrukturen«. Foreman »und seine Macho-Anhänger ... vertreten nichts anderes als die Daniel-Boone-Mentalität in ökologischer Verbrämung«, und das eigentliche Problem bestehe darin, daß die Bewegung Earth First! und die »tiefe Ökologie« für »menschliches Leiden zutiefst unempfindlich sind«.

Und in gewissem Sinn hat sie recht. Es ist eine äußerst verstörende Vorstellung, daß der Mensch sich nicht zum Herrn über alles aufwerfen soll, daß anderes Leiden ebenso eine Rolle spielt wie das des Menschen. Und daß individuelles – tierisches wie menschliches – Leiden möglicherweise weniger wichtig ist als das Leiden bestimmter Tierarten, das von Ökosystemen oder das des gesamten Planeten. Diese Vorstellung ist so verstörend wie sonst keine Idee, etwa der Marxismus. Es ist nicht besonders radikal, darüber zu reden, wem die Fabriken gehören sollen, wenn die Frage lautet, ob es überhaupt Fabriken geben soll.

In Südwestoregon, in dem Landesteil nördlich von Grants Pass, tosen der Rogue River und der Illinois River durch steile Schluchten talwärts zum Pazifik und nehmen ihren Lauf größtenteils durch den Siskiyou National Forest. Ein Teil dieses Landes wurde offiziell zur »Kalmiopsis-Wildnis« erklärt, zu Ehren einer seltenen Orchideenart, die nur dort vorkommt. Noch vor wenigen Jahren gab es hier wenigstens 650 Quadratkilometer Land ohne Straßen, ohne Holzeinschlag – und ohne Schutz. In dieser Gegend verwirklichten einige der Anhänger Foremans und Abbeys einen kleinen Teil der »fundamentalen Herausforderung der westlichen Zivilisation«.

   In dieser Region gibt es Bären, Weißwedelhirsche, Pumas, Wapitis, Wölfe, Vielfraße, Rotluchse, Berglöwen, Minks, Ottern, Biber und Fischadler; in den kalten Flüssen leben Lachse und Stahlköpfe *(Salmo gairdneri)*. Von besonderer Bedeutung ist jedoch der ausgedehnte Bestand an unberührtem Wald. Solche Wälder sind heutzutage in den Vereinigten Staaten ein seltener Anblick, nachdem hier über siebenundneunzig Prozent aller wirtschaftlich nutzbaren Wälder mindestens einmal abgeholzt wurden. Die Bäume dieses Waldes sind zum Teil steinalt; daneben finden sich junge und abgestorbene, verrottende Bäume – ein unendlich komplexes Ökosystem. Aber für einen Holzfäller befinden sich Bäume, die den Zeitraum ihres schnellsten Wachstums überschritten haben, »im Verfall«; er würde sie am liebsten fällen und statt ihrer schnurgerade Pflanzungen einer einzigen Art und gleichen Alters anlegen. »Bäume sind eine erneuerbare Ressource«, verkündet die »forstwirtschaftliche« Industrie, aber für alte Wälder gilt das nicht. Deren Baumstümpfe und angebrochene Kronen und ihre weglose Unzugänglichkeit machen sie für manche Tiere zu einem lebenswichtigen Habitat. Die gesprenkelte Oregoneule findet man nur hier.

Die Forstverwaltung beschloß wie üblich, diesen Wald für den Holzeinschlag freizugeben – einen Wald in staatlichem Besitz, der wie die Hälfte des übrigen Landes im Westen der Vereinigten Staaten jedem US-Bürger gehört. Diese Entscheidung war vernünftig, wenn man die Verhältnisse unter dem üblichen Blickwinkel betrachtete. Im Tal gab es Holzfäller, die Arbeit brauchten, und die Welt benötigt Holz. (Sie halten mit diesem Buch einen oder zwei Äste in der Hand.) Und es ist ein rauhes Land, in das sich kaum jemand verirrt. Es war wie bei dem Cañon in dem Roman von Abbey: Warum sollte man den Wald schützen? Um den Holzfällern die Zufahrt zu den unberührten Beständen zu ermöglichen, schlug die Forstverwaltung vor, aus Steuergeldern entlang eines Längsplateaus des Bald Mountain eine Straße zu bauen. Die Straße würde den Chancen dieser Region, unter Naturschutz gestellt zu werden, ein für allemal ein Ende machen und ihre Täler mit dem Lärm von Lastwagen und Motorsägen erfüllen.

Ich wanderte die halbfertige Straße über den Bald Mountain in Begleitung von Steve Marsden entlang, der aus der Gegend stammt. Genaugenommen gingen wir nicht auf der Straße, sondern auf einem Pfad, der wenige Meter oberhalb von ihr verlief. Ein Richter hatte Marsden zur Auflage gemacht, die Trasse zu meiden – eine Entscheidung, die er mißachten wollte, aber erst dann, wenn es wirklich nötig werden sollte. Außerdem war es sowieso viel schöner auf dem Pfad, der sich zuweilen von der Straße entfernte und zwischen den Bäumen verlief. Nach etwa einer Stunde machten wir Rast. Von unserem Ruheplatz aus hatten wir einen Blick auf mehrere Douglastannen, eine Rottanne, einen entfernten Verwandten der goldblättrigen Kastanie mit der Bezeichnung *Chincopia*, einige Kalifornische Zuckerkiefern, eine Mastbaumkiefer, eine Edeltanne und eine Goldzapfentanne sowie auf einen seltenen Baum mit der Bezeichnung Lawsons Lebensbaumzypresse, der in der näheren Umgebung weitgehend durch einen Pilz ausgerottet worden ist, der mit den Langholzwagen eingeschleppt wurde. »Das hier ist vielleicht der artenreichste Nadelwald der ganzen Erde«, sagte Marsden. »Eine Quadratmeile enthält siebzehn zapfentragende Arten. Er liegt auf einer niedrigen Erhebung, die während der letzten Eiszeit nicht vergletschert ist. Es gibt keine spektakulären Szenerien wie in den Sierras oder im Kaskadengebirge, aber unter biologischem Gesichtspunkt ist er der vielleicht wertvollste Wald der Vereinigten

Staaten.« Wertvoll nicht so sehr für den Menschen – die Rinde von Lawsons Lebensbaumzypresse enthält wahrscheinlich keine Substanzen, die gegen Krebs helfen könnten –, sondern wertvoll an sich und für sich.

Marsden kennt die Gegend sehr gut. »Ich habe als Straßenbauingenieur für die Forstverwaltung gearbeitet und habe das Gelände für die spätere Trasse erkundet. Die ganze Zeit über habe ich mich in diesem Urwald aufgehalten. Und ich habe mir gesagt, daß ich nur meine Pflicht tue. So habe ich gedacht, und so denken viele. Viele von den Burschen, mit denen ich zu tun hatte, finden zwar, daß die Forstverwaltung Mist macht, aber sie distanzieren sich innerlich.« Marsden distanzierte sich schließlich offen; er konnte nicht länger mitansehen, wie die Forstverwaltung mit den Wäldern umging. »Wildnis, das ist jedem echten Forstbeamten ein Dorn im Auge«, sagte er. »Jahrelang hast du auf der Forstakademie gebüffelt, jetzt willst du dein Wissen auch anwenden.« Bis zu dem Tag, als ein Gerichtsurteil es ihnen untersagte, sprühten die Leute von der Forstverwaltung aus Hubschraubern ein dem berüchtigten Agent Orange ähnliches Herbizid über den Wald, um keinen Niederwald aufkommen zu lassen. »Für die Forstverwaltung ist es wie beim Ackerbau – du säst, düngst und pflanzst.« Und wenn die Zeit der Ernte gekommen ist, gibt es einen Kahlschlag, eine ganze Fläche wird radikal abgeholzt. »Ein Kahlschlag ist schlimmer als ein Waldbrand«, sagte Marsden. »Nach einem Feuer bleibt wenigstens noch etwas übrig. Es wandert nicht alles nach San Diego, um dort verbaut zu werden.«

Als die Straße über den Bald Mountain geplant wurde, tat Marsden sich mit anderen Umweltschützern aus der Umgebung zusammen, um zu versuchen, die unberührte Wildnis zu retten. In einem Brief wurde Earth First! alarmiert, und Mike Roselle, der die Gruppe zusammen mit Foreman gegründet hatte, kam nach Grants Pass. Er erfuhr, daß es zwar eine starke Opposition gegen die Straße gab, daß jedoch nur wenige willens waren, ihre körperliche Unversehrtheit aufs Spiel zu setzen. Schließlich fanden sich zwei Leute aus der Gegend, Marsden und Steve Martin, die sich zu einer Sitzblockade der Strecke bereit erklärten.

Das war keine Kundgebung gegen Atomkraft. Es ging um eine unbefestigte Straße, fünfundzwanzig Kilometer von der nächsten Stadt entfernt, ohne Reporter, die eine Art Öffentlichkeit hätten herstellen können. Und die Gegner waren keine Polizisten, sondern die Führer von schweren Baumaschinen, die Wälder zu roden pflegten. »Wir zitterten und hatten eine Todesangst«, sagte Roselle. »Einer unserer Freunde hantierte mit einer Kamera herum, als wäre er ein Reporter, weil wir hofften, das würde sie ein wenig abschrecken. Wir hatten keine Ahnung, ob uns das sechs Monate oder zehn Jahre einbringen würde. Wir fragten unsere Anwälte, und die sagten nur: ›Laßt die Finger davon!‹ Na ja, am ersten Tag stellten wir uns den Bauarbeitern vor. Wir sagten, wir hätten nichts gegen sie persönlich, sondern nur gegen die Straße, und daß wir ihren Bau verhindern wollten. Und am nächsten Tag schafften wir es.« Sie wurden verhaftet und ins Gefängnis gesteckt, wurden entlassen und kehrten zurück, diesmal mit weiteren Gesinnungsgenossen. Am Ende des Sommers waren es fünfundvierzig Blockierer; sie umgingen die Straßensperren der Forstverwaltung, indem sie bei Nacht in den Wald eindrangen, auf demselben Pfad, dem Marsden und ich jetzt folgten.

Solche Demonstrationen sind selbstverständlich nichts Neues; Menschen haben sich vor Bulldozer gesetzt, seit es Bulldozer gibt. Aber das Argument dieser Leute – die explizite Vorstellung, daß große, vereinzelte Flächen dieses Planeten eine ureigene Bedeutung haben, die mehr wiegt als alle Interessen und Pläne des Menschen ihnen gegenüber – ist bislang neu. Die Proteste hatten eine Wirkung, sie verzögerten den Ausbau der Straße um Monate, bis die Anwälte eine Verfügung gegen den Weiterbau erwirken konnten. Das ist noch lange keine Änderung unserer Zivilisation, aber auch Rom wurde nicht an einem Tag zerstört.

Als ich damals den Westen der Vereinigten Staaten bereiste, mit diesen Leuten sprach und die Landschaft sah, in der sie lebten, da bewunderte ich ihren Mut und verstand, was sie sagten. Aber ich stamme von der Ostküste; ich hatte überhaupt keine Ahnung davon, was es hieß, in einer Gegend zu leben, in der es seit eh und je Auseinandersetzungen um das Land gegeben hat. An der Ostküste und auch in den meisten Ländern Europas haben die Menschen die Gebiete, die sie besiedeln und beherrschen wollen – und das sind fast alle Gegenden – säuberlich abgesteckt. Die wenigen Territorien, die sie übriggelassen haben – wie zum Beispiel die Adirondacks –, sind durch Gesetz und Tradition mehr oder weniger geschützt. So gelangte ich zwar nach einer Besichtigung der Gegend zu der Überzeugung, daß die Straße über den Bald Mountain keine gute Idee war (es wäre jedem, der nicht ausschließlich ans Geld denkt, in diesem Dom aus alten Bäumen schwergefallen, dessen Abholzung gutzuheißen), aber in der Verhinderung dieser Straße samt ihren Folgen sah ich keine Sache auf Leben und Tod. Das ganze Gerede über eine fundamentale Herausforderung der Industriegesellschaft wirkte auf mich ein bißchen geschwollen und überspannt.

Aber inzwischen weiß ich mehr über den Treibhauseffekt. Heute, da die Atmosphäre sich dank unserer Lebensweise verändert, interessieren mich Ideen wie die der »tiefen Ökologie« aus mehr als nur philosophischen Gründen – sie erscheinen mir einleuchtend. Es sind extreme Lösungen, aber wir leben in einer extremen Zeit. Ich kann mir keine extremere Veränderung vorstellen als die von einer vier Milliarden Jahre währenden Natur zum Jahr eins von menschlichen Gnaden. Wenn die industrielle Zivilisation der Natur ein Ende macht, dann ist es alles andere als total verrückt, über eine Beendigung – oder zumindest Veränderung – der industriellen Zivilisation zu reden.

Wir haben in den letzten Jahrzehnten als einzelne Individuen und als Nationen hie und da bescheidene Maßnahmen ergriffen – wir haben Naturschutzgebiete geschaffen, Adler in Gegenden ausgesetzt, in denen sie ausgestorben waren, das Blei im Benzin reduziert, und so weiter. Aber eine grundlegende Änderung unserer Lebensweise schien nicht nötig zu sein. Vielleicht ist es heute der Fall. Vielleicht ist das, was für Thoreau eine ästhetische Entscheidung war, für uns eine praktische; vielleicht besteht sie im übertragenen, wenn nicht sogar im Wortsinn in der Wahl zwischen langen Reihen von Hühnern ohne Köpfe und einer neuen, wesentlich bescheideneren Lebensführung.

Es hat andere ähnlich dramatische Augenblicke in der neueren Geschichte gegeben – Augenblicke, in denen ein tiefgreifender Wandel möglich schien. Vor der Weltwirtschaftskrise hielten die meisten US-Amerikaner den Sozialismus für eine unsinnig radikale Idee, die man abtat und verfolgte oder in abstrakten und philosophischen Begriffen diskutierte. Und dann kam der Börsenkrach, und diese Idee schien gar nicht mehr so lächerlich. Schließlich trat Franklin D. Roosevelt mit einer Idee auf den Plan, die wahrscheinlich eine bessere, weniger radikale Lösung darstellte: soziale Sicherheit statt

Sozialismus. Aber nicht immer sind Alternativlösungen schon deshalb richtig, weil sie gemäßigt sind. Es könnte sich herausstellen, daß die Idee einer bescheideneren Welt nicht nur radikal, sondern auch notwendig ist, ähnlich wie die Amputation eines Beines nicht nur radikal, sondern unter bestimmten Umständen auch notwendig ist.

Fast täglich wandere ich mit meinem Hund auf den Berg, der hinter meinem Haus liegt. Inzwischen kenne ich den Berg gut, jeden Wasserlauf und jeden kleinen Bach, jeden großen Felsen, jeden Ausblick hinter einem Felsvorsprung. Ich kenne die Stellen, zu denen es das Rotwild zieht und seine Feinde, die Kojoten. Es ist kein Bald Mountain, kein unberührter Urwald mit Bäumen von drei Metern Durchmesser, aber es ist ein versteckter, stiller und reizvoller Ort.

Doch der Gedanke an das, was geschehen wird, wenn die Klimaveränderung einsetzt, verdirbt mir die Freude: Die Bäume werden sterben, der Berghang kann die Bodenkrume bei Regenfällen nicht mehr halten, die Wasserrinnen graben sich tiefer ein, das Rotwild findet immer weniger Nahrung. Und zuletzt sind die Hänge nur noch von Büschen und Sträuchern bewachsen, die sich an die übriggebliebene Bodenkrume klammern. Entweder das oder die Friedhofsreihen perfekter, hitzebeständiger und genetisch verbesserter Kiefern.

Wenn ich mich auf einen bestimmten Felsvorsprung stelle, kann ich vom Berggipfel aus mein Haus sehen, das sich weiß gegen die Hemlocktannen abhebt. Ich kann mein ganzes materielles Leben sehen – mein Auto, das Schlafzimmer, den Kamin über dem Herd. Ich liebe dieses Leben, ich hänge sehr daran. Doch eine Wahl scheint unvermeidlich. Entweder ändert sich dieses Leben da unten, vielleicht drastisch, oder es ändert sich dieses Leben hier oben auf dem Berg – indem es verschwindet.

Es ist eine furchtbare Wahl. Als ich vor zwei Jahren heiratete, hatten meine Frau und ich die üblichen Sehnsüchte und Träume, und ihre Verwirklichung schien nicht allzu fern. Wir reisen beide gern; wir hatten unser Leben so eingerichtet, daß wir durch die Arbeit nicht angebunden waren. Unser Haus ist schön und groß – es schien nur eine Frage der Zeit, bis es von lärmenden Kindern erfüllt sein würde.

Als uns jedoch die Folgen des Treibhauseffekts deutlicher zu Bewußtsein kamen, haben wir angefangen, unsere Wünsche zu stutzen und zu beschneiden. Statt ausgedehnter Urlaubsreisen mit dem Wagen unternehmen wir Radtouren in die nähere Umgebung. Statt einen mit Holz beheizten Baderaum im Hinterhof zu bauen (mein mit Abstand dekadentester Einfall), installierten wir neue Thermopenfenster. Die meisten Änderungen, die wir vornahmen, waren ähnlich geringfügig. Wir heizen mit unserem Holz, und wir versuchen, die Temperatur im Haus auf 13 Grad Celsius zu beschränken. Wir benutzen unser Auto viel seltener; wir fahren nur noch zwölfmal im Jahr zum Einkaufen, und manchmal benutzen wir den Wagen wochenlang überhaupt nicht. Obwohl ich als Gärtner eine Niete bin, versuche ich, unsere Nahrung mehr und mehr selbst anzubauen.

Das alles ist jedoch nicht weiter schwierig, vor allem, wenn man auf dem Land lebt. Und es sind nicht nur Verzichtleistungen, es macht auch Spaß. Es mag im ganzen Haus eiskalt sein, aber es ist warm, wenn man sich am Ofen aneinanderkuschelt. Ich grabe gern im Garten, auch wenn es mich jetzt gereizter macht als früher, als es noch reines Hobby war: Wenn der Sturm eine Tomatenpflanze knickt, schlägt mir das leicht auf den Magen. Wir machen keine großen Reisen mehr und lernen nicht soviel Neues kennen, aber dafür kennen wir mittlerweile unsere gesamte nähere Umgebung zu jeder Jahreszeit und in jeder Stimmung.

Aber es gibt auch schmerzvollere Änderungen auf Gebieten, wo die immer enger werdende Welt begonnen hat, uns einzuschnüren und einzuengen. Meiner Frau und mir wird allmählich klar, daß die Welt, die wir bewohnen, nicht die Welt ist, in der wir aufgewachsen sind, die Welt, in der unsere Hoffnungen und Träume sich herausgebildet haben. Wir wissen jetzt um die neue und traurige Bedeutung des Begriffs Verantwortung. Mit anderen Worten: Es fällt uns sehr schwer, nicht daran zu denken, wie gern wir ein Baby hätten.

Und vielleicht wird uns noch mehr abverlangt. Manchmal stehe ich auf unserem Berg und frage mich, ob wir eines Tages von hier fortziehen und vielleicht enger mit anderen Menschen zusammenleben müssen. Das würde wahrscheinlich Energie sparen. Würde ich die Wälder genug lieben, um ihnen den Rücken zu kehren? Ich stehe dort oben und blicke über die Berge im Osten und zum See im Süden und zu den wogenden, wildbewachsenen Hügelkuppen, die sich zum Westen hin erstrecken – und zu dem Haus da unten mit der

194

weißblauen Rauchfahne, die aus dem Schornstein kommt. Eine dieser beiden Welten wird sich verändern müssen.

Und wenn es die menschliche Welt ist, die sich ändert – wenn die Idee einer bescheideneren Lebensweise den Sieg davonträgt –, wie wird der Planet dann aussehen? Wird er nur noch für Spinner reizvoll sein, für Leute, denen ein Bad im Monat genügt und die ohne geregeltes Einkommen leben?

Es ist schwer, sich ein genaueres Bild zu machen – es fällt so viel leichter, sich eine trotzige Zukunft vorzustellen, denn sie wäre nichts anderes als die Fortsetzung unserer gegenwärtigen Sehnsüchte. Ich habe mein ganzes bisheriges Leben damit zugebracht, mehr zu wollen, deshalb ist es schwer für mich, mir unter »weniger« etwas anderes als etwas Negatives vorzustellen. Aber genau darauf kommt es an. Die Veränderung unserer Denkweise ist das, worum es geht. Wenn sie sich einstellt, werden die Handlungen folgen.

Um beispielsweise den Folgen des Treibhauseffekts zu begegnen, brauchen die Menschen möglicherweise effizientere Waschmaschinen. Wenn Sie jedoch eine solche Maschine kaufen und nach wie vor denken, es sei sowohl Ihr Recht als auch Ihr Vergnügen, über eine reichhaltige Garderobe zu verfügen, dann wird der entscheidende Impuls unseres gegenwärtigen Kurses nicht gebremst. Denn reichhaltige Garderoben bedeuten eine Welt, die weitgehend dieselbe ist wie unsere jetzige, in der die Menschen Besitztümer anhäufen und die menschliche Begehrlichkeit das einzige ist, was zählt. Selbst wenn eine solche Welt den Treibhauseffekt meisterte, würde sie im Handumdrehen schwach werden und auf die Verheißungen der Gentechnik hereinfallen. Andererseits hätten Sie die Möglichkeit, Ihren Kleidervorrat auf ein erträgliches (oder unerträgliches) Mindestmaß zu reduzieren und mit Ihren Nachbarn zusammenzulegen, um eine effizientere gemeinsame Waschmaschine zu kaufen, zu der Sie dann Ihre schmutzige Wäsche schleppen müßten. Wenn wir diesen Punkt erreichen sollten – den Punkt, an dem uns ganze Schränke voller Wäsche und Kleidung etwas absurd und *unnatürlich* vorkämen –, dann hätten wir vielleicht begonnen, von jenem wackligen Thron herunterzuklettern, an den wir uns zur Zeit noch klammern.

»Absurd« und »unnatürlich« ist etwas anderes als »falsch« oder »unmoralisch«. Es geht nicht um Moral. Es gibt viele gute Gründe, die etwas mit ästhetischem Empfinden oder persönlichen Marotten zu tun haben, die für den Besitz großer Mengen schicker Kleider sprechen. (Und noch viel mehr und weit bessere Gründe, um zum Beispiel Auto zu fahren oder viele Kinder in die Welt zu setzen.) Doch diese Gründe werden möglicherweise aufgewogen durch die Belastungen, die solche Wünsche der natürlichen Welt auferlegen. Und wenn uns das klar zu Bewußtsein käme, dann könnte unser Denken sich aus eigenem Antrieb ändern.

Bei meinem Beispiel ist das Denken radikaler als das Handeln. Wenn wir uns gegen Berge von Kleidern entschieden (das heißt, gegen eine bestimmte Weise, uns selbst zu sehen) und dagegen, daß jede Familie ihre eigene Waschmaschine braucht (das heißt, gegen eine überhandnehmende Konsumhaltung), dann wäre der Gang über die Straße, um die eigene schmutzige Wäsche in einer gemeinsamen Maschine zu waschen, der naheliegendste Gedanke der Welt. Hätten die Menschen ihre Meinung in dieser Hinsicht *nicht* geändert, dann bräuchte man eine Geheimpolizei, um sicherzustellen, daß niemand seine Wäsche bei sich daheim wäscht. Das wäre es nicht wert, und es würde nicht funktionieren. Aber wenn wir unser Denken geändert hätten, dann würde uns unsere gegenwärtige Lebensweise ebenso grotesk anmuten wie die sechstausend Paar Schuhe von Imelda Marcos.

Es liegt nahe, sich vorzustellen, daß diese bescheidenere Welt Ähnlichkeit mit der Vergangenheit hätte. Aber nur, weil die Atmosphäre vor hundert Jahren sauberer war, müssen wir nicht alles vergessen, was es seitdem an Entwicklungen gegeben hat. Meine Frau und ich haben uns vor kurzem ein Telefaxgerät zugelegt, weil es für uns eine elegantere und umweltverträglichere Kommunikationsmöglichkeit darstellt – eine fortschrittliche Methode, mit weniger auszukommen. Während die Kommunikation in einer bescheideneren Welt zunimmt, geht das Transportwesen wahrscheinlich zurück, weil die Menschen nicht nur näher bei ihrer Arbeit, sondern auch bei ihrer Nahrungsquelle leben. Orangen das ganze Jahr über – Orangen zu jeder Jahreszeit in den nördlichen Breiten –, das wird unsere Möglichkeiten wahrscheinlich übersteigen, so wie die Menschen in den Tropen lernen müßten, ohne Äpfel auszukommen. Wir – oder zumindest unsere Enkel – werden dann vielleicht jene »zweckmäßigen Techniken« einer »sanften Entwicklung« anwenden, die wir den Bauern aufnötigen wollen – mit Fahrradpedalen angetriebene Pumpen, Solarherde und so weiter. Und ähnlich wie in weniger entwickelten Ländern (eine Bezeichnung, in der dann ein gewisser Stolz mitschwingen würde) könnte sich auch bei uns ein engerer Zusammenhang zwischen Arbeit und Nahrung des einzelnen herausbilden. Mit anderen Worten, wir würden wieder Landbau betreiben, was vielleicht etwas sonderbar, etwas utopisch klingt.

Aber die herkömmlichen utopischen Ideen helfen uns hier nicht weiter. Sie alle haben zum Ziel, das Glück der Menschheit zu befördern, das je nachdem durch Überbevölkerung oder zuviel Streß oder fehlende sinnvolle Arbeit oder durch zuviel oder zuwenig Sex beeinträchtigt wird. Deshalb sollen wir Maschinen abschaffen, aufs Land ziehen oder Heiratsbeschränkungen erlassen – alles im Namen des Menschen. Dreck unter den Fingernägeln soll uns glücklicher machen.

Die bescheidenere Welt, die ich meine, ist genau das Gegenteil davon. Menschliches Glück wäre darin von untergeordneter Bedeutung. Vielleicht wäre es für den Planeten das beste, wenn wir alle nicht in Kibbuzim oder auf jeffersonschen Farmen wohnen würden, sondern in wenigen Riesenstädten eingepfercht wie die Ameisen. Ich glaube nicht, daß eine bescheidenere Welt eine einzige große, glückliche Kolonie von Zurück-zur-Natur-Fetischisten wäre. Manche menschliche Misere wird sich verringern, manche andere zunehmen. Aber darum geht es mir nicht. Ich habe kein Utopia im Sinn – wie ich schon sagte, bin ich glücklich mit meinem jetzigen Leben. Meine Argumentation zielt auf etwas anderes – vielleicht ein »Atopia«–, wo nicht ausschließlich unsere Begierden unser Handeln bestimmen.

Die Grundregeln für ein solches Atopia wären schnell aufgeführt. Wir müßten unseren Wunsch zügeln, immer mehr zu werden; die menschliche Bevölkerung müßte langsam abnehmen (auch wenn der Faktor dieser Abnahme noch ungewiß ist – manche Anhänger der »tiefen Ökologie« propagieren höchstens hundert Millionen Menschen als Weltbevölkerung, andere sprechen von ein bis zwei Milliarden – was etwa der Weltbevölkerung von vor hundert Jahren entspräche). Und diese Menschen würden weniger Ressourcen benötigen – nicht nur weniger Erdöl, auch weniger Holz, Wasser, Chemikalien und weniger Boden. Das sind die wichtigen Schwerpunkte. Aber es sind praktische und nicht moralische Regeln. In ihrem Rahmen könnten tausend verschiedene Kulturen existieren – Vegetarier und Jäger, Herdenliebhaber und Einzelgänger.

Zwei kalifornische Professoren, George Sessions und Bill Devall, haben in einem vor einigen Jahren erschienenen Buch (*Deep Ecology*) ihre Vorstellung von den Prinzipien einer »tiefen Ökologie« geschildert. Selbst wenn dem Buch bisweilen die Westküstenherkunft anzumerken ist (wenn wir aufgefordert werden, »in den sinnenfrohen Harmonien zu tanzen, die durch spontanen, spielerischen Umgang mit den Rhythmen unseres Körpers, den Rhythmen des fließenden Wassers entdeckt werden«), macht es den schroffen Gegensatz zwischen der gegenwärtigen Weltanschauung und dem, was die Autoren statt dessen vorschlagen, unmißverständlich klar: statt materiellen und wirtschaftlichen Wachstums »ausgesucht einfache« materielle Bedürfnisse, statt Konsumdenkens »mit genug auskommen«. Die Autoren räumen ganz ehrlich ein, daß die »tiefe Ökologie« – Demut, Bescheidenheit – als Philosophie in den Anfängen steckt, daß sie viele Fragen noch gar nicht gestellt hat, geschweige denn beantworten kann, zum Beispiel: Wieviel ist genug? oder: Was wird aus den Armen?

Das sind schwierige Fragen, aber warum sollten wir vor ihnen erschrecken? Als wir beschlossen, die Anhäufung materieller Güter und das Wachstum zu unseren ökonomischen Idealen zu machen, erfanden wir Geschäftswerte und den Geldverleih auf Zinsen und den Puritanismus und das Überschallflugzeug. Warum sollten wir weniger einfallsreich sein, wenn wir alle fest entschlossen wären, mit weniger auszukommen?

Das Hindernis scheint mir eher psychischer als intellektueller Natur zu sein – es liegt weniger daran, daß wir uns keine tiefgreifenden Änderungen unserer Lebensweise ausdenken könnten, als daran, daß wir es gar nicht wollen. Obwohl unsere Lebensweise die Natur zerstört und den Planeten gefährdet hat, sträuben wir uns dagegen, uns ein anderes Leben vorzustellen. Die Menschen, deren Leben uns den Weg weisen könnte – Thoreau oder Gandhi –, tun wir als Ausnahmeerscheinungen ab; damit bringen wir zum Ausdruck, daß niemand zu erwarten braucht, daß wir ihr Vorbild beherzigen würden. Die Herausforderung, die ihre Lebensführung darstellt, ist weit subversiver als alles, was sie geschrieben oder gesagt haben: Wenn sie ein so einfaches Leben führen konnten, dann ist es eine billige Ausrede von uns, zu behaupten, wir seien dazu nicht in der Lage. Ich könnte vermutlich mit der Hälfte des Geldes auskommen, das ich zur Zeit ausgebe. Eine freiwillige Vereinfachung unseres Lebensstils liegt nicht jenseits unserer Fähigkeiten, aber wahrscheinlich jenseits unserer Wünsche.

Und unsere Wünsche machen viel aus. Nichts kann uns zwingen, bescheiden zu leben; es steht uns frei, den anderen, den trotzigen Weg zu wählen und abzuwarten, was passiert. Das einzige, was uns keinesfalls erspart bleibt, ist die sofortige und drastische Reduzierung unseres Verbrauchs an fossilen Brennstoffen. Das ist keine Wahlmöglichkeit: Das müssen wir tun, wenn wir uns überhaupt eine Zukunft erhalten wollen. Aber damit ist nicht gesagt, daß wir gleichzeitig unsere materiellen Bedürfnisse einschränken müssen – das müssen wir nämlich nicht, wenn wir uns für das Leben in einer Welt entscheiden, die sich von der Natur mehr und mehr entfremdet. Sowohl die trotzige als auch die bescheidene Alternative bedeuten eine Anpassung an den Treibhauseffekt, sie lassen uns eine Wahl.

Der naheliegendste Einwand dagegen lautet, daß es diese Wahl nicht gebe, daß der Mensch immer rastlos vorwärtsstreben werde und daß dies unabänderlich, biologisch determiniert und Bestandteil der »Menschennatur« sei. Das wäre zumindest intellektuell Drückebergerei, denn selbst wenn dem so wäre, trügen diejenigen unter uns, die über diese Frage nachgedacht haben, nach wie vor die moralische Verantwortung, eine Wahl zu treffen. Schließlich gibt es Zivilisationen, hauptsächlich in Asien, die die Wahl getroffen haben, jahrhundertelang fast außerhalb der Zeit zu leben. Ich *kann* mir eine Welt vorstellen, in der wir Menschen beschließen, keine gentechnischen Experimente anzustellen oder Staudämme zu bauen, so wie einige Leute gegen Ende des 19. Jahrhunderts sich Wälder vorzustellen begannen, die nicht abgeholzt wurden. Wie diese Welt aussehen könnte, weiß ich nicht – wahrscheinlich müßte sie jeden »Fortschritt« der trotzigen Art mit strengen Tabus belegen, »verbesserte« Hühner und kinderreiche Familien wären in ihr undenkbar. Ich behaupte nicht, zu wissen, wie wir von hier zu einem der möglichen Dorts gelangen sollen; ich möchte nur betonen, daß ich mir eine solche Welt *vorstellen* kann.

Ein zweiter naheliegender Einwand lautet, daß wir vielleicht gar keine Entscheidung zu treffen brauchten, sondern dies einer späteren Generation überlassen könnten. Das ist eine verlockende Idee und eine altvertraute obendrein; wir haben diese spezielle Frage seit spätestens 1864 vor uns hergeschoben; damals schrieb George Perkins Marsh, der erste moderne

199

Umweltschützer, das Abholzen der Wälder und die Trocken-
legung der Sümpfe sei dasselbe, als würden wir »den Dielen-
boden, die Täfelung, die Türen und die Fensterrahmen unserer
Häuser herausreißen, um damit zu heizen«.

Ich habe zu erklären versucht, warum wir das Problem nicht
länger ignorieren können. Wir leben zufällig zu der Zeit, da die
CO_2-Konzentration eine nicht mehr tragbare Höhe erreicht hat.
Wir leben zufällig zu der Zeit, da – wenn nichts geschieht, bevor wir sterben – die tropischen Regenwälder sich in einen
braunen Gürtel um unseren Erdball verwandeln und so jahrtausendelang stehen bleiben werden. Das ist unser Pech; es wäre
sicher netter gewesen, 1890 geboren und 1960 in der Überzeugung gestorben zu sein, daß es mit uns bergauf geht. Wir leben
aber zufällig in dem Jahrzehnt, in dem die Gentechnik eine Dynamik gewinnt, die bald nicht mehr aufzuhalten sein wird. Der
beruhigende Gedanke, wir hätten die freie Wahl, diese Technik
– wie Lewis Thomas sagt – einzusetzen, um »den Großteil der
rätselhaften Krankheiten, die auf der Tagesordnung unserer
Gesellschaft stehen«, zu heilen, und nicht, um Bäume gerad-
wüchsig zu machen oder Riesenforellen zu züchten, leuchtet
mir überhaupt nicht ein: Dergleichen tun wir bereits.

Man muß sich offensichtlich vor einem Chiliasmus hüten.
Natürlich ist es vielleicht ungerecht, daß ausgerechnet wir, die
wir zufällig jetzt leben, uns mit diesen Entwicklungen herum-
plagen müssen. Andererseits war es auch nicht gerecht, daß unsere Väter gegen Hitler in den Krieg ziehen mußten. Die Me-
thodistenkirche in den USA hat ein neues Liederbuch eingeführt, und neben den üblichen Auseinandersetzungen um
Sexismus und Militarismus und so weiter gab es auch eine Debatte über ein wunderbares Lied aus der Zeit des Amerikanischen Bürgerkriegs, das James Russell Lowell geschrieben hat.
Die erste Strophe lautet: »Once to every man and nation comes
the moment to decide,/In the strife of truth with falsehood, for
the good or evil side./Some great cause, God's new messiah,
offering each the bloom or blight,/And the choice goes on for-
ever,/ »Twixt the darkness and the light.«« [Einmal kommt für
jeden Menschen und jede Nation der Augenblick der Entschei-
dung/Im Kampf der Wahrheit mit der Falschheit um das Gute
oder das Böse./Eine große Sache, Gottes neuer Messias, läßt
uns wählen zwischen Blüte und Vergänglichkeit,/Und ewig
müssen wir uns immer wieder entscheiden »Zwischen Finsternis und Licht«.]

Der Ausschuß, der über die Liedauswahl zu beraten hatte, beanstandete das Lied als theologisch anfechtbar, weil eine einmalige Entscheidung nicht ausreiche und es für eine Umkehr nie zu spät sei. Aber dieses Lied gehörte zu Martin Luther Kings Lieblingsliedern, und was die allgemeine Politik, wenn nicht die Erlösung des einzelnen betrifft, so fürchte ich, daß es nur allzu recht hat.

Welchen dieser beiden Wege werden wir wählen? Wir können es nicht wissen, doch es steht außer Frage, daß die Dynamik unseres Zeitalters uns unaufhaltsam vorwärtstreibt und es uns unerhört erschwert, den bescheidenen Pfad zu wählen, und unvorstellbar leichtmacht, den trotzigen zu beschreiten.

Ich habe einen Nachbarn, einen Holzfäller, den ich Jim Franklin nennen will. Jim ist aufrichtig davon überzeugt, daß die Ursache für den sauren Regen in den Adirondacks darin besteht, daß es »zu viele Bäume« gibt, weil die Umweltschützer zuviel Land unter Naturschutz stellen. Er hat eine Theorie entwickelt, in der es um die Schicht aus Kiefernnadeln unter den Bäumen geht und die ich hier unmöglich wiedergeben kann, obwohl er sie mir oft genug vorgetragen hat. »Ich habe sie dem Waldhüter erzählt, und er hat mich nur angeglotzt«, sagt Jim, als wäre dies der Beweis für die Verschwörung. Wir glauben viele Dinge, weil es uns ein Bedürfnis ist, sie zu glauben. (Ich weiß, daß das keine umwerfend neue Erkenntnis ist.) Jim will Holz fällen, weil er davon lebt, und vielleicht aus psychologischen oder kulturellen Gründen, und er hat ein Gedankengebäude errichtet, das sein Bedürfnis stützen soll. Aber es ist kein Lügengespinst: Er hält es für die Wahrheit. Auf seiner Wanderung zum Golf von Mexiko begegnete Muir einem Mann in einer besonders rückständigen Gegend in North Carolina, der zu ihm sagte: »Ich glaube an die Vorsehung. Unsere Väter kamen in diese Täler, nahmen sich das fruchtbarste Land und holten aus dem Boden heraus, was herauszuholen war. Der ausgelaugte Boden gibt inzwischen nichts mehr her. Aber der Herr hat das vorhergesehen und hat uns etwas anderes zugedacht. Und was? Nun, er wollte, daß wir diese Kupfer- und Goldadern ausbeuteten, um auf diese Weise Geld zu verdienen, mit dem wir das Getreide kaufen können, das hier nicht mehr gedeiht.« Trotz einiger offensichtlicher Schwachstellen hat diese Argumentation sehr viel für sich, genau wie der Gedanke eines neuen, der Gentechnik zu verdankenden Überflusses: Beides bedeutet, daß wir uns nicht zu ändern brauchen.

Und wir wollen uns ja nicht ändern. Jim möchte Bäume fällen, wie er es schon immer getan hat. Ich möchte weiterhin
Auto fahren können und in unserem schönen großen Haus
wohnen und so weiter. Die unwiderstehliche Macht der Biologie beherrscht uns nach wie vor, auch wenn wir (im Unterschied zu Lemmingen) begreifen, daß wir Unsinn anstellen.
Dieses genetische Erbe aus einer Zeit vor Millionen von Jahren,
als es noch sinnvoll war, zu wachsen und sich auszubreiten,
läßt sich nicht ohne weiteres abschütteln.

Und unsere Gegenwehr ist so schwach. Die Umweltforscher
selbst haben es den Leuten paradoxerweise ermöglicht, die globalen Bedrohungen zu ignorieren. Ende der sechziger, Anfang
der siebziger Jahre überschwemmten Horrorvisionen den
Büchermarkt – Bücher, in denen die düstersten Zukunftsbilder
prophezeit wurden. »Bei der gegenwärtigen Rate des Bevölke-
rungswachstums werden bald eine Milliarde Milliarden Menschen auf der Erdoberfläche leben, das sind 654 Einwohner pro
Quadratkilometer«, schrieb Paul Ehrlich. »Wenn man diesen
Trend in die Zukunft extrapoliert, wäre die Erdbevölkerung in
zwei- bis dreitausend Jahren schwerer als die Erde selbst; in
fünftausend Jahren wäre alles innerhalb des sichtbaren Universums in Menschen verwandelt, und sie würden sich mit Licht-
geschwindigkeit weiter ausbreiten.« Rein rechnerisch stimmte
das zwar, aber gleichzeitig war es so unrealistisch, daß wir es
gelassen ignorieren konnten. Der Treibhauseffekt, schrieb Paul
Ehrlich, könnte zu einem Anstieg des Meeresspiegels um bis zu
fünfundsiebzig Metern führen. »Eine Gondel zum Empire
State Building gefällig?« fragte er. »Der Eriesee ist tot ... Der
Michigansee wird ihm bald folgen.«

Aber soweit kam es nicht. Der Eriesee erholte sich wieder –
er ist immer noch angeschlagen, aber nicht tot. Die Ölkrise
ebbte ab und wurde schließlich zu einer Ölschwemme. Der
Treibhauseffekt kann aller Voraussicht nach einen Anstieg des
Meeresspiegels um drei Meter bewirken; das ist immer noch
mehr als genug, aber es nimmt sich wesentlich harmloser aus
als fünfundsiebzig Meter. Jede nicht eingetretene apokalypti-
sche Prophezeiung hat unser Vertrauen in die Umweltforscher
weiter schwinden lassen und unsere Zuversicht gestärkt, daß
wir uns schon irgendwie durchwursteln werden.

Fast jeder Vorwand ist uns recht, wenn wir nur unsere Einstellung nicht ändern müssen; die Trägheit der etablierten
Ordnung ist schwer zu überwinden. Wenn wir uns einen plau-

siblen oder selbst einen unplausiblen Grund ausdenken können, um die Warnungen der Ökologen in den Wind zu schlagen, dann tun wir es. Wenn ein einzelner Wissenschaftler wie
S. Fred Singer in einer der jüngsten Ausgaben des *Wall Street
Journal* sagt, der Treibhauseffekt sei eine »Mischung aus Fakten und Phantasie«, dann interpretieren wir das so, daß an dem
ganzen Wirbel nichts dran sei. Und wenn wir einen plausiblen
Grund für die Annahme finden können, daß alles in Ordnung
sei – wenn uns zum Beispiel jemand erzählt, wir könnten den
Planeten »verwalten« –, dann sind wir versucht, das zu glauben. Als Ronald Reagan sich 1980 um die Präsidentschaft
bewarb, richteten sich seine heftigsten Angriffe gegen die Vorstellung, wir könnten in einem »Zeitalter der Grenzen« leben.
Dieser Gedanke, vielleicht die erste notwendige Einsicht auf
dem Weg zu einem neuen Verhältnis zur Erde, ein erster kleiner Schritt auf einem Weg von tausend Meilen zu einer »tiefen
Ökologie«, hatte bei den Mitarbeitern der Carter-Administra-
tion erste zarte Wurzeln geschlagen, doch Reagan griff ihn
unbarmherzig an. Gelegentlich – etwa wenn er verkündete,
Bäume seien umweltschädlich – kam er in leichte Schwierigkeiten, aber das Land verzieh ihm, weil es ihm glauben wollte. Es
wollte ihm glauben, daß trotz der länger werdenden Schatten
»in Amerika ein neuer Morgen angebrochen« sei. Leider
konnte dieser Optimismus den Abbau der Ozonhülle nicht
verhindern.

In sehr großem Maß ist unsere Hilflosigkeit ein Ergebnis des
Überflusses. Der scharfsichtige Essayist (und Farmer) Wendell
Berry bemerkte einmal, da das bäuerliche Leben »dem Menschen als Gegenleistung für erwiesene Wohltaten harte Arbeit
abverlangte, erfand man das Industriezeitalter, um diese
Gegenleistung für das Empfangene zu umgehen«. Heute, da
die meisten von uns in der westlichen Welt mehrere Generationen von dieser früheren Lebensweise entfernt sind, ist
unsere Anspruchshaltung kaum noch zu erschüttern. Deshalb
war die Ölkrise eine so interessante Erfahrung: Für eine kurze
Zeitspanne machte sie uns kleinlaut. Wir bildeten Fahrgemein-
schaften – wir verzichteten darauf, allein zu bestimmen, welches Programm aus dem Autoradio kam. Aber anscheinend
war die Ölkrise nur auf einer individuellen Ebene ein Schock
für uns. Wir fürchteten, kein Benzin mehr aufzutreiben, und
wir waren aufgebracht, weil es auf einmal so teuer war. Als vor

einigen Jahren zum erstenmal in meinem Leben als Autofahrer das Zählwerk für das Benzin sich schneller drehte als das für den Geldbetrag, da dachte ich mir, dies sei die eigentliche Prüfung, ob wir die Bedeutung der Ölkrise verstanden hatten. Wenn wir sie tatsächlich als Warnsignal für die Anfälligkeit, die Begrenztheit der Erde begriffen, würden wir vielleicht auch dann noch benzinsparende Kleinwagen fahren, wenn der Benzinpreis fiel.

Im August 1988, einen Monat nach der Anhörung im Kongreß über fossile Brennstoffe und den Treibhauseffekt, mitten in der hochsommerlichen Hitzewelle, am selben Tag, an dem die *New York Times* einen großen Artikel mit der Überschrift »Der Planet schlägt zurück« brachte, fand sich auf ihrer Titelseite ein Bericht über die neuen heißen Autos der Saison. »Autohersteller der Welt heizen das PS-Wettrennen wieder an«, hieß es da unter Berufung auf eine Entscheidung von General Motors, ihren Sportwagen Corvette mit einem Motor auszurüsten, der statt der bisherigen 245 satte 400 PS auf die Straße brachte, und mit dem Hinweis auf die langen Lieferfristen für einen Ferrari, der eine Spitzengeschwindigkeit von über 320 Stundenkilometern erreicht. »Bei den heutigen niedrigen Benzinpreisen ist ein schneller Wagen wieder ein Erfolgssymbol«, schloß der Bericht. »Leistung ist ein heißes Thema«, sagte der PR-Beauftragte von Dodge vor Reportern. »Die Leute haben Geld, und sie wollen beim Autofahren wieder dasselbe erleben wie früher – Spaß.«

Als Folge dieses Rückfalls in alte Gewohnheiten beschloß die US-Regierung im Herbst 1988, die Gesetze zur Einsparung von Treibstoff zu lockern. Seit 1976 war den US-Automobilfirmen zur Auflage gemacht worden, den Treibstoffverbrauch ihrer neuen Modelle zu reduzieren. 1988 sollte der Benzinverbrauch aller neuen Modelle eines Herstellers im Durchschnitt bei maximal 8,8 Liter auf hundert Kilometer liegen. Doch die Automobilkonzerne verwiesen auf die Kundenwünsche: Cadillac hatte den Sedan de Ville um zwanzig Zentimeter und Buick den 89er Riviera sogar um dreißig Zentimeter länger gemacht – das waren die Autos, die bei den Kunden gefragt waren. Und so beschloß das US-Transportministerium im Oktober 1988, nur wenige Wochen nach dem letzten EPA-Bericht über die Notwendigkeit einer Senkung des Brenn- und Treibstoffverbrauchs, die Durchschnittsnorm für den Benzinverbrauch auf 8,9 Liter pro hundert Kilometer anzuheben.

Unsere vorsichtigen Schritte zu alternativen Energieformen

hin waren offenbar ebenso halbherzig. In der Mitte der achtziger Jahre waren die Vereinigten Staaten weltweit der größte Markt für Sonnenkollektoren. Als dann 1986 der Ölpreis zurückging, strich die US-Regierung die Freibeträge für Steuerzahler, die solche Kollektoren auf dem Dach ihres Hauses installiert hatten. Nach Angaben des Worldwatch Institute gingen die Umsätze daraufhin um siebzig Prozent zurück, und achtundzwanzigtausend von ursprünglich ˙dreißigtausend Beschäftigten in dieser Branche verloren ihren Arbeitsplatz.

Es ist eben leichter und macht deshalb »mehr Spaß«, für fast alles Öl und Treibstoff zu verbrauchen, beispielsweise für das Zusammenrechen von trockenem Laub im Garten. 1987 wurden allein in den USA mehr als hundert Millionen Dollar für elektrische Gartengeräte ausgegeben, die einem die Arbeit mit dem Rechen ersparen. Wen kümmert es, daß diese Geräte einen Heidenkrach machen oder daß man während ihrer Benutzung keinen Tagträumen mehr nachgehen kann – und wer denkt schon daran, daß die größeren Modelle Treibhausgase freisetzen? »Diese Laubsauger sind viel effizienter, weil sie mit Benzin und nicht mit Muskelkraft betrieben werden«, schreibt John F. Cockerill von der New York Turf and Landscape Association in einem vor kurzem erschienenen Artikel. »Sie sind wesentlich weniger ermüdend.« Hatte Wendell Berry übertrieben, als er sagte, die Industrielle Revolution sei der Versuch, eine Gegenleistung für empfangene Wohltaten zu umgehen? Nach nur hundertfünfzig Jahren unserer Süchtigkeit nach Erdöl erscheint uns der bloße Gedanke an eine Änderung bereits als Schreckgespenst. Er erweckt in uns Vorstellungen von Plackerei und von Autos wie Sardinenbüchsen.

Der Literaturhistoriker Van Wyck Brooks hat erklärt, die meisten Angehörigen der ländlichen Oberschicht in den Südstaaten der USA hätten die Abschaffung der Sklaverei für »richtig und notwendig« gehalten und sich ihr dennoch widersetzt. »Die Wirtschaft des Südens gründete sich auf die Sklaverei, und dieses Problem schien sich nicht lösen zu lassen.« Diese Analogie ist wohl nicht überzogen: Wir können uns an Pressedebatten über die Notwendigkeit neuer energiepolitischer Maßnahmen des Staates und so weiter beteiligen, aber unsere individuelle Wirtschaft beruht in so hohem Maße auf der billigen Arbeitskraft Erdöl, daß eine Veränderung, vor allem eine radikale Wendung zu einem Modell, wie es etwa von der »tiefen Ökologie« propagiert wird, fast unvorstellbar ist.

Dr. Chauncey Starr, der emeritierte Präsident des von der Stromindustrie finanzierten Electric Power Research Institute, hat vor kurzem darauf hingewiesen, selbst eine Reduzierung der CO_2-Emissionen aus Kraftwerken in den USA um die Hälfte werde die Aufheizung der Erde durch den Treibhauseffekt höchstens um ein oder zwei Jahre hinausschieben. »Wieviel wäre Ihnen das in harten Dollars wert?« fügte er hinzu.

Wir halten uns zugute, an die Zukunft zu denken. Politiker sprechen gern von unseren Kindern und Enkeln, und als Einzelwesen denken auch wir an unsere Nachkommen, aber in derselben Weise, wie wir an uns denken. Wir sparen Geld für sie oder erwerben Grundbesitz für sie. Aber wir denken nicht wirklich an die Enkelgeneration. »Künftige Generationen besitzen keine Wählerstimmen, hinter ihnen steht keine politische oder finanzielle Macht; sie können unsere Entscheidungen nicht in Frage stellen«, heißt es in der weitsichtigen Einleitung zum UN-Bericht über »Unsere gemeinsame Zukunft«. Die kommenden Generationen hängen von uns ab und nicht umgekehrt. »Wir verhalten uns so und nicht anders, weil uns niemand zur Rechenschaft zieht.«

Es ist leicht, sich über Laubsauger mit Benzinmotor lustig zu machen. Doch unsere Lähmung aus Überfluß wird in den Schatten gestellt durch die Lähmung aus Armut, von der die meisten Länder der Erde betroffen sind. So verspüren nicht nur die Bewohner der westlichen Industriestaaten das Bedürfnis nach einem Auto. Nach Schätzungen von Michael Renner besaß 1985 kaum mehr als ein Prozent der Bevölkerung der dritten Welt ein Automobil – gegenüber vierzig Prozent in den Industrieländern. »Aber der Reiz, einen eigenen, privaten Personenwagen zu besitzen – und den Status, die Mobilität und das bessere Leben, die mit seinem Besitz verbunden sind –, scheint überall auf der Welt unwiderstehlich zu sein. Mit steigendem Einkommen rückt das Automobil immer höher in der Liste der bevorstehenden Anschaffungen«, sagt Renner. Als Folge haben sich sowohl Indien als auch China »auf eine Politik eingelassen, deren Ziel es ist, mit dem motorisierten Transportsystem des industrialisierten Westens zu konkurrieren«.

Es gehört nicht viel Phantasie dazu, sich die Folgen für die Erdatmosphäre auszumalen, wenn eines Tages prozentual ebenso viele Kenianer – gar nicht zu reden von Indern und Chinesen – wie deutsche Bundesbürger ein Auto fahren oder wenn es nur die Hälfte oder ein Viertel des Prozentsatzes wäre. Grob geschätzt verbraucht ein Bewohner der südlich der Sahara gelegenen Länder Afrikas durchschnittlich den achtzigsten Teil der Energie, die ein Durchschnittsbelgier, -finne oder -amerikaner verbraucht. Deshalb muß in den Worten eines UN-Berichts »jedes realistische globale Energieszenario einen wesentlich erhöhten Verbrauch an Primärenergie in den Entwicklungsländern in Rechnung stellen«.

Der Gedanke, daß Menschen, die in Armut leben, ob in extremer oder »nur« bedrückender Armut, ihren Wunsch nach einem geringfügig besseren Leben lediglich wegen eines Phänomens, wie es der Treibhauseffekt darstellt, bezähmen werden, ist natürlich absurd. 1970 verloren in Ostpakistan, dem späteren Bangladesh, dreihunderttausend Menschen durch einen Zyklon mit Sturmflut ihr Leben. Kaum war das eingedrungene Meerwasser abgeflossen, wurde das Land wieder besiedelt. Die Bereitschaft, dieses Risiko auf sich zu nehmen, zeugt von einem Hunger, der sich nur verschärfen kann, wenn sich die Bevölkerung wie erwartet verdoppelt. Diese Menschen sollen ihren »Lebensstil« bescheidener gestalten, ihre »Wünsche« einschränken, damit weniger CO_2 in die Atmosphäre gelangt? Die sich selbst versorgenden Bauern der Tropen, denen keine andere Möglichkeit zur Versorgung ihrer Familien offensteht, sollen die Brandrodung aufgeben?

Diese übermächtige Armut wirkt sich insofern auch auf die Reichen aus, als sie jede Diskussion über mögliche Lösungen dämpft. Einerseits ist es undenkbar – zumindest außerhalb eines gentechnisch bewerkstelligten »Paradieses« –, daß die Bevölkerungen der Entwicklungsländer jemals einen Lebensstandard wie den unsrigen erreichen werden; es gibt einfach nicht genug Kunststoff und Kupfer und so weiter, daß es für alle reichen würde. Wenn im Jahr 2025 der Energieverbrauch in jedem Land das gegenwärtige Niveau der Industrieländer erreichen sollte, so würde das eine fünfeinhalbmal so starke Belastung der Umwelt bedeuten wie die – ohnehin unerträgliche – gegenwärtige. Andererseits ist es weder politisch noch menschlich berechtigt zu verlangen, die Armen sollten für immer auf Dinge verzichten, die uns das Leben angenehm machen.

Da die Umweltfreunde die Armut nicht dadurch lindern können, daß sie die Menge der Güter erhöhen, sollte man vernünftigerweise erwarten, daß sie eine drastische Umverteilung des Wohlstands befürworten. Der unter Umweltgesichtspunkten vertretbare Lebensstandard einer Weltbevölkerung wie der gegenwärtigen liegt vermutlich irgendwo zwischen dem eines Durchschnittsengländers und dem eines Durchschnittsäthiopiers – beide leben unter unvernünftigen Bedingungen. Aber solche Überlegungen würden natürlich jegliches Eintreten der Privilegierten für Umweltbelange unterminieren. Möchten Sie Ihren Wagen nur noch zu einem Fünftel des bisherigen Ausmaßes nutzen, damit vier Äthiopier ebenfalls Auto fahren können, ohne die Luft zusätzlich zu belasten? Wieviel bequemer ist es doch, sich weiter der Hoffnung hinzugeben, daß der Kuchen groß genug ist oder sein wird, daß wir alle zwei Stücke abbekommen; auf diese Weise wird unser Genuß weder durch Grenzen noch durch Schuldgefühle geschmälert.

Das extremste Gegenargument, das Robinson Jeffers in den Ratschlag gekleidet hat: »Mäßige dich in nichts so sehr wie in der Menschenliebe!«, klingt herzlos und ist es auch, vor allem dann, wenn es von jemandem vorgebracht wird, der wie ich gut genährt und untergebracht ist. Dennoch hat es bestimmte Vorzüge, unter anderem den der intellektuellen Redlichkeit. Während des heißen Sommers 1988 las man in einem Leitartikel der *New York Times:* »Bei 35 Grad im Schatten in der Hitze zu schmoren, das nimmt niemand freiwillig auf sich: Es ist ein weiterer Aspekt der Armut. Wenn ein zivilisiertes New York ein Ort ist, an dem jedermann Schutz vor der Kälte finden müßte, dann erinnert uns dieser sengende Sommer daran, daß es auch ein Ort ist, wo jedermann Schutz vor der Hitze finden müßte.« Ein zivilisiertes New York und damit auch eine zivilisierte Welt, da es eine Menge Orte auf der Erde gibt, die unter einer solchen Hitze zu leiden haben, ist eine Welt, in der auch die Armen eine Klimaanlage haben. An keiner Stelle dieses Leitartikels findet sich ein Hinweis, daß alle diese neuen Klimaanlagen durch ihren Stromverbrauch den Treibhauseffekt verstärken oder daß sie durch die Freisetzung von FCKWs dazu beitragen, die Ozonhülle zu zerstören, obwohl dies zweifellos für die Armen die größere Katastrophe darstellen dürfte. Und schon gar nicht ging es in dem Artikel um die Frage, ob nicht wir alle, Reiche wie Arme, besser daran täten, weniger Klimaanlagen zu betreiben, um die Erdatmosphäre zu erhalten. Letzteres ist alles andere als ein unsinniger Vorschlag. Schließlich haben Menschen jahrhundertelang in der Gegend von Manhattan gelebt, ohne in den Genuß von Klimaanlagen zu kommen. Doch da das »zivilisierte« New York nun einmal beschlossen hat, daß Klimaanlagen etwas Gutes sind, verspürt es das Bedürfnis, diese Segnung – wenn auch nur in Gedanken – jedermann zukommen zu lassen. Das wird den schwitzenden Obdachlosen keine Kühlung bringen, ganz zu schweigen von den Menschen auf dem indischen Subkontinent (wo sich bei einer ehrlichen Verteilung die meisten Klimaanlagen befinden müßten). Aber es ist genau die Denkweise, die verhindern könnte, daß bei uns jemals wirklich etwas getan wird, um den Brennstoffverbrauch zu drosseln. So schreibt S. Fred Singer, der die Warnungen vor dem Treibhauseffekt für übertrieben hält: »Eine drastische Begrenzung der CO_2-Emissionen bedeutet einen tiefen Einschnitt in den weltweiten Energieverbrauch. Aber eine Begrenzung des wirtschaftlichen Wachstums verurteilt die Armen, vor allem in der dritten Welt, zu dauernder Armut, wenn nicht gar zum Hungertod.«

Ich habe meine Zweifel, wie tief das Verständnis für die Probleme der dritten Welt wirklich reicht, das solche Argumente unterstellen – sie passen allzu gut zu unseren Wünschen. Schließlich würde eine Einschränkung unseres Lebensstandards und eine Umverteilung unseres Wohlstands ebenfalls die Armut lindern, und eine überheizte und der schützenden Ozonhülle beraubte Welt wird für die Armen voraussichtlich grausamere Folgen haben als für die Reichen. Ein Weg der Bescheidenheit, auf dem sich die reiche und die arme Welt in der Mitte treffen, impliziert für mich weit mehr Gerechtigkeit als eine ständig wachsende Versorgung mit Klimaanlagen. Wir brauchen nicht zu wählen zwischen Grausamkeit und Treibhauseffekt; es gibt praktischere, wenn auch schwierigere Wege, unsere Nächstenliebe unter Beweis zu stellen. Woran ich allerdings keinen Zweifel hege, das ist die Macht der humanistischen Argumente im Stil Singers, jegliches wirksame Handeln zu unterbinden, solange wir nicht wirklich bereit sind zu handeln.

Die Trägheit des Überflusses, die zunehmende Armut, das Bevölkerungswachstum – dies und die bereits angeführten Gründe stimmen mich pessimistisch, ob wir unsere Denk- und Lebensweisen tiefgreifend verändern, ob wir angesichts unserer Schwierigkeiten zur Bescheidenheit finden werden.

Eine rein persönliche Anstrengung ist natürlich nicht mehr als eine Geste – gut gemeint, aber nur eine Geste. Der Treibhauseffekt ist das erste Umweltproblem, dem wir nicht mehr dadurch entgehen können, daß wir in die Wälder ziehen. Es gibt keine individuellen Lösungen mehr. Wir haben nicht einmal mehr Zeit zu beschließen, aufgeklärte Kinder großzuziehen, die dann allmählich die Welt ändern werden. (Als das Problem darin bestand, daß irgend jemand die Atombombe werfen könnte, hatte es vielleicht noch einen Sinn, Kinder zu bekommen und sie zu vernünftigen Erwachsenen zu erziehen in der Hoffnung, daß sie die Katastrophe verhindern würden. Aber jetzt besteht das Problem gerade darin, daß es zu viele Kinder gibt, vernünftige oder unvernünftige.) Wir selbst müssen handeln, und einfach weniger Auto zu fahren, fällt kaum ins Gewicht, es sei denn als Demonstration der eigenen Überzeugung, als Möglichkeit, andere Menschen – viele andere Menschen – dazu zu bewegen, weniger Auto zu fahren. Die *meisten* Menschen müssen dazu überredet werden, und zwar bald überredet werden, ihr Verhalten zu ändern.

Daß eine Sache schwierig ist, heißt noch lange nicht, sie sei unmöglich. Schließlich entdeckte George Bush in den Nachwehen des heißen Sommers von 1988, daß er ein Umweltfreund sei. Margaret Thatcher, die 1985 noch Umweltschutzgruppen zusammen mit anderen »Subversiven« als den »inneren Feind« ausgemacht hatte, bekehrte sich etwa zu selben Zeit, nach dem Robbensterben in der Nordsee und der Odyssee des Giftmüllfrachters *Karin B.* »Der Schutz des natürlichen Gleichgewichts«, erklärte sie, »gehört zu den großen Herausforderungen des 20. Jahrhunderts.«

Das ganze Buch hindurch habe ich immer wieder die Analogie zur Sklaverei herangezogen: Wir halten es für unser Vorrecht (und für eine Notwendigkeit), die Natur zu unserem Vorteil zu beherrschen, so wie die Weißen einst die Schwarzen beherrscht haben. Wenn die eine Form der Herrschaft sich dem Ende zuneigt – etwa die Ausbeutung der fossilen Brennstofflagerstätten –, dann sehen wir uns nach einer anderen um, etwa nach der Genpfuscherei, so wie die Nordamerikaner die Sklaverei durch die Rassentrennung ersetzt haben. Allerdings wurde dieser Rassentrennung zu meinen Lebzeiten ein Ende gemacht. Durch ihren Mut gelang es Männern und Frauen wie Martin Luther King und Fannie Lou Hamer, die besseren Eigenschaften der Mehrheit zu mobilisieren, das Gesicht der US-amerikanischen Gesellschaft zu verändern. Zugegeben, der Rassismus bleibt virulent, doch die Mehrheit der US-Bürger hat sich für Gesetzgeber ausgesprochen, die Gesetze, radikale Gesetze zur Bekämpfung der Diskriminierung von Minderheiten erlassen haben. Aus einigen hehren Motiven (und natürlich auch aus weniger edlen, etwa der Furcht vor einem Aufstand der Schwarzen) haben die Weißen wenigstens auf ein bißchen potentiellen Reichtum und Macht verzichtet. Es wäre falsch, von vornherein zu behaupten, eine solche Änderung könne es im Hinblick auf die Umwelt nicht geben – daß eine Mischung aus Angst und Liebe gegenüber der Natur nicht die Oberhand gewinnen könne. Einige kleine, aber wichtige Schritte sind bereits getan worden. So hat Los Angeles vor kurzem eine Reihe von Gesetzen erlassen, um die Luftqualität zu verbessern, durch die zumindest das Leben jedes Anwohners um einen winzigen Bruchteil verändert wird. Die Einwohner dieser Stadt werden andere Autos fahren, werden ihre benzingetriebenen Rasenmäher einmotten und ihren Gartengrill nicht mehr mit Flüssiganzünder anwerfen.

Meine Hoffnung schwindet jedoch fast gänzlich angesichts der Einmaligkeit der Situation. Wie wir gesehen haben, liegt die Natur bereits in den letzten Zügen, ihr Dahinscheiden vollzieht sich still und eher am Rande. Und ihr Ende hindert uns nicht nur daran, zu der Welt zurückzukehren, die wir einmal gekannt haben, sondern es macht aus zwei sehr wirksamen Gründen jede grundlegende Änderung, die wir erörtert haben, noch unwahrscheinlicher, als sie es selbst unter einfacheren Bedingungen gewesen wäre. Läge das Ende der Natur in der Zukunft, wäre es eine vermeidbare Möglichkeit, dann verhielte es sich vielleicht anders. Aber es liegt nicht in der Zukunft – es hat vor kurzem eingesetzt und vollzieht sich in der Gegenwart.

Das Ende der Natur ist ein Sprung ins Unbekannte, das gleichermaßen furchterregend ist, weil es unbekannt ist, wie weil es heiß oder verdorrt oder von Orkanen gepeitscht sein kann. Diese Ungewißheit ist der eine Grund, warum eine fundamentale Änderung uns so schwerfallen würde, denn die Änderungen, die ich angesprochen habe – die Alternative der »tiefen Ökologie« zum Beispiel –, würden das Leben noch weniger vorhersehbar machen. Man müßte auf die traditionellen Methoden der individuellen Zukunftssicherung verzichten – viele Kinder, viele Besitztümer und so weiter. Jeremy Rifkin hat in seinem Buch über die Gentechnik geschrieben, noch gebe es eine Chance, daß wir uns dazu entscheiden, »einen gewissen

Anteil unserer eigenen Zukunftssicherheit« zu opfern, »um die Interessen des übrigen Kosmos zu vertreten ... Sollten wir diesen Geist für einen geeigneten Augenblick aufgespart haben, dann ist sicherlich jetzt der Zeitpunkt gekommen, ihn ausströmen zu lassen«.

Aber jetzt ist nicht der richtige Augenblick. Jetzt, da die vertraute Welt um uns herum sich zu verändern beginnt, ist vielmehr der Augenblick, da unser Instinkt uns drängt, alles zu tun, um wenigstens die vertraute Lebensweise zu erhalten. Wir können – und werden vielleicht auch – Anpassungen vornehmen, um zu überleben. Die Anfänge der landwirtschaftlichen Biotechnik galten der Züchtung von Pflanzen, die Hitze und Dürre überstehen können. Es scheint das Naheliegendste und Vernünftigste zu sein, angesichts von Veränderungen das Leben so »normal« wie möglich weiterzuführen. Dies führt jedoch, wie ich gesagt habe, zum zweiten Tod der Natur: zur Errichtung unserer künstlichen anstelle der zerstörten natürlichen Welt.

Die Flüsse im US-amerikanischen Südwesten, insbesondere der Colorado, sind ein ausgezeichnetes Beispiel für dieses Phänomen. Ed Abbey hat sein Buch über den gesamten Südwesten der USA geschrieben, doch der eine Fleck, zu dem er immer wieder zurückkehrte, der Nabel seiner Welt, war der Glen-Canyon-Damm. Der Damm, der vor einigen Jahrzehnten auf der Höhe der Grenzlinie zwischen Utah und Arizona gebaut wurde, liegt hundert Kilometer oberhalb des Grand Canyon. Er staut das Wasser des Colorado in einem Stausee (dem Glen Canyon Reservoir), dessen Spiegel je nach dem Bedarf an hydroelektrischem Strom steigt und fällt. Unter dem Stausee begraben liegt der Glen Canyon, eine einstmals so schöne Gegend, daß Abbey sie sein »Paradies« nannte – und die Schilderung seiner Floßfahrt durch die Schlucht, bevor der Damm fertiggestellt war, läßt diese Bezeichnung als schwach und untertrieben erscheinen.

Da die Entwürdigung dieses Cañons für Abbey ein Sinnbild menschlicher Arroganz darstellte, wäre seine Rettung das Zeichen, daß der Mensch den Umkehrpunkt erreicht hat und auf dem langen Weg zurück zu dem ihm angemessenen Platz ist. (Die Sprengung des Staudamms ist das große Ziel der Schraubenschlüsselbande in seinem Roman.) Wenn wir beschlössen, den Damm abzubauen, so würde dies vieles bedeuten, unter anderem, daß wir die Wüste vielleicht nicht zu einem Platz für viele Menschen machen sollten – daß einige ihren Wohnsitz wechseln und andere Maßnahmen gegen ein weiteres Bevölkerungswachstum ergreifen sollten. Zugegeben, wenn dies geschähe, würde der abgelassene Stausee »zweifellos ein trauriges und widerwärtiges Bild bieten: riesige Schlammflächen und ganze Plateaus von aufgeschwemmtem Unrat, dazwischen tote Bäume, gesunkene Boote und die Skelette lang vergessener, verwesender Wasserskiläufer«, schreibt Abbey. »Doch all denen, die eine solche Aussicht entsetzlich finden, kann ich nur sagen: Gebt der Natur ein wenig Zeit. In fünf oder spätestens zehn Jahren werden Sonne, Wind und Stürme das abscheuliche Chaos abgeräumt und alles gesäubert haben. Die unvermeidlichen Überschwemmungen werden bald alles mit sich fortreißen, was nicht in die Cañons gehört. Frische grüne Weiden, eschenblättriger Ahorn und Judasbaum werden wieder ihren Platz einnehmen, und die alten, ertrunkenen Pappeln (für sich allein schon erhabene Monumente) werden durch jüngere Exemplare ihrer Art ersetzt werden... Innerhalb einer Generation – nach dreißig Jahren – werden der Fluß und die Cañons wieder eine weitgehende Ähnlichkeit mit ihrem früheren Erscheinungsbild aufweisen. Innerhalb der Lebensspanne unserer Kinder werden der Glen Canyon und der lebendige Fluß, das Herz des Cañonlandes, für uns wiederhergestellt sein. Die Wildnis wird wieder Gott, den Menschen und den Wesen gehören, die sie ihre Heimat nennen.«

Eine solche Vorstellung ist natürlich in jeder Hinsicht ebenso schwärmerisch wie unrealistisch. Doch die neue Unsicherheit, die das Ende der Natur begleitet, rückt sie in noch unerreichbarere Ferne. Wie wir wissen, können die nach den Modellprognosen zu erwartende erhöhte Verdunstung und die verringerten Niederschläge im Einzugsgebiet des Colorado dessen Wasser um fast die Hälfte reduzieren. Deshalb, so heißt es in einem EPA-Bericht, müsse die Zurückhaltung beim Bau großer Talsperren in den letzten Jahren »angesichts eines steigenden Trinkwasserbedarfs unter der Annahme eines wärmeren und trockeneren Klimas neu überdacht werden«. Eine Klimaänderung könnte insbesondere »die Realisierung des Animas-LaPlata- und des Narrows-Projekts erforderlich machen, die für den Colorado vorgeschlagen wurden«. Mit anderen Worten: Wo Abbey auf eschenblättrigen Ahorn und Judasbaum gehofft hatte, werden statt ihrer weitere Staudämme erblühen. Die Autoren von *Gaia – An Atlas for Planet*

Management äußern sich unmißverständlich über solche Bauten. In einem [in der deutschen Ausgabe offenbar stark gekürzten; A. d. Ü.] Abschnitt über Wasserbewirtschaftung machen sie eine ganze Reihe sinnvoller Vorschläge zur Instandsetzung undichter Hauptleitungen, und so weiter, doch gleichzeitig singen sie ein Loblied auf das Stauen von Flüssen, eine Maßnahme, »die gleichzeitig mehreren Bedürfnissen Rechnung trägt: Durch sie werden Überschwemmungen besser kontrolliert, sie ermöglicht die Erzeugung von hydroelektrischem Strom, und es wird Wasser für unterschiedliche Zwecke, zum Beispiel zur Bewässerung landwirtschaftlicher Flächen, gespeichert. Die auf diese Weise entstandenen Stauseen stellen eine Mehrzweck-Ressource dar, die für Aquakulturen und Freizeitaktivitäten genutzt werden kann«. Entweder ein Paradies aus Pappelbäumen oder eine »Mehrzweck-Ressource« – das ist die Alternative, und es läßt sich unschwer erraten, was die Wähler in Arizona haben wollen, wenn das Klima wärmer wird.

Ich gewann einen Eindruck davon, wie eine solche Zukunft beschaffen sein wird, als ich vor Jahren im subarktischen Quebec am Ufer des La-Grande-Flusses war. Es ist Ödland, aber sehr schön – eine Tundra, übersät mit kleinen Tümpeln und Hügeln, die sich bis zum Horizont erstreckt und von hellgrünem Karibumoos bedeckt ist. Es gibt auch Bäume, Nordamerikanische Schwarzfichten, lang, dürr und mit spärlichen Ästen, und dort lebten ein paar Indianer und Eskimos – nicht mehr, als die Gegend ernähren konnte. Dann, vor etwa zehn Jahren, beschloß Hydro-Quebec, das Stromversorgungsunternehmen der Provinz, die Wasserkraft des La Grande zu nutzen und entlang des Flusses drei riesige Staudämme zu bauen. Wie ein Sprecher des Konzerns mitteilte, entsprach das Volumen des größten der drei Dämme dem Rauminhalt von 54000 zweistöckigen Häusern oder von 67 Milliarden Erbsen. Sein Überlaufwehr war so groß, daß es die Wassermengen sämtlicher Flüsse Europas verkraftet hätte. Sein Bau war ein wahrhaft herkulisches Unternehmen: 18000 Männer trassierten das Gelände für die Straßen nach Norden durch die Tundra. (Auf Fotografien sieht man, wie die Köche mit Kanupaddeln die Spaghettisauce umrühren.) Einerseits ist dies ein hervorragendes Beispiel für »umweltverträgliche« Stromerzeugung; ein so großer Staudamm ermöglicht die Erzeugung riesiger Strommengen, ohne auch nur die kleinste Wolke Treibhausgas abzugeben. Nach derartigen Projekten werden wir lauthals verlangen, wenn sich der Treibhauseffekt erst deutlich bemerkbar macht.

Aber »umweltverträglich« ist nicht dasselbe wie »natürlich«. Die Staudämme haben eine Region verändert, die größer ist als die Schweiz. Im September 1984 ertranken mindestens zehntausend Karibus bei dem Versuch, den Fluß auf ihrer jährlichen Wanderung zu durchqueren. Sie versuchten es an der üblichen Stelle, aber der Fluß führte nicht mehr seine üblichen Wassermengen; er war so angeschwollen, daß viele der Tiere bis zu siebzig Kilometer weit abgetrieben wurden. Jedes einleuchtende Argument: daß die Verbrennung fossiler Brennstoffe den Treibhauseffekt bewirkt, daß wir in einer trockeneren, wärmeren Welt mehr Wasser brauchen werden, daß unser Sicherheitsspielraum schwindet und wir etwas dagegen unternehmen müssen, wird uns zu weiteren Projekten wie denen am La Grande führen, zu mehr Talsperren am Colorado, zu mehr »Verwaltung«. Jedes Argument – daß das wärmere Wetter und die erhöhte UV-Strahlung die Pflanzen verdorren lassen und Krebs verursachen, daß das neue Wetter Nahrungsmittelknappheit verursacht – wird dazu führen, daß wir uns von der Gentechnik die Rettung versprechen. Und mit jedem dieser Schritte bewegen wir uns weiter weg von der Natur.

Gleichzeitig – und das ist der zweite Haken an der Sache – läßt sich das einzige wirkliche Gegenargument, die Argumentation für eine unabhängige, ewige, freundliche Natur zunehmend weniger überzeugend vorbringen. Warum? Weil die Natur, die unabhängige Natur, in den letzten Zügen liegt. Der Kampf um sie gleicht dem Kampf um eine autonome Republik Litauen, nur ist er noch schwerer zu führen, da das Ende der Natur möglicherweise endgültig ist. Den Glen-Canyon-Damm sprengen und dem Colorado freien Lauf lassen, so daß die »unvermeidlichen Überschwemmungen« den Unrat wegspülen können? Aber Überschwemmungen durch den Colorado werden möglicherweise der Vergangenheit angehören; vielleicht wird der Fluß bereits an seiner Quelle eingedämmt – weil die Wolken ihre Fracht nicht mehr in seinem oberen Einzugsgebiet abladen und weil die Wärme das Regenwasser schneller als bisher verdunsten läßt.

Wenn das Ende der Natur bevorstünde, könnten wir alle unsere Kräfte aufbieten, um es abzuwenden; doch wenn es bereits eingetreten ist, um was kämpfen wir dann noch?

Solange noch kein Mammutbaum geklont oder genetisch ver-
edelt war, konnte jeder verstehen, was der Kampf gegen dieses
Herumpfuschen bedeutete: daß ein Mammutbaum in gewisser
Hinsicht unantastbar war, daß sein Wesen, seine Identität von
unserer Herrschaft frei bleiben sollte. Doch wenn diese
Schranke durchbrochen ist, um was geht dann noch der
Kampf? Es ist nicht dasselbe wie der Widerstand gegen Kernkraftwerke oder gegen die Lagerung von Giftmüll, die neue
Regionen neuen Risiken aussetzen. Hier geht es um den Schaden an einer Idee, der Idee der Natur, und aller Ideen, die aus
ihr entspringen. Es ist kein Schaden, der sich immer weiter
ausbreitet. Wendell Berry hat gesagt, ohne die »Faszination«
des Wunders der natürlichen Welt könne »die zu ihrem Schutz
erforderliche Energie niemals aufgebracht werden«, daß es
»eine Mystik des Regens geben« müsse, »wenn wir die Rein-
heit der Regentropfen wieder erlangen wollen«. Ja – wenn es
sich um vorübergehende Schäden handelte wie den Schwefel
aus Fabrikschornsteinen, der über die Adirondacks treibt. Aber
wie kann es jetzt noch eine Mystik des Regens geben, da jeder
Tropfen, der in der Arktis als Schnee oder in den letzten
Urwäldern fällt, das unauslöschliche Siegel des Menschen
trägt? Nun, da die Natur ihre Eigenständigkeit verloren hat,
hat sie auch ihre besondere Macht verloren. Sie ist nicht länger
eine Kategorie wie Gott – etwas, das außerhalb unserer Herrschaft liegt –, sondern eine Kategorie wie der Verteidigungs-
haushalt oder der Mindestlohn, ein Problem, das wir lösen
müssen. Das ändert ihre Bedeutung und verändert auch unsere
Reaktion ihr gegenüber.

Vor wenigen Wochen ist mir auf dem Berg hinter meinem
Haus das größte Kaninchen über den Weg gelaufen, das ich je
gesehen habe. Es trug bereits sein weißes Winterfell, und wir
standen eine heitere Weile da und beäugten einander, zwei
Geschöpfe, die die Neugier verband. Was wird es bedeuten, im
Wald auf ein Kaninchen zu treffen, wenn es überall genmanipulierte »Kaninchen« gibt? Warum sollten wir einem solchen
Kaninchen gegenüber mehr Ehrfurcht oder Zuneigung empfinden als gegenüber einer Coladose?

Das Ende der Natur läßt uns vermutlich auch zögern, ihre
Überreste emotional zu besetzen, so wie wir nicht gern mit
Todkranken Umgang pflegen. Ich liebe den Berg hinter meinem Haus – den Bach, der an seiner Flanke entlangfließt, und
den kleineren Wildbach, der über einen bemoosten Wasserfall

dahintost, und die Stelle, wo der Steilhang in eine von Birken und Eichen bestandene offene Ebene übergeht. Aber ich weiß, daß etwas in mir sich dagegen wehrt, genauer hinzuschauen – aus Angst, verletzt zu werden. Wenn ich mit dem Auge des Försters erkennen könnte, welche Bäume krank sind, müßte ich befürchten, ihnen auf Schritt und Tritt zu begegnen. Ich merke, daß mir die Wälder inzwischen am besten im Winter gefallen, dann, wenn schwerer auszumachen ist, welche Bäume sterben. Vielleicht sind ja die Winterwälder wieder ganz gesund, wenn der Frühling kommt, so wie die kranke Freundin, die gerade friedlich schläft, erwachen könnte, und das Pfeifen beim Atmen wäre verschwunden.

In einem Buch zu einem anderen Thema, den Bindungen zwischen Männern und Frauen, beschreibt Allan Bloom die Schwierigkeit, an einer verbindlichen Beziehung in einer Zeit festzuhalten, in der die Scheidung – das Ende dieser Beziehung – eine allgemein akzeptierte Möglichkeit darstellt. »Die bloße Möglichkeit der Trennung ist insofern bereits die vollzogene Trennung, als die Menschen von heute sich darauf einstellen müssen, ungeteilt und nicht auf andere angewiesen zu sein, und eine wechselseitige Abhängigkeit nicht riskieren können.« Statt uns zu bemühen, unsere Zuneigung zu stärken, erschöpfen wir unsere Energie »darin, unsere Unabhängigkeit vorzubereiten«. Um wieviel mehr gilt das, wenn die mögliche Trennung endgültig ist, wenn Verletzung und Verwirrung wahr geworden sind. Heute habe ich die Winterzeit am liebsten, aber ich versuche, sie nicht allzu lieb zu gewinnen – vielleicht aus Angst vor einem nicht mehr fernen Januar, in dem der Schnee als warmer Regen fallen wird. Die Liebe zur Natur hat keine Zukunft.

Und bald wird sie vielleicht nicht einmal mehr eine Vergangenheit haben. Auch wenn die Schriften Thoreaus wertvoller für uns wurden, je näher das Ende der Natur rückte, so ist der Tag nicht fern, da Thoreau für den Menschen der Zukunft unerklärlich sein wird, weniger verständlich, als es uns die Höhlenzeichnungen sind. Thoreau schreibt über seine Besteigung des Mount Katahdin, der Berg »war riesig, titanisch und von einer Beschaffenheit, wie sie niemals vom Menschen bewohnt wird. Ein Teil des Betrachters, sogar ein lebenswichtiger Teil, scheint durch das lose Gatter seiner Rippen zu entweichen … Die Natur hat ihn in seiner Blöße überrumpelt, hat ihn gestellt und raubt ihm etwas von seiner göttlichen Fähigkeit.

Sie lächelt ihm nicht wie in den Ebenen. Finster scheint sie ihm sagen zu wollen: Warum bist du vor deiner Zeit gekommen? Dieser Boden ist nicht für dich bereitet.« Dieser Eindruck beschreibt sehr treffend das letzte Stadium der Beziehung des Menschen zur Natur – obwohl wir sie in den Ebenen bezwungen hatten, erklang von den Berggipfeln, den Polen und aus den Dschungeln noch ihre unverfälschte Botschaft. Doch welchen Sinn sollen diese Sätze in einer Zukunft haben, in der Mount Katahdin, die »Wolkenfabrik«, von Wolken umhüllt ist, die der Mensch selbst geschaffen hat? Wenn die gewaltigen Kiefern zu seinem Fuße genetisch veredelte sind, kerzengerade und mit Zweigen im »richtigen Anstellwinkel« oder, was wahrscheinlicher ist, wenn sie dem Samen genetisch veredelter Bäume entstammen, die etliche Meilen fernab und einige Generationen zuvor in einer Baumschule gezüchtet wurden? Wenn der vorübertrottende Elch zu einer Herde gehört, deren Besitzer der aufgeklärten Weltanschauung der Gaia-Apostel anhängt, daß »Naturschutz und Wirtschaftlichkeit Hand in Hand gehen«?

Thoreau schildert einen Angelnachmittag an der Mündung des Murch Brook, rund zwanzig Kilometer vom Gipfel des Mount Katahdin entfernt. Die gesprenkelten Bachforellen »verschlangen den Köder, kaum daß wir ihn ausgeworfen hatten; und die prächtigsten Exemplare ... die ich je an der Angel hatte, die größten davon knapp drei Pfund schwer, wurden an Land gezogen«. So stand er da »in einem wahren Forellenschauer«. »Solange sie lebten, bevor ihre Farben verblaßten, leuchteten sie wie die herrlichsten Blumen.« Und er konnte fast nicht fassen, als er über sie gebeugt stand, »daß diese Juwelen seit so langer Zeit, so viele dunkle Zeiten hindurch in diesem finsteren Wasser geschwommen sein sollten, diese strahlenden Unterwasserblumen, die nur von scharfen Indianeraugen gesehen wurden, von vollendeter Schönheit, der Herr allein weiß warum, um hier zu schwimmen!«. Doch mit Hilfe der Genmanipulation haben wir bereits Wachstumshormone für Forellen synthetisch produziert. Nicht mehr lange, und die Produktion von Forellen unterscheidet sich prinzipiell kaum noch von der Produktion von Automobilen. Dann werden wir uns nicht mehr fragen müssen, warum Gott sie so vollendet schön geschaffen und ihnen die Bäche und Flüsse zum Leben gegeben hat; wir selbst werden sie geschaffen haben, um das Proteinangebot oder die Gewinne aus Fischzuchten zu erhöhen. Wenn wir ihnen ein hübsches Äußeres verleihen wollen, können wir es tun. Nicht mehr lange, und Thoreau wird uns nichts mehr zu sagen haben. Und wenn es soweit ist, dann wird das Ende der Natur – das mit unseren Eingriffen in die Erdatmosphäre begann und mit den Reaktionen der »Planetenverwalter« und »Gentechniker« auf unsere prekäre Situation fortgesetzt wurde – endgültig eingetreten sein. Der Verlust der Erinnerung wird der ewige Verlust des Sinns sein.

Letztlich ist mir natürlich klar, daß eine Trotzhaltung wirtschaftliches Wohlergehen und eine Art Sicherheit bedeuten kann – daß mehr Staudämme den Einwohnern von Phoenix in Arizona helfen können und daß die Gentechnik den Kranken helfen kann, und daß es so viele fortschrittliche Erfindungen gibt, die nach wie vor gegen das menschliche Elend auf der Welt eingesetzt werden können. Auch ich habe kein dringendes Bedürfnis, meine Lebensführung einzuschränken. Wäre ich der Meinung, wir könnten die Entscheidung aufschieben und sie unseren Enkeln aufhalsen, dann wäre ich damit einverstanden. So wie die Dinge liegen, habe ich nicht vor, in einer Höhle zu leben oder auch nur in einer ungeheizten Kammer. Während es zehntausend Jahre gedauert hat, um uns dahin zu bringen, wo wir heute stehen, werden einige wenige Generationen genügen, um uns zurückzubefördern. Doch unsere Zeit könnte die Epoche sein, in der die Menschen beschließen, wenigstens den bisher eingeschlagenen Weg nicht weiter zu verfolgen – die Epoche, in der wir nicht nur die erforderlichen technischen Anpassungen vornehmen, um die Erde vor einer zu starken Erwärmung zu schützen, sondern auch die notwendigen Anpassungen in unserem Denken, um sicherzustellen, daß wir nie wieder unseren Vorteil höher veranschlagen werden als den aller anderen Lebewesen. Das ist der Weg, den ich gewählt habe, denn er läßt wenigstens ein Fünkchen Hoffnung für eine lebendige, ewige, sinnvolle Welt.

Die Gründe für meine Entscheidung sind so zahlreich wie die Bäume auf dem Berg vor meinem Fenster, aber sie nahmen in meinem Denken erst Gestalt an, als ich las, was Walter Truett Anderson, einer der wackeren Optimisten unserer verwalteten Zukunft, geschrieben hat. »Die Existentialisten – insbesondere Sartre – beklagten, daß dem Menschen ein Lebensziel fehle. Wir stellen heute fest, daß es der menschlichen Situation keineswegs an einem inhärenten Ziel fehlt. Die Verwalter eines

Planeten zu sein, die Hüter all seiner Lebensformen und die Gestalter seiner (und unserer) Zukunft, das ist zweifellos Lebensziel genug.« Dieses wohl als Ermunterung gedachte Urteil deprimiert mich tiefer, als ich sagen kann. Das soll unser Schicksal sein? »Verwalter« einer bewirtschafteten Welt, »Hüter« allen Lebens zu sein? Für diesen gesicherten Arbeitsplatz wollen wir das Geheimnis der natürlichen Welt eintauschen, das erregende Geheimnis unseres eigenen Lebens und einer Welt voll der verschwenderischsten Schöpfung? Da halte ich es doch lieber mit Sartres gleichgültiger Ziellosigkeit des Lebens. Aber besser gefällt mir eine andere Vorstellung, die des Menschen, der seine Möglichkeiten ausschöpft.

Wie die Vögel die Fähigkeit zum Fliegen haben, so besteht die besondere Gabe des Menschen in der Vernunft. Ein Teil dieser Vernunft treibt die Intelligenz an, die es uns zum Beispiel ermöglicht, die DNS zu entschlüsseln und zu manipulieren oder große Kraftwerke zu bauen. Aber unsere Vernunft könnte uns auch davon abhalten, blind einem biologischen Drang nach immer größerer Bevölkerung und Beherrschung immer neuer Gebiete zu folgen. Unsere Vernunft ermöglicht uns, unsere Spezies als eine biologische Art zu begreifen und die Gefahr zu erkennen, die unser Wachstum für sie bedeutet, und etwas für die übrigen Arten zu empfinden, die wir bedrohen. Sollten wir diese Wahl treffen, dann könnten wir mit Hilfe unserer Vernunft etwas tun, was kein anderes Lebewesen vermag: Wir könnten uns freiwillig beschränken, wir könnten *wählen*, Gottes Geschöpfe zu bleiben, statt uns selbst zu Göttern zu machen. Was für eine gewaltige Leistung wäre das und wieviel eindrucksvoller als der größte Staudamm (Dämme können Biber auch bauen), weil sie so viel schwerer zu erbringen ist. Diese Selbstbeschränkung – und nicht die Gentechnik oder die Verwaltung des Planeten – ist die wahre Herausforderung, die schwere Aufgabe. Selbstverständlich können wir Gene manipulieren. Aber bringen wir es auch fertig, sie *nicht* zu manipulieren?

Die treibende Kraft hinter unserem Drang zur Beherrschung der Natur mag zu stark sein, als daß wir ihr Einhalt gebieten könnten. Doch eine mögliche Niederlage ist keine Entschuldigung dafür, es gar nicht erst zu versuchen. In gewisser Hinsicht stehen wir wie Thoreau vor einer ästhetischen Entscheidung, auch wenn es nicht um die Gestalt unseres Lebens geht, sondern um die schlichte, praktische Frage des Lebens aller anderen Arten und der Schöpfung, die sie gemeinsam darstellen. Aber es geht dabei auch um unseren Nutzen. In einem Gedicht von Robinson Jeffers heißt es: »Integer sein heißt Heil-Sein, / alle Wohlgestalt beruht / In der organischen Einheit, der Einheit des Lebens und der / Dinge, der Göttlichkeit des Weltganzen. Daran hänge dein / Herz, nicht an den Menschen / Als etwas Abgesondertes, sonst fängst du dich in seinen / heillosen Widersprüchen, gehst in Verzweiflung unter; / wenn seine Nacht hereinbricht.«

Der gewichtigste Grund, sich für den Menschen allein zu entscheiden, ist wie gesagt die Vorstellung, daß es keine Natur mehr gibt. Und davon bin ich überzeugt. Aber ich kann die dröhnende Endgültigkeit meiner eigenen Behauptung ebensowenig ertragen, wie die Menschen die dröhnende Endgültigkeit des eigenen Todes ertragen konnten. Deshalb hoffe ich wider alle Hoffnung. Wenn wir jetzt, *heute*, unsere Nachkommenschaft, unsere Wünsche und Begierden begrenzten, vielleicht könnte dann die Natur eines Tages – nicht in unserer Zeit und auch nicht in der Zeit unserer Kinder und Enkel – wieder ihren unabhängigen Gang aufnehmen. Vielleicht könnte die Temperatur sich eines Tages wieder selbst regulieren und der Regen wieder nach seinen eigenen Gesetzen fallen.

Die Zeit, so habe ich zu Anfang dieses Buches gesagt, ist etwas schwer Faßbares, Merkwürdiges. Vielleicht können auf die zehntausend Jahre unserer herrischen, trotzigen Zivilisation – eine Ewigkeit für uns, aber nur ein Gähnen für die steinigen Felsen um uns – zehntausend Jahre einer bescheidenen Zivilisation folgen, eine Epoche, in der wir bereit wären, mehr für die von der Natur empfangenen Gaben zu bezahlen, in der wir das Gefühl für das Wunderbare und Heilige wiedergewönnen, das die natürliche Welt schützen könnte. Am Ende dieser Zeitspanne wären wir immer noch sehr jung, und vielleicht wären wir bereit, die uns umgebende Zeitlosigkeit zu genießen. Ich habe auch gesagt, daß eine der möglichen Bedeutungen des Endes der Natur laute, daß Gott tot ist.

Aber wenn es so etwas wie Gott gab oder gibt, dann lautet eine weitere Bedeutung, daß er uns mit einem freien Willen ausgestattet hat und nun voller Liebe und Sorge wartet, um zu sehen, welchen Gebrauch wir davon machen: ob wir die Chance ergreifen, uns zu unterwerfen und zu bescheiden, die uns diese Krise bietet, oder ob wir zur Erbsünde noch die Endsünde fügen wollen.

Und wenn das, was ich befürchte, tatsächlich eintritt? Wenn wir in den kommenden zwanzig Jahren immer mehr Gas in die Atmosphäre pumpen und unwiderrufliche Schritte in die genmanipulierte Zukunft tun, welcher Trost bleibt uns dann noch? Die einzigen, die eines Trostes bedürfen, werden diejenigen sein, die in den Jahrzehnten des Übergangs geboren wurden, zu früh, um sich dem schönen neuen Ethos anzupassen.

Noch nie habe ich dem Nachthimmel mehr als die übliche Aufmerksamkeit geschenkt, vielleicht, weil ich in Großstädten aufgewachsen bin, in Vorstädten, deren Straßen nachts von Laternen erleuchtet werden. Aber im letzten August, an einem warmen Donnerstagnachmittag, wanderten meine Frau und ich mit unseren Schlafsäcken in die Berge hinauf und warteten auf den Einbruch der Dunkelheit und auf die alljährlichen Sternschnuppenschwärme, die sogenannten Laurentiustränen. Nach Mitternacht begann es dann – jede Minute, jede halbe Minute schoß ein neuer Lichtpfeil über den Himmel, so schnell, daß man nur den Eindruck eines Wetterleuchtens hatte, wenn man ihn nicht zufällig erblickte. Unser Bett war buchstäblich steinhart, und als gegen Morgen ein unangekündigter Regen über unser ungeschütztes Lager niederging, wurde es auch noch kalt – doch die Nacht war prächtig, und seitdem bin ich mit einem Fernglas ausgerüstet. Als Adam in Miltons *Das verlorene Paradies* Raphael über die Himmelsbewegungen befragt, weicht dieser einer Antwort aus; er sagt: »Der weite Umfang dieses Weltenalls / Verkünde dir des Schöpfers Größ und Pracht; / An dieses Baues Unermeßlichkeit / Erkenne, daß er nicht dein Eigentum, / Zur Wohnung für den Menschen gnüge schon / Ein kleiner Teil, das andre sei bestimmt / Zu Zwecken, die sein Herr am besten kennt.« Wir mögen die Schöpfer von Natur im mikroskopisch kleinen Maßstab sein, wir mögen die irdische Natur verändert haben, doch diese riesige Natur jenseits der Erdatmosphäre hält noch immer Geheimnisse und Wunder bereit. Dann und wann gibt ein Satellit im Weltall seine Signale ab, aber er ist fast eine Parodie seiner selbst. Eines Tages entwickelt der Mensch vielleicht eine Methode zur Eroberung der Sterne, doch zumindest vorerst können wir noch wie Burroughs fühlen, wenn wir zum Nachthimmel emporblicken: »Wir sehen uns dort nicht widergespiegelt – wir werden von uns weggeführt und sind beeindruckt von unserer eigenen Bedeutungslosigkeit.«

Als ich in jener Augustnacht auf dem Berg lag, suchte ich die wenigen Sternbilder, die ich identifizieren konnte – den Gürtel des Orion, den Großen und den Kleinen Bären. Unsere Vorfahren, umgeben von wilder und auch feindseliger Natur, bezogen ihren Trost daraus, am Himmel Dinge zu sehen, die ihnen vertraut waren – Löffel, Schwerter und Netze. Doch wir werden uns abgewöhnen müssen, solche Muster in den Sternen wahrzunehmen. Der Trost, den wir brauchen, ist außermenschlich.

Die Gedichte von Robinson Jeffers sind in der Übersetzung von Eva Hesse zitiert, erschienen in dem Band *Unterjochte Erde* (München, 1987). Die Verse aus Miltons *Verlorenem Paradies* finden sich in der Übersetzung von Bernhard Schumann in Buch VIII der deutschen Ausgabe, die 1966 in München erschienen ist. Die Zitate von George Orwell sind entnommen aus *Der Weg nach Wigan Pier*, Zürich, 1982, übersetzt von Manfred Papst, und *Walden. Ein Leben in den Wäldern* von Henry David Thoreau wurde nach der von Franz Meyer übertragenen Weimarer Ausgabe von 1964 zitiert.

Register